LEOPOLD TYRMAND

SIEDEM DALEKICH REJSÓW

ISBN: 978-83-7779-778-5

Projekt okładki: **Zuzanna Malinowska Studio**

Skład i łamanie: **Jacek Antoniuk**

Opracowanie redakcyjne: MG

www.wydawnictwomg.pl
kontakt@wydawnictwomg.pl
handlowyMG@gmail.com

Drukarnia Wydawnicza im. W.L. Anczyca
ul. Nad Drwiną 10, Hala nr 3
30-741 Kraków

OD AUTORA

Książki powinny same mówić o sobie i za siebie. Ta powieść miała jednak losy dziwne, warto więc o nich wspomnieć.

Jej pierwsza część pisana była w roku 1952, bez szans na publikację, i odłożona do szuflady. W 1957, w zmienionych na krótko warunkach, warszawski *Czytelnik* przekonał mnie, że warto kontynuować. Dopisałem dwie części, zgodnie z pierwotną koncepcją, która zakładała krótką powieść, zwaną po angielsku *novella*. Nowe części zwichnęły kompozycję, rozbudowały wątki i spięły je tak, że zmieniły założenia formy i treści.

Czytelnik wydrukował książkę, lecz jej nie wydał na skutek interwencji cenzury. Uzasadnienie konfiskaty: pornografia i obrona inicjatywy prywatnej. Scenariusz, opracowany przez znanego reżysera z maszynopisu, nie uzyskał skierowania do produkcji. Natomiast angielski wydawca, Michael Joseph Ltd. w Londynie, który zakontraktował powieść w trakcie pisania i otrzymał maszynopis polski wraz z *Czytelnikiem,* dokonał przekładu i wydał ją w roku 1959 jako *Seven Long Voyages.* W 1962, Ullstein Verlag w Niemczech Zachodnich, wydał niemiecki przekład pod tytułem *Ein Hotel in Darlowo.* W 1963, polski reżyser o mniej kontrowersyjnej opinii, ominął rafy komunistycznej kontroli kultury i film pod nazwą *Naprawdę wczoraj,* oparty na tej powieści, ukazał się na krótko w polskich kinach, wywołując nagonkę oficjalnej krytyki na reżysera i na mnie. Gdy opuszczałem kraj w 1965 roku udało mi się wywieźć jej jedyny polski maszynopis.

Dlaczego nie próbowałem jej opublikować dotąd na emigracji? Jest to powieść porozumiewawczych tonacji, interesujących chyba tych tylko, którzy pamiętają pewną grupkę ludzi z końca lat czterdziestych w Polsce. Łatwo tę powieść oskarżyć, że jest rewią kulturowych mód, smaczków, nastrojów, stylów, konwencji, być może już przebrzmiałych. Jej seksualne sentymenty nie chronione przez reguły gry, mogą się wydać autoparodią.

Nie ma w niej realizmu, który broniłby jej intencji, nie ma postaci zdolnych zapewnić jej literacką niezależność, są postawy absorbujące uwagę tylko tych, którzy mają dla nich cierpliwość. Nie ma w niej rzeczywistości, jest natomiast umowność, która nie odczytana właściwie, skazuje ją z góry na klęskę.

Dlaczego ją wydaję, w blisko 20 lat po napisaniu, zaś niemal w 10 od kiedy nie mam nad sobą cenzury? Przeczytałem ją niedawno, po raz pierwszy od długiego czasu. Wydała mi się zabawna. Powód tak dobry jak każdy inny.

Leopold Tyrmand

Dla Mary Ellen…

…Doznajemy zdziwienia, obserwując przesadę, która wiąże się z tą namiętnością… Nigdy nie było na świecie pyszałka, który tak głupio myślałby o sobie jak kochający myśli o osobie ukochanej…

Francis Bacon z Verulamu

Nigdy nie znamy wszystkich przyczyn najprostszego zdarzenia…

René Clair

Anecdotis Personae

Jan Ronald Nowak	człowiek pośród decyzji
Ewa Kniaziołęcka	magister historii sztuki
Kapitan Ferdynand Stołyp	szef kapitanatu portu
August Leter	makler okrętowy
Madame Kraal	właścicielka Hotelu Pod Zamkiem
Ksiądz	miejscowy proboszcz młody i prawy
Anita	służąca o wątpliwej reputacji
Pan Krztynka	restaurator
Bengt Hauge	prywatny duński szyper
Przedsiębiorca transportowy	wiek lat 13
Feliks Łagodny	piekarz i alkoholik
Zofia	jego żona
Dyrektor muzeum	w czerwonym fezie
Rozalia	gospodyni
Tołłoczko	urzędnik kapitanatu portu

oraz nieliczni inni.

Rzecz dzieje się w Darłowie, niewielkim porcie na Zachodnim Pomorzu, wczesną wiosną 1949 roku.

DZIEŃ PIERWSZY

W Darłowie, przed małym dworcem w stylu pruskiej prowincji, kończyła się kariera pociągu. Krótkiego pociągu o starych, rozklekotanych wagonach. W poprzek toru podkład na krzyżakach z ułamków szyn oznaczał, że dalej żaden pociąg już nie jedzie.

Wysiadło kilka osób – wśród nich Ewa i Nowak. Oczywiście, obrzucili się nawzajem ciekawym spojrzeniem, starając się pokryć zainteresowanie sprawami końca podróży. Nowak pomyślał: „Jak to się stało, że jej nie zauważyłem przy przesiadkach w Sławnie i w Słupsku?" Ewa pomyślała to samo i jeszcze, że gdyby go zauważyła, postarałaby się znaleźć w tym samym przedziale.

Przy wyjściu z dworca. Nowak powiedział do Ewy:

– Proszę położyć walizkę na tym wózku. Do rynku daleko.

– Skąd pan wie dokąd idę?

– Z dworca w Darłowie wszyscy idą w jedną stronę.

– Pan zna Darłowo?

– Znam.

– Dziękuję za pomoc – rzekła Ewa, kładąc walizkę na wózku, obok walizki Nowaka.

Właściciel wózka zapalił dobyty z kieszeni niedopałek Machorkowego, wciągnął dym siłą swych trzynastoletnich płuc i pchnął wózek za Ewą i Nowakiem w długą, nieregularnie zabudowaną ulicę. Była wczesna, dżdżysta wiosna czterdziestego dziewiątego roku. Drzewa stały nagie i mokre.

– To ładne – rzekł Nowak. – Zupełnie jak u Kiplinga.

– Co u Kiplinga? – spytała Ewa grzecznie.

– W „Księdze Dżungli" zwierzęta nawołują się hasłem tajemnej wspólnoty, która odróżnia ich od innych istot. Brzmi ono: „Jesteśmy jednej krwi". Otóż my... – Nowak zawahał się i Ewa nie wiedziała czy umyślnie czy mimo woli.

– „Jesteśmy jednej krwi" w syku węża i pomruku pantery – podjęła Ewa z ochotą. – Oznaczało solidarność, pomoc i coś jeszcze. Nigdy nie wiedziałam co właśnie jeszcze.

– Może zadowolenie?

– Co to za kaplica?

– Świętego Jürgensa. Nic ciekawego.

– Pan, widać, zorientowany.

– Trochę. Raczej tak.

Weszli na mostek, śliski i wilgotny. Wieprza rwała mętnym nurtem. Na prawo rozlewała się w szeroką młyńską groblę, nad którą stał zamek, malowniczy jak dziecięca bajka czytana w wieku dojrzałym.

– Latem musi tu być ładnie.

– Idyllicznie i lanszaftowo. Gęsta zieleń i stara architektura.

– A więc jesteśmy jednej krwi?

– Tak sądzę. A pani?

– Ja?

Spojrzała nań kroczącego obok z rękami w kieszeniach płaszcza, z kształtną głową dobrze osadzoną w nastawionym kołnierzu. Był niewysoki, mocno zbudowany, miał ciemnoblond włosy i piwne, bystre oczy. Ewie podobał się jego płaszcz i uśmiech, pogodny, trochę kpiący.

– Podoba mi się pański płaszcz – powiedziała.

– Mnie się podoba pani i płaszcz – uśmiechnął się Nowak.

Rzeczywiście – obydwa płaszcze cechował dobry krój i niezawodna impregnacja. Były koloru khaki i dobrze znoszone.

Weszli w główną ulicę miasteczka, pustą o tej porze i wyziębłą.

– Czy czuje pani ciekawe spojrzenia, które taksują nas teraz spoza firanek w tych oknach? Jesteśmy nie z tego świata. Cóż za małżeństwo przyjechało do Darłowa i po co?... Tak brzmią pytania.

– Małżeństwo? Z mężczyzną, którego nazwisko tonie w mrokach tajemnicy? Tylko dlatego, że mi się podoba jego płaszcz...

– Nie przypuszczałem, że to pani sprawi przykrość.

– Wolałabym, aby pan dopełnił formalności.

– Nowak. Tak brzmi moje nazwisko.

– Bardzo mi przyjemnie, panie Nowak. Kniaziołęcka Ewa.

– Zapraszam panią na kawę.
– Chętnie. Ale dokąd?
– Do Łagodnego.
– Jest to nazwisko czy cecha charakteru?
– Nazwisko. Feliks Łagodny jest właścicielem jedynej w Darłowie cukierni i poetą.
– W wolnych chwilach pisze wiersze?
– Nie, nie pisze wierszy. Powołuje codziennie do życia ptysie–sonety, kremówki–ballady i eklerki–poematy liryczne. Czyni to zresztą najczęściej pod wpływem alkoholu, co wiąże go dodatkowo z poezją. Ludzie przyziemni mówią o nim, że jest cukiernikiem.

Weszli do czystej cukierenki i usiedli przy stoliku. Wysoka, piękna, chmurna kobieta, siedząca za bufetem, przywitała się z Nowakiem powściągliwie, lecz z sympatią. Nie było ani kawy, ani ciastek, ani mleka, ani rogalików, ani jajek, ani masła, wobec czego zjedli z wielkim smakiem przedwczorajsze drożdżówki i wypili bladą, przesłodzoną herbatę.

– To żona Łagodnego, Zofia – rzekł konfidencjonalnie Nowak.
– Wygląda jak normandzka arystokratka z noweli Maupassanta.
– Jest córką pomorskiego chłopa z tych okolic. Niespodzianka, co? Tak samo pani może się okazać działaczką społeczną, uczoną z zakresu pszczelarstwa, lub primabaleriną w prowincjonalnej operze, chociaż wygląda pani na modną aktorkę filmową, zawodniczkę sportową o ogólnonarodowym znaczeniu, lub artystkę–malarkę, plastyczkę, czy coś takiego.
– Ciepło, coraz cieplej. Jestem historykiem sztuki.
– Z Warszawy?
– Z Warszawy. A pan?
– Ja z Gdańska.
– Ale co pan robi? Na pewno nie jest pan ani kupcem, ani docentem matematyki, ani żołnierzem, ani urzędnikiem bankowym, ani lotnikiem. Kobieca intuicja, wsparta wrodzoną inteligencją, mówi mi, że jest pan architektem, ogrodnikiem, lub dziennikarzem.
– Celne. Sam środek tarczy. Jestem dziennikarzem – skłamał Nowak.
– No, widzi pan.
– Widzę. Ma pani ładne, szare oczy, chociaż...
– Proszę skończyć. Nie znoszę, jak ktoś nie kończy ważnych zdań.
– To nie miało być zdanie ważne. Takie banały o oczach... – rzekł

Nowak i pomyślał prosto: „Dobra jest!...", mając na uwadze rzeczy naj-
łatwiejsze.

– Ewa – dodał – oznacza kobiecość. Symbolizuje koncentrat, dla którego mam mało sympatii. Wolę cywilizację niż kobiecość.

– A pańskie imię?

– Ronald.

– Ronald? Ronald Nowak? – Ewa uśmiechnęła się.

– Tak. Ronald Nowak.

– Uuhhnm...

– Rozumiem panią. Powszechność tej reakcji sprawia, że przestałem
się nią dręczyć. Ostatecznie wina jest po stronie mego ojca.

– To brzmi jak na przykład: Parsifal Kwiatkowski, albo Bayard
Majewski.

– Wolę Ronald Nowak. To brzmi całkiem dobrze.

– Jak pana nazywają zdrobniale?

– Nikt się ze mną nie spoufala.

– Ale w rodzinie, przy kominku, przy stole wigilijnym?

– Owszem. Mówi się wtedy: Jaś.

– Jak to... Jaś?

– Po prostu. To moje drugie imię. Ronald Jan Nowak. Woli je pani?

– Nie. Z dwojga złego niech będzie Ronald Nowak. Przynajmniej jak
wołają pana do telefonu w restauracji to nie musi pan stać w kolejce.

– Dziękuję. Pomogła mi pani znaleźć uzasadnienie, którego szukałem przez całe życie. To ładnie z pani strony. Czy długo zostaje pani
w Darłowie?

– Trzy dni. A pan?

– Ja też trzy – skłamał Nowak. – Po tym do Warszawy, prawda?

– Aha. Możemy wracać razem, to byłoby wspaniale. Pan oczywiście
do Gdańska?

– Oczywiście – skłamał Nowak.

– Mogę jechać przez Gdańsk, zamiast przez Kołobrzeg. Mam w Gdańsku
ciotkę imieniem Florentyna.

– Doskonale. Czy lubi pani dzieci?

– Bardzo. Poza tym pracę, kwiaty, psy, dobry alkohol i książki. Nie
znoszę brzydkich mebli, złego wychowania, nudy, głupoty i kołtuństwa.

– Wierzę pani. Czy jest pani sentymentalna?

– Raczej tak, chociaż wolę realistyczną literaturę. Ale bardzo pana przepraszam, tu jest firma „Łagodny", a nie poradnia psychotechniczna, ani tym mniej urząd śledczy. Zresztą – po co panu to wszystko?

– To proste. Podoba mi się pani, pragnę się więc upewnić, czy nie jestem powierzchowny.

– Panie Nowak!

– Kiedy naprawdę mi się pani podoba.

– Ronaldzie, staje się pan nudny. Czar pryska. Może by pan pomyślał o noclegu dla mnie.

– To nie należy do moich obowiązków, a zresztą jest dopiero dziesiąta rano.

– A więc porzuca mnie pan na pastwę Darłowa i jego niebezpieczeństw. Dobrze. Postaram się nie zginąć. Gdzie tu jest muzeum?

– Na zamku. Proszę sobie zapamiętać: ja nie jestem Adam Asnyk.

– To na pewno. Żadnych wątpliwości w tym względzie. Ale dlaczego Asnyk?

– Czytałem gdzieś o nim, że zawsze starał się o pomieszczenia dla kobiet, w których się nieszczęśliwie kochał, podczas gdy te nabijały się zeń na medal. W końcu umarł seksualnie niedopieszczony. Zaprzestałem się starać w ciemno. Rzucam panią na łup portowemu życiu.

– Po pierwsze: nie kocha się pan we mnie…

– Dzięki Bogu.

– …to prawda. Dzięki Bogu. Po drugie: stał się pan naraz wulgarny i bezczelny. Za szybko. Chyba się panu podobam.

– Cały czas to przecież pani powtarzam. Ile pani ma lat?

– Dwadzieścia cztery.

– W sam raz.

– Co to znaczy?

– W sam raz, aby coś wiedzieć, ale jeszcze nie wszystko. Raczej mniejszą część.

– Pan, rzecz jasna, już wie wszystko. Czy?…

– Niech pani pyta, bo muszę panią spytać o to samo.

– Więc niech pan najprzód odpowie.

– Nie. Nie jestem żonaty. A pani?

– Mam narzeczonego. W Warszawie.

– Też używałem tego słowa.

– No i co?

– Rozeszliśmy się, a raczej ona ode mnie odeszła. I słusznie. Kochałem ją, ale to było za mało.

– Jak to – za mało?

– Kochałem ją za jej dobroć, urodę i jej miłość do mnie, ale nie kochałem się w niej nigdy. Przyszedł ktoś, kto zakochał się w niej prawidłowo i zabrał ją. A jaki jest pani narzeczony?

– Jest przeciwieństwem pana. Dobry, niezdarny, pełen nauki a nie wiedzy. Nosi okulary i źle się ubiera.

– Jest zatem i przeciwieństwem pani. Dlatego możecie się tylko kochać. Ale nigdy kochać w sobie.

– Skąd pan wie?

– Nie jesteście jednej krwi.

– Cóż stąd za wniosek?

– Nie wiem. Ma pani szare, złośliwe spojrzenie, ruchliwą, chwilami nieładną twarz. Właściwie nie mam pojęcia na jaką cholerę siedzę tu z panią gadając bzdury, podczas gdy czeka mnie dziś jeszcze tyle pracy.

– Znowu impertynencje?

– Przecież mówiłem, że mi się pani podoba. Tym, które się nie podobają, nie ofiaruje się wysiłku impertynencji. Grzeczność jest łatwiejsza.

– Co będzie jak mi pan nawymyśla…

– Sam jestem ciekaw. Chodźmy załatwić nocleg.

Wstając, Nowak poczuł ulotny smutek płynący z przeczuć, do jakich nie przywiązuje się na ogół znaczenia.

– Jak tu ładnie. Ponuro i ładnie – rzekła Ewa, gdy zbliżali się do Hotelu pod Zamkiem. Ten rodzaj austerii czy zajazdu leżał przytulony do zapuszczonej fosy, nieopodal prowadzącego na zamek ciężkiego, kamiennego mostu. Po moście dzwoniły niegdyś kopyta koni normandzkich, meklemburskich i polskich rycerzy, składających swe hołdy pomorskim Gryfitom, dzierżącym przed wiekami kanciasty, usiany romańskimi strzelnicami i krużgankami masyw zamku.

– To zamek króla Eryka – dodała Ewa.

– Wiem o tym.

– Dziennikarze z Gdańska powinni orientować się w ruchu statków w porcie i obwieszczeniach miejskiej rady narodowej. Wiedza o pomorskich Gryfitach jest u nich erudycją, czyli zbędnym balastem.

– Wiem także o Piastach–Gryfitach.

Weszli do bramy zajazdu, po czym do niewielkiej salki, wyglądającej jak jadalnia, szynk i portiernia zarazem. Przy jednym ze stolików siedziała gruba, schludna, pretensjonalnie ubrana kobieta i pisała rachunki. Jej twarz nosiła ślady dawnej piękności bardzo portowego typu. Można się było założyć, że spędziła życie w przedsiębiorstwach hotelowych.

– Dzień dobry – rzekł Nowak – co u pani słychać, pani Kraal?

– A, pan Nowak. Znowu do nas. Wszystko w porządku. Nie ma gości, są pokoje.

Nowak przedstawił Ewę.

– Narzeczona? – uśmiechnęła się domyślnie Kraalowa.

– Nic podobnego. Poznaliśmy się na dworcu.

– Wobec tego, dwa obok siebie, prawda?

– Co znaczy: dwa obok siebie? – spytała Ewa.

– Dwa pokoje obok siebie – wyjaśnił Nowak.

– Jestem tu służbowo, a nie na urlopie – rzekła Ewa i zaczerwieniła się. „Mówię zupełnie bez sensu..." – pomyślała bezradnie.

– Anita! – krzyknęła Kraalowa – przygotuj pościel w ósemce i dziewiątce! – Po czym wyszła dopilnować zarządzeń.

– Czy nie ma tu innego hotelu? – spytała Ewa – nie podoba mi się tutaj.

– Owszem, jest. Raczej dom noclegowy. Po sześć łóżek razem.

– Niech już będą dwa obok siebie – westchnęła Ewa. – Anita to pomoc domowa, prawda?

– Tak.

– Hiszpanka?

– Chyba nie. Zdaje się, że pochodzi z Rawy Mazowieckiej, o ile sobie przypominam. Myślę, że w porcie, do którego przychodzą skandynawskie szkunery po węgiel, nie wypada nazywać się Hanka.

– Spory port to Darłowo?

– Spory. Ma urządzenia przeładunkowe dla węgla, silosy zbożowe, basen dla szkunerów motorowych i sporą flotyllę rybacką. Przychodzą tu Duńczycy, Niemcy, Finowie, Szwedzi.

– Pokaże mi pan port?

– Pokażę.

Chłopiec wniósł walizki i Ewa dała mu banknot, który wzbudził w nim szacunek. Poszli na górę do swych pokojów. Były to dwie niskie i duże izby o małych oknach. W ósemce stał ładny, pomorski piec kaflowy.

– Napalić? – uśmiechnęła się poufale Anita, rozmazując resztki wczorajszej szminki na zaspanej twarzy. Miała perkaty nos i złodziejskie, niebieskie spojrzenie.

– Proszę napalić – rzekł Nowak. – To pani pokój – zwrócił się do Ewy – a zimno będzie jeszcze niezgorzej.

Ewa otworzyła okno.

– Wspaniale! – zawołała – zupełnie jak u Colasa Breugnon w Clamecy.

– Trafne choć odległe skojarzenie.

– Wiem, to nie Burgundia i pogoda inna. Ale ten dziedziniec – cudo nieładu. Niech pan spojrzy, jak nierówny teren spada ku strumykowi w fosie. I te stare żebrowania w murze, te okienka. Latem tu musi być jednak Clamecy. Tu pachnie średniowieczem.

– Może. Zadowolona?

– Zadowolona.

– Spotkamy się na obiedzie, o trzeciej, na dole w jadalni.

– Tak jest, captain.

– Da pani sobie sama radę ze swymi sprawami?

– Tak jest, captain.

– Dlaczego zachowuje się pani jak załoga frachtowca?

– Nie wiem, captain. Nagle wydał mi się pan starym wilkiem morskim, człowiekiem z pokładowych desek, z kapitańskiego mostku.

– Ciekawe. Pływałem wprawdzie trochę w handlowej, ale jako steward. Oficerom podawałem lunch w messie i sprzątałem kabiny.

Nowak wyszedł. Ewa usiadła z westchnieniem na łóżku. „Ewo!... – pomyślała – uważaj! Już nic ci nie powiem, bo sama nie wiem, co ci mam powiedzieć..."

– Więc wie pan?

– Wiem.

– I ma pan?

– Nie. Jeszcze nie.

– Ale wie pan, gdzie jest?

– Mniej więcej. W przybliżeniu. Trzeba będzie dobrze poszukać.

– No, to chodźmy na górę, do mnie. Po co o tym tutaj.

– Nerwy?

– Ależ skąd. Ja i nerwy? Taki zdrowy człowiek… – August Leter uśmiechnął się nieszczerze. Lewy kącik ust drgał mu nieznacznie, co oznaczało najwyższe zdenerwowanie.

Nowak wstał z biurka, na którym siedział, bujając nogami. Rozejrzał się dookoła. Był w czystym, porządnie utrzymanym kantorze zamożnej firmy maklerskiej i shipchandlerskiej, ściany oklejone były afiszami reklamowymi polskich i skandynawskich linii okrętowych, na gzymsie kominka stał żeglarski sekstans, między oknami, nad potężną mapą Bałtyku, wisiał piękny, błyszczący mosiądzem i stalą barometr okrętowy w mahoniowej oprawie. Z małego hallu prowadziły wewnętrzne schody do mieszkania Letera na piętrze.

Leter wprowadził Nowaka do przeładowanego brzydkimi fotelami pokoju. Nowak zanurzył się w skórzanym klubowcu, nie zdejmując płaszcza, i zapalił papierosa.

– I co dalej? – spytał Leter, maskując podniecenie kaszlem.

Był szczupły, spłowiały, w nieokreślonym wieku, wysoki, o zmiętej twarzy. Mógł liczyć równie dobrze dwadzieścia pięć, jak pięćdziesiąt lat. W rzeczywistości liczył czterdzieści trzy.

– Mój pierwszy papieros dzisiaj – rzekł Nowak, zaciągając się głęboko „Camelem".

– Co słychać w Gdańsku?

– Dziękuję. Wszystko w porządku. A u pana?

– Też w porządku.

– Żadnych trudności?

– Żadnych. „Ragne" jutro wchodzi do portu – rzekł Leter z udaną obojętnością.

– Świetnie – rzekł Nowak z uznaniem.

– Skoro powiedziałem, że „Ragne" będzie na czas, to chyba można było na mnie liczyć.

– Okazuje się, że tak. „Ragne" płynie z Gdyni?

– Z Gdyni.

– Oczywiście załadowana.

– Nie. Pusta.

– Wspaniale. Jakżeście tego dokonali?

– Drobne subtelności maklerskie. Bengt Hauge przekonał dostawców, że to lepiej dla nich, jeśli „Ragne" ładować będzie w Darłowie.

– Jest pan skromny. Nie sądzę, aby szyper Bengt Hauge zdołał sam przekonać gdyńskie biura frachtowe.

– Nie mówmy o tym. To bagatelka, szczególik.

– Owszem, mówmy. Widocznie bardzo panu zależy na całej imprezie. Zaangażował się pan niewąsko.

Leter podszedł do stojącego w kącie radiogramu, otworzył go i nałożył płytę.

– Posłucha pan? Taka stara, marynarska piosenka.

– Zbytek ostrożności, panie Leter. I tak nikt nas nie słyszy.

– Nie wiem, młody człowieku. Nigdy nic nie wiem na pewno.

Wyjął z kredensu butelkę wiśniówki i dwa kieliszki. Był teraz opanowany, chłodny, pełen czujnego spokoju. Z głośnika zabrzmiały dźwięki gitary i schrypły, męski głos:

> ... *Cigareets and whiskey*
> *and wa–wa women*
> *they're driving me crazy*
> *they drive me insane...*

– Ładne – powiedział Nowak – tylko trochę nie w stylu tej czcigodnej bawialni. Nie ma pan czegoś o urokach mieszczańskich wnętrz, sztucznych kryształów w serwantkach i stosu poduszek na koniugalnych łożach?

– Mnie ta piosenka odpowiada.

– Schizofreniczna tęsknota? Podwójne życie Augusta Letera? W dzień: ogólnie szanowany makler i shipchandler, szczęśliwy mąż najpiękniejszej kobiety w Darłowie i okolicach, oraz poważny ojciec dwojga jasnowłosych pacholąt; w nocy: wrak ludzki spod zalanych wódką stołów, nożownik z portowych knajp, szmatławy kochanek najgorszych kobiet z węglowego nadbrzeża. Czy tak?

– Zapomniał pan o piłce nożnej.

– O piłce nożnej?

– Tak, o piłce nożnej. Za młodu byłem kapitanem drużyny „Ogniści" w Krotoszynie. Mieliśmy mistrzostwo powiatu. Raz wygraliśmy w Poznaniu z trzecim składem „Warty". Namiętność do futbolu nie wygasła we mnie do dziś, toteż musi pan ją uwzględnić w ogólnej charakterystyce mej osoby.

– Zgoda. A więc: w dzień – wzór ojca, męża i obywatela, w nocy – lump na dnie upodlenia, w niedzielę i święta – piłkarz. Czy teraz dobrze?

– Dość tych żartów. Niech się pan napije. Skol.

– Skol. Ale w tym jest coś z prawdy, Leter, ja was dobrze znam, blondynów o zmęczonej cerze i podbitych oczach. Ciekawe, która z trzech sił, składających się na pańską osobowość, wciągnęła pana w moją aferę?

– Niech pan zgadnie.

– Spróbuję. A więc August Leter – *pater familias*, notabl darłowski, zamożny makler, któremu się w życiu powiodło, mógł dać się powodować chciwością. Liczył na niepowszednie zyski.

– Nie. Za kogo pan mnie ma? Od początku brałem pod uwagę możliwość, że mnie pan wyroluje i nic mi nie zapłaci.

– Zdradza pan za tym, obok innych zalet, inteligencję. Idźmy dalej: piłkarz mógł dać się uwieść atmosferze gry, hazardu, przygody, awantury. Może to?

– Kol. Nowak. Niech się pan nie kompromituje takimi przypuszczeniami.

– A za tym... Przecież nie przyrzekałem panu nic orgiastycznego.

Leter wstał i nastawił adapter. Te same dźwięki ta sama synkopowana muzyka, ten sam głos, sztucznie wesoły i męczący.

... Cigareets and whiskey
and wa–wa women
they're driving me crazy
they drive me insane...

– W tej piosence jest tłumaczenie, Ronaldzie Nowak, czy jak się pan tam naprawdę nazywa. Był pan na dobrym tropie.

– W tej piosence jest tania rozpusta i zaduch barów. Dlaczego mi pan pomaga? Czego się pan spodziewa?

– Niczego. Jadę z panem.

Nowak wstał i podszedł do okna. Ciężkie, marcowe chmury wisiały nad małomiasteczkową uliczką. Naprzeciw była piekarnia. Na rogu wisiała tabliczka z napisem: Ulica Dobrych Kobiet. Znów zaczynał siąpić ostry deszcz. Było prowincjonalnie i groźnie.

– Nie rozumiem – rzekł Nowak – a żona, dzieci, stanowisko, dorobek życiowy?

– Co to pana obchodzi? – rzekł Leter.

– W zasadzie nic. Wydawało mi się jednak, że pan kocha swoją żonę. Był pan o nią zawsze nieprzyzwoicie zazdrosny.

– Moja żona jest od dwóch lat kochanką kapitana Ferdynanda Stołypa z kapitanatu portu, którego ma pan wątpliwy zaszczyt znać. Taka darłowska pani Bovary w popularnym wydaniu o dużym nakładzie.

– A dzieci?

– Nie mogę sobie wiązać życia dwoma chłopakami, którzy już za kilka lat będą mi kraść pieniądze z szuflady i kolekcjonować choroby weneryczne w Szczecinie czy Gdyni. Co to pana zresztą obchodzi, powiedziałem panu już raz.

– Obchodzi. Jakie mam gwarancje, że z chwilą mego wyjścia z tego pokoju nie podniesie pan słuchawki telefonu aby zawiadomić WOP o mym przybyciu do Darłowa i gdzie mnie należy szukać. Ostatecznie włącza się pan teraz w partię jako wspólnik, nie zaś tylko jako pośrednik, a ja lubię wiedzieć wszystko o mych wspólnikach. Skol, panie Leter.

– Skol.

– Więc, słucham pana.

– To ja pana słucham, Nowak.

– O, nie. Pan ma głos, Leter.

– Ja powiedziałem wszystko. Może nawet zbyt wiele.

– Nie. Nie powiedział pan jeszcze, na co pan liczy.

– Na połowę. Równiutko pół na pół.

– To będzie bardzo dużo pieniędzy, panie Leter. Czy nie przesadza pan odrobinę w ambicjach?

– Ani trochę. Ta połowa opłaci właśnie ruinę całego mego dotychczasowego życia, a panu pozwoli uzyskać drugą połowę, która na razie, bez mojej pomocy, jest całkowicie zamrożona. A ta druga połowa to też bardzo dużo pieniędzy, Nowak.

Nowak usiadł na poręczy fotela. Czuł narastające zmęczenie. Siedem miesięcy szarpiących nerwy przygotowań i poszukiwań i teraz oto ta bezsensowna, płytka rozmowa, jakby z taniego, kryminalnego romansu. „Dość, dość – pomyślał – trzeba z tym skończyć".

– Zgoda – powiedział – przystaję na pańskie warunki.

Leter wypił dwa kieliszki wiśniówki i otarł pot z czoła. Ręce mu latały, kiedy zapalał papierosa.

– No, a teraz pomówmy o interesie.

– Czy to konieczne, panie Leter? Pojutrze zawiezie mnie pan na pokład „Ragne" wraz z niewielką skrzynką. W Kopenhadze otrzyma pan swoją część, raczej swoją połowę i na tym interes się skończy.

– Nic z tego, Nowak. Albo wiem wszystko o interesie, albo wysiadam. Jak dotąd zbywał mnie pan ogólnikami, że coś, że gdzieś, że kiedyś. Niech pan nie będzie za mądry.

– Dobrze, nie będę. Wie pan kto to był król Eryk Pomorski?

– Mniej więcej. Taki król.

– Zupełnie słusznie. Otóż akurat pięćset lat temu król Eryk zrzucony z tronu duńskiego, zarył się w fortecy Visby na Gotlandzie, skąd niebawem zasłynął jako najgroźniejszy korsarz na całym Bałtyku. W końcu zmęczony, syt przygód i zrabowanych skarbów, o których krążyły legendy, wrócił do ojczyzny i osiadł na zamku darłowskim.

– Czy nie dość tych wypisów historycznych dla szkoły powszechnej?

– Spokojnie, Leter, to trudne sprawy. Król Eryk, jak każdy bardzo bogaty grzesznik, zaczął naraz dbać o swą niebieską hipotekę i w tym celu podjął pielgrzymkę do Ziemi Świętej, skąd przywiózł cudnej roboty oprawę hebanową dla ołtarzowego tryptyku, do którego zamówił u największego snycerza i złotnika pomorskiego tych czasów, Wawrzyńca Adebara z Ruyenvolde, trzydzieści sześć scen z życia Chrystusa. W ten sposób powstało w złocie, srebrze i hebanie jedno z arcydzieł sztuki złotniczej późnego średniowiecza, które wisiało kilkaset lat w darłowskiej farze, otoczone pietyzmem całego Pomorza, budząc nabożny podziw w historykach sztuki i namiętne pożądanie w koneserach, antykwariuszach i dyrektorach muzeów całej Europy.

– Słyszałem o tym tryptyku. Jestem w Darłowie od wiosny czterdziestego szóstego.

– Nie dziwi mnie to. Tryptyk ten wisiał niemal do końca w kościele farnym. Na kilka dni jednak przed przełamaniem wału pomorskiego i zdobyciem Kołobrzegu przez wojska sowieckie i polskie niemiecki proboszcz, przerażony sytuacją, zawiózł go do Sławna i zdeponował w tamtejszym „Bodencreditanstalt" który posiadał jedyny w powiecie tresor pancerny.

– O rany! Byłem w Sławnie na początku czterdziestego piątego!

– Za późno. W kilka godzin po wkroczeniu wojsk polskich do Sławna, gdy czołgi dudniły jeszcze po bruku opustoszałego miasteczka, zatrzymał się przed domem „Bodencreditanstalfu" wojskowy jeep, z którego wysiadło dwóch polskich oficerów w mundurach II Armii. Kilku kopnięciami otworzyli drzwi, sprowadzili umierającego ze strachu niemieckiego prokurenta i przedstawili mu jakiś papier, na którym wypisany był łamaną niemczyzną na maszynie i podstemplowany zamazaną pieczęcią nakaz rekwizycji tryptyku oraz pokwitowanie odbioru. Niemiec, szczęśliwy, że obyło się bez odpinania rewolwerowych kabur, wydał tryptyk, wziął papier, po czym dwaj oficerowie odjechali w kierunku Darłowa. Myślę, że gdzieś w rowie przydrożnym znaleziono po tym dwa porzucone, już zbyteczne mundury oficerskie, tak, jak w rok po tym znaleziono trupa jednego z tych oficerów, nafaszerowanego rewolwerowymi kulami, na jednym z przedmieść Gdyni. Drugi, jeśli to pana ciekawi, panie Leter, odsiaduje w tej chwili karę bezterminowego więzienia w Bydgoszczy.

– Gdzie jest tryptyk? – rzekł Leter.

– W Darłowie.

– Od kiedy?

– Cały czas tu był.

– Nic nie rozumiem.

– To proste. Ci dwaj panowie chcieli prawdopodobnie wyrwać z tryptykiem jak najszybciej na Zachód. Port był jednak zaminowany, żadnego ruchu statków, żadnych kutrów. Ukryli więc tryptyk, bojąc się podróżować z nim w tych niespokojnych czasach, i pojechali do Gdyni, organizować ucieczkę, każdy ze szczerym, głęboko w sercu ukrytym i czule pieszczonym zamiarem indywidualnego po schowany tryptyk powrotu. Te ściśle intymne projekty każdego z nich przeciągnęły przygotowania i w końcu doprowadziły do wymiany strzałów na gdyńskiej peryferii. Po tryptyk nie wrócił nikt, jak dotąd.

– Gdzie jest tryptyk?

– Pan chciałby za dużo wiedzieć, mój drogi Leter. Zbyt pana cenię jako wspólnika, aby ryzykować pana utratę. Uprzedzam pana, że na pokład „Ragne" będzie pan wchodzić pierwszy, przodem, a dopiero ja za panem.

Nie zamierzam znaleźć się przypadkiem w darłowskim kanale portowym z przestrzeloną czaszką.

– Przyznać trzeba, że żywi pan miłe zaufanie w stosunku do swych wspólników – uśmiechnął się krzywo makler okrętowy.

– Doceniam pańską wysoką klasę, Leter.

– Pańskie zdrowie, Nowak. Skol. Za całą imprezę. Chociaż dziwi mnie pańskie nagłe przywiązanie do tego świata i dbałość o swą osobę. Ja, to co innego, ja mam ideały, jestem pełen dążeń i porywów, ja wiem, gdzie jest prawdziwa uroda życia.

Leter podszedł do adapteru i znów nastawił płytę.

... Cigareets and whiskey
and wa–wa women
they're driving me crazy
they drive me insane...

Ten sam refren wywołał zachwyt w jego lekko już przez alkohol rozmazanych rysach twarzy.

– Ale pan, panie Nowak – zakończył – taki klasyczny abnegat...

Nowak wstał z fotela. „Idiota – pomyślał. Miesza inteligencję z rezygnacją". Poczuł naraz nieznośną potrzebę ujrzenia Ewy.

Ewa stała w mrocznej, gotyckiej sieni zamku i czekała na dyrektora muzeum. Wszedł starszy pan z siwym, sumiastym wąsem, w czerwonym fezie na głowie i uśmiechnął się z przestarzałą galanterią na widok młodej kobiety.

– Pani pozwoli, jestem dyrektorem muzeum. Czym mogę służyć?

– Oto moje listy uwierzytelniające.

– Aha, aha, aha – rzekł, czytając – panna magister Kniaziołęcka z Głównego Urzędu Konserwatorskiego w Warszawie.

– To ja.

– A więc koleżanka. Będę mówić: koleżanko, dobrze?

– Jak panu dyrektorowi wygodnie.

Trochę ją bawiła kokieteria słów i gestów tej fredrowskiej postaci, trochę jednak raziła.

– Taka młoda koleżaneczka, co?

– Jak dla kogo, panie dyrektorze. Jeden z mężczyzn, którego kocham czule, odmawia uporczywie małżeństwa ze mną, twierdząc, że jestem dlań za stara.

– A cóż to za filut! Chyba nie ma jeszcze lat dwudziestu?

– Nie. Ma dziewięć. To mój siostrzeniec.

– Ha, ha, ha, a to dobre! Cóż więc koleżankę sprowadza na to nasze pustkowie, do naszego zaścianka?

– Sprawa kościoła św. Gertrudy. To bardzo ciekawy obiekt. Pisały ostatnio o nim tygodniki literackie i Urząd zainteresował się tą sprawą. Postanowiono rozpocząć badania i wysłano mnie na rekonesans.

– A, to zabytkowy kościół, zabytkowy, bardzo zabytkowy. Tylko jakiś taki dziwny. A tak, dziwny.

– Jak to – dziwny?

– Pójdzie pani, zobaczy, przekona się. Ot, dziwny. Ja mam tu u siebie ambonę i część ołtarzowej rzeźby. Chce pani obejrzeć?

– Chcę. Bardzo.

Przeszli sklepionym korytarzem, potem przez belkowany poczerniałymi przyciesiami krużganek do nieregularnej, białotynkowanej komnaty, pełnej porozrzucanych muzealnych rzeczy. Odłamy starych tympanonów, szczątki posągów, jakieś głazy nieokreślonego pochodzenia.

– Śliczna – powiedziała Ewa, zbliżając się do ambony. – Wspaniały pomorski barok, wczesny, naiwny i pełen wdzięku. Korniki zrobiły swoje, jak widzę.

Drobne figurki drewnianej rzeźby usiane były śladami kornikowych dewastacji. Pełno tu było zatartych, zblakłych kolorów: złota, grynszpanu, fioletu i purpury. Pyzate aniołki nosiły na buziach, przedziwnie wyrzezany w drzewie, grymas mądrej, złośliwej ironii. Snycerskie studia rąk, twarzy i sfałdowanych szat postaci biblijnych zaskakiwały precyzją i polotem.

– To z kościoła św. Gertrudy – rzekł dyrektor – mam tu jeszcze trochę tych świątków z kaplicy św. Jürgensa. Wszystko z początków XVII wieku, fundowane przez ród Adebarów, takich darłowskich Medicich.

– Wawrzyniec Adebar był znakomitym rzeźbiarzem i złotnikiem, ale żył gdzieś w połowie XV wieku, o ile się nie mylę?

– Tak, to założyciel rodu. Koleżanka, jak widzę, zorientowana w przedmiocie.

– Trochę. Interesuję się sztuką pomorską, czytałam nieco. Na przykład o owym drogocennym tryptyku króla Eryka Pomorskiego. Co się z nim stało?

– A właśnie. Co się z nim stało? Najbardziej by to chciały wiedzieć władze. Przepadł, w czasie wojny, jak kamień w wodę. Aha, czy porozumiewała się już pani z księdzem proboszczem?

– Z księdzem? W jakim celu?

– Ostatecznie św. Gertruda stanowi własność parafii. Dlatego właśnie nie wchodzę w te sprawy; ja jak najdalej, rozumie pani. Tyle, co tę ambonę zabezpieczyłem.

– Może więc pójdziemy razem, dyrektorze.

– Co to, to nie, oho, nie, nie. Ja, koleżanko, wychowany jeszcze na Spencerze. Nie lubię klechów, nie cierpię. I oni mnie nie lubią. A ten tutaj, to spryciarz, tęgi spryciarz.

– Trudno, panie dyrektorze, pójdę sama.

– A muzeum koleżanka nie zwiedzi, skoro już w naszych skromnych progach?

– Zwiedzę – westchnęła Ewa.

Zgodnie z jej przewidywaniami dyrektor pokazał jej, między innymi, średniowieczny miecz katowski, ząb rekina, ozdoby brązowe z czasów prasłowiańskich, zatrutą strzałę i dzidy z cesarsko–niemieckiego Kamerunu, stare, patrycjuszowskie meble, przerażający swym ogromem zbiór ornitologiczny pod wspólną nazwą: „Skrzydlaci mieszkańcy naszych lasów, pól i łąk", kilka karabinów grenadierów pruskich spod Sedanu, koronki z ziemi darłowskiej.

Uliczki i rynek, którymi szła na plebanię, przypominały obrazki ze starych, niemieckich elementarzy; ich filigranowy wdzięk był z nierealności rysunkowych filmów. W skromnej, szablonowej kancelarii parafialnej przyjął ją dość młody, krępy ksiądz o ciemnych oczach i ciemnych, prostych włosach.

– Nie wiem, czy ksiądz jest zorientowany w tych sprawach – mówiła Ewa – lecz pewne dane źródłowe wskazują na to, że na ścianach wnętrza kościoła św. Gertrudy kryją się pod tynkiem średniowieczne malatury i gotyckie freski. To otynkowanie pochodzi z połowy ubiegłego stulecia i jest zjawiskiem dość tajemniczym.

– Rozumiem. Tynk miał pokryć świadectwa polskości i katolickości tych ziem. Czy o to chodzi?

– Są różne hipotezy. Niemieccy historycy sztuki zamierzali kilka razy restaurować to wnętrze, ale zawsze jakoś projekty te upadały i to zdaje się, że z przyczyn politycznych.

– No cóż, z mojej strony proszę liczyć na pełną pomoc. Być może, że zaniedbałem nieco ten kościół, ale fara jest tu przestronna i wystarczająca dla potrzeb parafii. Poza tym brak mi było funduszów. Liczyłem na pomoc miejscowego muzeum, ale zawiodłem się. Zresztą jest to dziwny kościół, tchnie opuszczeniem i jakąś niesamowitością, nawet w najbardziej pogodny dzień. Może sprawia to jego cmentarne otoczenie.

– Dziękuję księdzu za gotowość pomocy. Na razie sama to sobie obejrzę.

– Proszę pozdrowić pana Nowaka.

– Jak to?... Kogo?

– Pana Nowaka. Przecież to pani znajomy.

– Owszem. Ale skąd ksiądz?...

– Darłowo jest małe.

– Dziękuję. Pozdrowię, żegnam księdza.

Jakby na przekór wszystkiemu poczuła naraz jasne zadowolenie, że za kilkanaście minut zobaczy Nowaka.

– My, kobiety, jesteśmy bardzo głupie.

– Czy mam zaprzeczyć, *madame*?

– Nas można nabrać na mnóstwo drobnych, idiotycznych kłamstw.

– Nie panią, *madame*, nie panią.

– Ale jacy są głupi mężczyźni, tego pan sobie nie wyobraża.

– Wyobrażam sobie. Trochę nawet wiem.

– Nie, tego nie może pan sobie nawet wyobrazić, bo jest pan mężczyzną.

Nowak roześmiał się pogodnie.

– No, myślę. Wyobrazić sobie nie mogę, to przekracza wyobrażenia i wyobraźnię. Ale mogę zrozumieć. Natomiast kobiety doskonale sobie wszystko wyobrażają, a tak mało rozumieją.

Madame Kraal obgryzła trzymany w ręku za kość, kotlet, wzruszyła ramionami i okazała nagły brak chęci do zagłębiania się w dialektykę. Weszła Ewa.

– Przepraszam pana. Spóźniłam się, prawda?

– Drobnostka. Czekałem na panią z obiadem. Wszystko pomyślnie załatwione?

– Częściowo. To dopiero początek. Rozmawiałam z dyrektorem muzeum i z księdzem.

– Czy podać obiad? – spytała Kraalowa.

– Proszę bardzo. Jesteśmy straszliwie głodni, czyż nie, panno Ewo?

– Tak, a oprócz tego przemoknięci i zziębnięci, co prawda, nie wszyscy.

Ewa spojrzała z uznaniem na gruby, granatowy sweter rybacki, w którym Nowak wyglądał chłopięco i ładnie.

– Może kieliszek starowinu – zaproponował, pomagając jej zdjąć płaszcz. – To panią postawi na nogi.

Wszedł sam za mały kontuar, zdjął z półki butelkę i nalał dwa kieliszki.

– Skol. Za pani normalną ciepłotę ciała.

– Ksiądz prosił, aby pana pozdrowić. Zna go pan?

– Zupa fasolowa – powiedziała Kraalowa, wnosząc zupę.

– Znam – odparł Nowak. – To bardzo dzielny i mądry człowiek.

– Ksiądz jak ksiądz – rzekła Kraalowa, siadając przy ich stole. – Nie najgorszy, ale i nie najlepszy.

– Dlaczego nie najlepszy? – spytała Ewa.

– Za dużo wymaga.

– Co znaczy: wymaga? Lubi pieniążki? Pompuje z was za śluby i chrzciny?

– Eee, nie. Raczej to, że on chce aby ludzie byli nie tacy, jacy są.

– Rzeczywiście – rzekł Nowak – też wymagania.

– Poza tym okazuje się, że zawsze ma rację, a tego ludzie nie lubią.

– I słusznie. Ze strony księdza to brak taktu.

Kraalowa wyszła po kotlety.

– Co pan robi po obiedzie?

– Brak planów. Co pani proponuje?

– Godzinę odpoczynku w samotności, po czym spacer do kościoła św. Gertrudy. Czy to daleko?

– Nie. Blisko. Wydawało mi się, że chciała pani obejrzeć port.

– Tak. Ale najprzód muszę sobie dokładnie obejrzeć ten kościół. Po to tu przyjechałam.

– Zgoda.

– Ciężko z jarzynami – oświadczyła Kraalowa, stawiając talerze. – Tylko szpinak z puszki.

– Uwielbiam szpinak z puszki – rzekł Nowak.

– A ja wędzone ryby – rzekła Ewa.

– Może pani w Darłowie zaspokoić swe zmysłowe porywy. Jest tu jedna z najlepszych wędzarni na całym polskim wybrzeżu. Zakupimy wieczorem świeżych szprot i sielaw i rzucimy się w odmęt obżarstwa.

– O, Boże! Niech pan już nic nie mówi! Zbyt piękne, aby było prawdziwe.

Przez chwilę jedli w milczeniu. „Jak on ładnie je", pomyślała Ewa o Nowaku. „Jak ona ładnie zachowuje się przy stole", pomyślał Nowak o Ewie. „Ma zbyt szerokie i za krótkie ręce", myślała Ewa. „Dlaczego błyszczy się jej nos? To chyba ze zmęczenia", myślał Nowak i uśmiechnął się sam do siebie.

– Śmieje się pan do swych myśli – powiedziała Ewa.

– Nie. Do pani.

– Dobre wychowanie przy stole?

– Jest pani zabawna.

– Najniewłaściwsze pod słońcem słowo.

– Jest pani zatem absorbująca.

– Niech się pan wyraża przyzwoicie. I precyzyjnie.

– Zgoda. Jest pani urocza.

– Płaskie i konwencjonalne. Spodziewałam się czegoś więcej, lecz były to złudne nadzieje.

– Usiłuję powiedzieć coś miłego, na próżno. Albo za mało, albo za dużo. Świadczy to, że albo nie rozumie pani nic a nic, albo sprawia pani przyjemność wyrządzanie mi drobnych przykrości, co zdemaskowane w swych założeniach, nie jest dla mnie wcale przykrością, lecz przyjemnością z gatunku zaspokojonej próżności. Ponieważ głupią nie jest pani na pewno, więc…

– Dosyć! Odbieram panu głos. Proszę siadać. To było nie na temat.

– Kiedy od chwili naszego poznania przemówienia wygłaszane są tylko na jeden i ten sam temat. Powiedziałbym, że nie możemy się uwolnić od tego tematu.

Spojrzeli na siebie i roześmieli się. „Mój Boże! Jak ona mi się podoba! – pomyślał Nowak – że też musiałem ją właśnie teraz spotkać…" „Podoba mi się o wiele za bardzo – pomyślała Ewa – jak to dobrze, że pojutrze wyjeżdżam…".

Nowak spojrzał na zegarek. Była czwarta. Deszcz przestał mżyć, silny wiatr obijał się po dziedzińcu zajazdu i kłębił ciężkie chmury na niebie. Było zimno i cicho.

Włożył płaszcz, wyszedł z pokoju i zapukał do Ewy.

– Gotowa? – zapytał przez drzwi.

– Za chwilę.

– Czekam na dole.

Na dole spotkał Anitę, która kładła sobie grubą warstwę szminki na wargi i policzki. Przemieniała się w królową darłowskiego półświatka, metamorfoza następowała błyskawicznie: Hanka od skrobania kartofli stawała się naraz, w bramie Hotelu pod Zamkiem, lubieżnym powabem. Franciszek Villon umiałby cenić jej gamracki urok.

– Dobry wieczór, panie Nowak.

– Dobry wieczór, Anito. Już po pracy?

– Już. Fajrant. Trzeba iść trochę poskakać.

– Dokąd? Do „Amapoli"?

– Aha. A pan nigdy nigdzie nie chodzi. Taki młody człowiek. I mógłby się pan podobać.

Bar „Amapola" uosabiał nocne Darłowo, zapamiętałość w zabawie, szał. Była do brudna knajpa o zalanych piwem stołach, pełna pijanych marynarzy i ciągłych bójek.

– Dziękuję ci, Anito. Bardzo mi jest potrzebne dziś to co powiedziałaś – uśmiechnął się Nowak.

– Pan ma we mnie przyjaciółkę – rzekła poważnie Anita.

– Bardzo cenię twoją przyjaźń.

Podał jej rękę i spojrzeli na siebie niepewnie, skłopotani nie wiadomo czemu.

– Ta pani, pod ósemką – powiedziała Anita – przywiozła ze sobą trzy bluzki. Widziałam, jak wieszała w szafie. Jedna bluzka już taka trochę zdarta, ale ładna, takich tu nie ma. Wie pan, żeby tak zamiast napiwku, ta pani, no, rozumie pan…

– Rozumiem. Nie mogę ci nic przyrzec, ale zrobię, co będzie w mojej mocy.

– Może się pan postara. Przecież jesteśmy przyjaciółmi. Pan nigdy nie chciał inaczej.

– Wybacz mi, Anito. Przyjaźń to piękna rzecz. Przyjaźń wymaga bezinteresowności i czystych poświęceń. Na przykład, chciałbym cię prosić...

– Lubię, jak pan mówi. Nie zawsze rozumiem, ale lubię. Pan czegoś chciał ode mnie?

– Tak, chociaż nie śmiem cię o to prosić, bo widzę, że się śpieszysz. Jesteś zapewne umówiona.

– Owszem. Z jednym bosmanem. Norwegiem. Przywiózł nylony. Ale przecież jesteśmy przyjaciółmi, niech pan powie, dla prawdziwych przyjaciół zrobię wszystko. Ci, tam, mogą poczekać.

– Świetnie to powiedziałaś, Anito. I wzruszająco. Ale chodzi o drobnostkę. Oto pieniądze, bądź tak dobra i kup tuż przed siódmą kilo szprot z wieczornego wędzenia. Tylko świeżych, tych z ostatniego rzutu, dobrze? I postaw je u mnie w pokoju.

– Załatwione. A pan nie zapomni o bluzce?

– Nie zapomnę.

– To rozumiem. Mamy przyjaźń, że proszę siadać. Trudno, przyjaźń, to przyjaźń, nie ma rady...

Nowak zapalił papierosa i poczuł się niepewnie, jak zawsze gdy musiał odmawiać.

– Anita ma do pani prośbę – rzekł Nowak do Ewy. Szli przez rynek w kierunku kościoła św. Gertrudy.

– Do mnie?

– Chodzi o bluzkę.

– Nie rozumiem.

– Anita chciałaby odkupić jedną z pani bluzek. Tę najbardziej zniszczoną.

– Przecież nie jestem magazynem bławatnym. Skąd jej przyszło do głowy, że ja sprzedaję bluzki?

– Nieporozumienie. Anita nie posądza panią o wędrowne kramarstwo. Po prostu zapałała nagłą namiętnością do jednej z pani bluzek. Prosiła mnie o pośrednictwo, upoważniając do prowadzenia pertraktacji rozliczeniowych w jej imieniu i natychmiastowego wydatkowania żądanej sumy w obowiązującej walucie krajowej.

– Ale dlaczego pan?

– To proste. Anita jest moją przyjaciółką, więc pomagam jej.

– Powinszować. Nie wiedziałam, że rządzą panem upodobania w stylu księcia Józefa.

– Niepotrzebnie drwi pani z przyjaźni. Anita i ja jesteśmy przyjaciółmi i bardzo sobie tę przyjaźń cenię.

– Czy to nie przesada w oryginalności gestów i nastrojów?

– Kobiety pożądane pragną przyjaźni, Ewo. Anita ma w swym życiu dosyć, aż za wiele, dowodów potęgi swej kobiecości, pragnie gorąco być zauważoną jako człowiek i przyjaciel. Ktoś, kto apeluje do jej przyjaźni może liczyć na wiele dowodów szlachetności z jej strony.

– Słabo pan zna kobiety, mój przyjacielu. Na dnie najczystszej przyjaźni migoce iskierka kokieterii.

– Słabo zna pani mężczyzn, młoda damo. Na dnie najczystszej choćby przyjaźni tli się płomyczek pożądania. Bez tych płomyczków i iskierek przyjaźń byłaby tylko znajomością.

– Skończmy ten temat, dobrze?

– Dobrze. Znaczy to, że nie jestem pani obojętny, jak mawiali ostrożnie romantycy. Nie może pani znieść myśli, że ja…

– Młody człowieku, każdą myśl o panu mogę znieść bez trudu.

– Cóż za widoki na przyszłość! – ucieszył się Nowak.

Szli przez chwil parę w milczeniu. Za miastem droga prowadziła na wzgórze cmentarne.

– To jest niezwykłe! – rzekła Ewa.

Za murem, na lekkim wzniesieniu, wśród zapuszczonych nagrobków, widniała bardzo stara budowla kościelna, nakryta grzybowatym, łupkowym dachem, wydłużającym się pośrodku w smukłą, lecącą w wietrzne, bałtyckie obłoki, wieżę. Miała dziwny, dwunastoboczny kształt.

– Kościół św. Gertrudy. Nareszcie! – powiedziała Ewa. – To osobliwe, tyle o nim słyszałam i czytałam, że spodziewałam się rozczarowania. A tymczasem…

– A tymczasem?

– …jest wspaniały. Lepszy, niż sobie o nim myślałam.

– Groźny, romantyczny urok. Wrażenia z zapamiętanych filmów niesamowitych, pomnożone przez nastrój chwili i własną wyobraźnię.

– Dlaczego nie lubi pan tego kościoła?

– Nie lubię? Jak pani do tego doszła?

– Czuję to.

– Przepadam za tą kaplicą. Zmusza mnie do odwiecznych fantazji na temat zakopanych skarbów, legendarnych tragedii, rzeczy ponurych, a krwawych, o północy, przy świetle ślepej latarki i pohukiwaniach puszczyka.

Nowak uśmiechnął się nieszczerze i zapalił papierosa.

– Ten kościół ufundował król Eryk – powiedziała po chwili Ewa.

– Wspaniały facet. Jeśli kiedykolwiek będę mieć domowe pantofle, wygodny fotel i biurko z lampą, napiszę biografię króla Eryka. Czy nie sądzi pani, że najlepiej mówią i piszą o najdzikszych przygodach ci, którzy każde pęknięcie opony uważają za wystrzał rewolwerowy? Jak ów Francuz, który pisał wstrząsające książki o tajfunach i trąbach morskich, nie ruszywszy się w życiu poza róg swojej ulicy.

– Czy prowadzi pan dział kulturalno–rozrywkowy w swej gazecie?

– Jestem reporterem z kroniki miejskiej.

– Przekonana więc jestem o pana niezachwianym autorytecie w zakresie naprawy sieci kanalizacyjnej miasta Gdańska, oraz punktualnej dostawy nowalijek warzywnych i mleka do sklepów. Cóż pan wie o królu Eryku?

– Mnóstwo, nie uwierzy pani, jak wiele. To przecież jedna z najbujniejszych postaci swej epoki. Król Eryk, syn Warcisława Słupskiego, Gryfita, Piastowicz, ongiś pan w Kopenhadze i Sztokholmie, a potem na skalnych twierdzach Visborga, pielgrzym do Ziemi Świętej i legendarny pirat, spowinowacony z Jagiellonami…

Nowak przerwał i uśmiechnął się.

– Dalej – rzekła Ewa. – Niech pan mówi.

– Otóż z tym kościołem, bo to panią najbardziej interesuje, wiąże się pewne podanie. Król Eryk wojował desperacko przez lat dwadzieścia i pięć o utrzymanie w swym ręku całej Skandynawii, dziedzicząc tron duński po swej ciotecznej babce Margarecie. Wreszcie pobity, zdradzony i rozgoryczony, korsarzował na Bałtyku, mszcząc się w ten sposób na Szwedach i Hanzie, zbierając ogromną sławę rozbójniczą i niezmierzone skarby, rabowane w komorach rozbitych, hanzeatyckich karawel. Wreszcie postanowił wrócić do ojczyzny i osiąść na zamku darłowskim. Sztorm był wtedy straszliwy – jak głosi pieśń – i spienione fale wyrzuciły galionę Eryka aż do stóp wzgórza, oddalonego o dwa kilometry od brzegu morskiego. „Wszyscy myśleli, że to śmierć, a było to ocalenie!…". Wdzięczny Eryk padł na kolana i ślubował ufundować kościół. Kościół ten stanął pod wezwaniem św. Gertrudy z Brabantu, patronki wędrowców, obieżyświatów a także niepochowanych zmarłych.

– Bardzo to pan ładnie opowiedział.

– Prawda? „Wszyscy myśleli, że to śmierć, a to było ocalenie…" Oto piękna pointa każdej bajki. W życiu jest zazwyczaj na odwrót.

– Bywa przecież i tak.

– Bywa. Ale jak rzadko. Jak mogła mnie pani posądzić o niechęć do tej kaplicy?

– Nie wiem. Cóż pana, w gruncie rzeczy, może z nią łączyć?

– Nic. Nawet nie jestem niepochowanym zmarłym.

– Ale trochę obieżyświatem.

– Jeśli tak, to zawsze wbrew własnej woli. Marzę o małym domku na przedmieściu, wśród róż i dzikiego wina, z hożą żoną na progu i małym synkiem u jej spódnicy. Oto mój ideał.

Ewa uśmiechnęła się.

– Właśnie dlatego jest pan obieżyświatem – powiedziała. – Wędrowcy są zawsze wędrowcami wbrew własnej woli, inaczej zaliczają się do kategorii turystów, lub wycieczkowiczów.

Ciężkie, gotyckie drzwi nie stawiały oporu. Ciemnawe światło pochmurnego popołudnia przebijało mdło przez zakurzone, gotyckie okna. Dwunastoboczna nawa pełna była naiwnych malatur, drewnianych stalli; drewniane, połamane organy, rzezane w drzewie wiszące epitafia, na nich zatarte, siedemnastowieczne daty, jakieś ciemne ze starości obrazy, w górze dziesiątki, może setki ostrołuków pogmatwanego, gotyckiego sklepienia. I świątkowy ołtarz z Wieczerzą Pańską w złoto–kolorowym drzewie, zakurzony, pościerany, z kilkoma apostołami, pozbawionymi głów, w miejscach których dziurki korników. Przed ołtarzem brud, kurz, podarte, protestanckie modlitewniki i kilka pustych butelek po mozelskim winie, leżących tu, widać, od wojny.

– I nikt się tym nie zajmuje, nikt nie chroni tego, nie troszczy się o to – szepnęła Ewa – nikt, nikt?… Mój Boże, tyle starego piękna, tyle rzeczy tak cennych…

– Ja panią rozumiem – rzekł Nowak. – To boli, nie wywołując w nas odruchów protestu czy chęci zaradzenia złu. Taki ból ściska serce, kiedy na ekranie, lub w teatrze, ogląda się nieuchronną tragedię kochanków, kiedy suma zła i błędów ludzkich, zmusza do myślenia o pięknie czy szczęściu jako o „bezpowrotnie utraconym i minionym". Te nawy kościelne, bogate w piękno gromadzonych przez stulecia westchnień ludzkich znikają pod ciosami życia. W południowej Ameryce dżungla niszczy świeżo kładzione szosy asfaltowe, rozsadza je, od spodu zalewa dziką, bezładną roślinnością z boków – a dżungla to życie, szybkie, splątane, bezlitosne. W Darłowie, w tym cudownym kącie starej Europy, proces jest wolniejszy i jakoś ocembrowany, ale jest. Musi być.

Ewa stanęła tuż przed Nowakiem, twarzą w twarz, patrząc mu z bliska prosto w oczy.

– Kto pan jest?

Nowak uśmiechnął się.

– Jestem człowiekiem ściganym – rzekł; zaraz zaś dodał – ściganym przez własne myśli i tęsknoty, oczywiście.

Wyszli z kościoła i przechadzali się wśród nagrobków.

– Coś tu jest nie w porządku – rzekł Nowak – wszędzie te same napisy: Bóg, ojczyzna, rodzina. Automatyzm łączenia pojęć.

– Nie wiem – powiedziała niepewnie Ewa. – Czy zna pan ich inne zastosowanie? Dla mnie jest wszystko w porządku. Zresztą chodźmy stąd.

– Zgoda. Chodźmy.

Od morza ciągnęła wilgotna, przenikliwa bryza. Ewa miała wyraźne wypieki na policzkach.

– Czy wracamy już do hotelu? – spytała.

– Możemy się przejść. Do parku, dobrze?

Przeszli na tyły rynku wąską, krętą uliczką. Stały tu stare spichrze o poczerniałym belkowaniu wśród zmurszałej cegły i małe, parterowe, rybackie domki. W oknach wisiały tanie firanki, stały pelargonie i gąsiory z sokiem jagodowym. Z uchylonego okna dobiegały dźwięki marynarskiej harmonijki. Ktoś grał portowego walczyka, ze znawstwem i bardzo wesoło. Nowak roześmiał się pogodnie.

– Co się panu stało? – spytała, trochę za głośno, Ewa; i ona poczuła odprężenie.

– Nic. Albo wszystko. A więc wszystko i nic. Po prostu podoba mi się ta uliczka. Brak tu mgły, czerwonych latarń i wyjścia na długie, portowe nabrzeże dla wielkich statków, pełne wielkiego, nieograniczonego horyzontu i szerokiego oddechu. Poza tym wszystko jest jak trzeba.

– Ale pan lubi scenerie. Czy nie zna pan życia, w którym człowiek musi odnajdywać siebie samego tam, gdzie właśnie jest, bez względu na to, czy dekoracja mu odpowiada?

– Znam. Aż za dobrze. I dlatego zawsze szukam scenerii, bowiem sceneria jest zawsze, trzeba ją tylko umieć dostrzec.

– Co pana teraz cieszy?

– Jesteśmy razem.

Jakby zgodnie z życzeniami Nowaka powietrze zaczęło nasycać się mgłą. Zanim doszli do parku nad kanałem mgła zasnuła drzewa szarym przestworem. Znad kanału dolatywało stłumione buczenie kutrowych syren.

– Więc cieszy pana, że jest pan ze mną – rzekła Ewa. – Podczas gdy ja, jeśli mam być szczera, boję się.

– W gruncie rzeczy i ja się boję – rzekł cicho Nowak. – A ponadto boję się, że nic na to nie poradzimy.

– O czym pan mówi? – w głosie Ewy było zniecierpliwienie. Zaraz jednak dodała niepewnie: – Ma pan nieładne ręce i jest pan za niski...

– A pani ma zbyt małe zęby i błyszczy się pani nos – powiedział Nowak szeptem i łagodnie.

– Teraz tak trudno o dobry puder – odparła z smutną urazą.

– Właśnie drobne defekty budzą tkliwość. Nie kocha się doskonałości, lecz proporcje i to czasem bardzo niedoskonałe. Czasem fakt, że czyjeś brwi są zbyt blade, a usta za szerokie, jest przyczyną fali czułości.

– Dlaczego pan o tym mówi? Dlaczego? – rzekła Ewa z rezygnacją.

– Bo się boję.

– Znamy się niecałe dwanaście godzin.

– Wystarczająco, aby wyrządzić sobie krzywdę.

– Krzywdę?

– To, że pani jest, stanowi moją krzywdę.

– No, wie pan? Po co ten wysoki, śmieszny ton? Proszę zejść o kilka szczebli niżej.

– Z chęcią. Ale jak?

Stojąc we mgle, o krok od siebie, widzieli tylko swoje kontury.

– Tu jest ławka – rzekła Ewa. – Usiądźmy na ławce.

Usiedli na mokrej ławce. Było bardzo zimno.

– To bzdura – rzekł Nowak po chwili – właściwie dlaczego siedzimy na mokrej, zimnej ławce?

– Wcale nie nonsens. Na mokrej ławce mniej się boję.

– Jaka szkoda. Wolałem kiedy się pani bała, tak, jak ja.

Ewa wstała, za nią Nowak.

– Chodźmy do domu – powiedziała.

Nowak ujął ją lekko za łokcie, przycisnął do siebie i pocałował. Wypadło to trochę niezręcznie. Włosy i wargi Ewy pachniały świeżym, wilgotnym powietrzem.

– Tego nie było w programie – rzekła Ewa.

– Niemniej zostało odegrane. Aktorami i widownią, byliśmy ty i ja.

– Ty i ja...

– Tak: ty i ja.

– Szybko. Szybko to pan robi.

– Czyżbyś mnie posądzała o rutynę?

– Może. Trochę. Zresztą, nie wiem.

Ujął ją mocniej za ramiona i powoli zbliżył twarz do jej twarzy. Tym razem był to wspaniały pocałunek. Prawa ręka Ewy zbłądziła w okolice kołnierza płaszcza Nowaka, opadła jednak wpół drogi.

– Chodźmy do domu – rzekła Ewa, poprawiając włosy.

– Do domu? Chciałaś powiedzieć: do Hotelu pod Zamkiem.

– Niech tak będzie. Przemokłam i przemarzłam doszczętnie.

– Dlaczego tego wcześniej nie powiedziałaś?

– Nie wiem. Może objaw rutyny z mej strony. Albo głębokie niezadowolenie.

– Z siebie?

– Nie. Z ciebie.

– A cóż ja ci zawiniłem?

– Niewiele. Tylko to, że jesteś.

Idąc obok Nowaka ujęła go za rękę. Szli przez kilka minut w milczeniu.

– Ostatecznie – rzekła Ewa – masz bardzo przyjemną rękę. Mocną, suchą, wrażliwą.

W pokoju Nowaka stała duża salaterka ze świeżo wędzonymi szprotami i sielawami bałtyckimi, pachnącymi kusząco. Obok widniały dwa błyszcząco dotarte talerzyki i dwa duże kieliszki. „Anito – pomyślał Nowak – jesteś przyjaciółką, a przy tym pożądasz swej bluzki z pasją raz dokonanego wyboru". Po czym zapukał do Ewy.

– Ewo – rzekł – kolacja czeka.

– Jestem zupełnie skostniała. Sparaliżowana szatańskim chłodem tutejszego popołudnia.

Na dole było pusto. Nowak zdjął z bufetu butelkę kminkówki, nalał dwa duże kufle jasnego piwa i nastawił radio. Oparty o kran od piwa słuchał Armstronga. Armstrong śpiewał chrapliwym, nabrzmiałym wiedzą o nieszczęściach głosem:

> ... *I've found a new baby*
> *I've found a new luck...*

– Lubisz tę muzykę? – spytała Ewa wchodząc. Wyglądała świetnie w zamszowej kurtce, świeżo i starannie przygotowana jakby do wyjścia z wizytą, bez śladów zmęczenia na twarzy i w ruchach.

– Przepadam za nią.

– Przecież wolisz kobiety cywilizowane, niż kobiece. Tak powiedziałeś.

– Z muzyką jest na odwrót.

– Ja wolę... zresztą, to nieważne.

– Wyobrażam sobie, co wolisz. Ja wolę Armstronga. On gra i śpiewa o moich sprawach ze zrozumieniem, nie mówiąc już o współczuciu. Jest pełen radości i smutków mojego pokolenia.

– Ładnie wyglądasz – rzekła Ewa, opierając się o kontuar za którym stał Nowak – zupełnie jak autentyczny barman z Żółtego Nadbrzeża. Ten granatowy sweter, ta chustka na szyi, te podkasane rękawy, brak tylko tatuażu na muskularnym przedramieniu.

– Ay, ay, skiper. Może szklankę rumu? Ludzie z twojej łajby piją u mnie zawsze rum...

– Nie jestem szyprem z luksusowego jachtu. Jestem dziewczyną z tego samego Żółtego Nadbrzeża, na które wychodzą brudne okna twojego szynku...

– Ay, ay, siostro. Wiem już ile żądasz za chwilę szczęścia...

– Nie, nie chcę. Za wiele sobie pozwalasz! Jestem żoną rybaka, oczekującą twego powrotu w trwodze nieprzespanych nocy...

– Ay, ay, matko. Zbierz zatem swe czarne spódnice, zastukaj drewnianymi sabotami i otul wełnianą chustą głowę. A teraz siądźmy do wieczerzy wydartej morskim odmętom pracą mych zgrubiałych rąk, przy pomocy trałowania i więcierzy...

Roześmieli się. Nowak przechylił się przez kontuar i pocałował Ewę prosto w roześmiane usta, po czym przeskoczył zręcznie na drugą stronę. Za oknami wiatr nabrał dzikiej mocy i zaczął siec deszcz.

– Od morza ciągnie tęgi sztorm – rzekł Nowak – barometr ciągle opada. Boże, miej w opiece tych, co dziś na morzu...

– Ojej – zawołała Ewa pochylając się nad salaterką – jak to upojnie pachnie. Ronaldzie, na start...

Jedli sielawy, rozrywając je palcami, nie ustając w śmiechu ze swych utłuszczonych policzków i nienasyconego apetytu. Bawił ich zapach wędzonych szprot, własna młodość i zdrowie, sztorm za oknami. Pili piwo, nurzając, jak dzieci, nosy w ogromnych kuflach. Kminkówką wznosili toasty.

– Zdrowie Jana z Kolna! Skol!

– Zdrowie maszoperii rybackich na polskim wybrzeżu! Skol!

– Zdrowie flibustierów! „Ahoy! Dwunastu chłopa na umrzyka skrzyni i butelka rumu!.."

– Zdrowie Latającego Holendra i króla Eryka Pomorskiego!

– Jasiu! Przepraszam, że cię tak nazywam, ale potrzeba mi w tej chwili zdrobnień. Otóż godzina jest dziewiąta, a ja nie jestem wcale, a wcale zmęczona, mimo zeszłej nocy spędzonej w pociągu. Co to znaczy?

– To proste. Trzymają cię nagle rozbudzone uczucia, oraz kminkówka której wypiłaś już trzy kieliszki.

– Ronaldzie, jesteś przewrotnym pochlebcą. Tym gorszym, że pochlebiasz sobie samemu. Czy nie mógłbyś wytworzyć tu trochę nastroju tawerny?

Nowak przygasił światło i zmienił stację. Rozległy się dźwięki starego, marynarskiego tanga „Adios muchachos companieros de marina..."

– Zatańczymy? – Nowak pochylił się nad Ewą.

– Oczywiście.

Tańczyła świetnie, nic nie mówiąc. Tango skończyło się. Chwilę czekali na muzykę, stojąc na środku jadalni, lecz w radio ktoś zaczął mówić po niemiecku tonem jakim zachęca się słuchaczy do kupna najlepszego w świecie dżemu z truskawek.

– Teraz czuję zmęczenie – rzekła Ewa. – Chyba już pójdę spać.

– Słusznie, Ewo. Sen to wspaniała rzecz.

– Nareszcie mówisz banały. To dobrze.

– Przeceniaj mnie, Ewo. Bardzo tego potrzebuję.

– Odprowadzisz mnie na górę?

– Jasne.

Przed drzwiami Ewy Nowak zatrzymał się.

– Dobranoc – powiedziała Ewa.

– Dobranoc, Ewo.

Uczynił gest, niklejszy od zmrużenia powieki, który zdusił niemal w zarodku, po czym odwrócił się i poszedł do swego pokoju.

Ewa zamknęła za sobą drzwi i oparła się o nie plecami. „Jak to dobrze, jak dobrze, że nie uczynił żadnego niepotrzebnego gestu – myślała szybko – że nic nie powiedział, że nie wszedł…" Wiedziała, że nie potrafiłaby odmówić, była bezradna i bierna. „Dlaczego on ciągle mówi o uczuciach? – pomyślała jeszcze, odchodząc od zamkniętych na klucz drzwi. – Przecież to bzdura…".

Przez parę chwil próbowała czytać w łóżku przywiezioną ze sobą książkę. Przypomniała sobie coś, wyszła z łóżka, wyjęła z neseseru pudełko kremu i wysmarowała pieczołowicie nos. Wsunęła się między wilgotnawe prześcieradła i otuliła szczelnie kocem. „A może to jego metoda…" – pomyślała na chwilę przed zaśnięciem.

DZIEŃ DRUGI

Nowak nie spał prawie całą noc. Marcowy, bałtycki wicher szalał w starych krokwiach zajazdu, szarpał zmurszałym belkowaniem wśród zielonkawych cegieł; odległy huk morza i łoskot deszczu wprawiały szyby w nieustanny dygot, wszystko płynęło w nocnej sarabandzie. „Nadmorskie oberże Stevensona czy Poego" – myślał Nowak nie mogąc zasnąć.

Nad ranem zapadł w męczący półsen. Wracając do świadomości doznał uczucia obawy na myśl, że nigdy więcej mógłby nie ujrzeć Ewy. Zaczął ją porównywać chaotycznie z wszystkimi znanymi sobie dotąd i zapamiętanymi kobietami i zrozumiał naraz, że kobiety na całym świecie nic dlań w tej chwili nie znaczą, nawet te w Valparaiso i w Poznaniu, w Birmingham, w Sofii czy na Ceylonie, aczkolwiek przyjmował, że wszystkie one są wspaniałe jak modelki z ilustrowanych magazynów, że mają nieskazitelne twarze od Elizabeth Arden, zaś nogi i piersi z pierwszej reprezentacji Hollywoodu. Co gorsze, wydało mu się, że żadna z nich nie będzie w stanie zastąpić mu Ewy, porównać się z Ewą, posiadać to, co posiada Ewa. „Chłopcze – pomyślał – wiesz przecież, że tak wcale nie jest. Po prostu tak ci się wydaje. Jutro rozjedziecie się w dwie przeciwne strony i wszystko będzie w porządku. Albo nic nie będzie w porządku, bo nie może być inaczej".

Goląc się pomyślał: „Ostatecznie, nic się jeszcze nie stało i nic się nie stanie, zaś jutro pojedziesz i na pewno nie będziesz się skarżył na nudę. Zapomni się i już". Była to blada pociecha. Nowak najbardziej nie chciał zapominać.

Ubrał się, napisał kartkę do Ewy, w której prosił, by czekała nań w cukierence Łagodnego o dwunastej, po czym wyszedł z hotelu. Była godzina za piętnaście szósta, zaczynało się ledwie przejaśniać. Wybrał najkrótszą drogę do kościoła św. Gertrudy.

Ewa zbudziła się z lekkim bólem głowy i myślą o narzeczonym w Warszawie. „Ciekawe – snuła leniwie – czy się o mnie niepokoi? Ma dużo pracy, ale powinien się trochę niepokoić. Na pewno myśli i niepokoi się". Wiedziała, że po jej powrocie będzie ją badał, równie delikatnie jak niezręcznie, starając się bez większego powodzenia ukryć swą podejrzliwość, jak czynią to ludzie łagodni i spokojni, zbyt nieśmiali aby okazywać swą zazdrość i brak pewności. „Jak to dobrze – powiedziała sobie – że na świecie są nie tylko mężczyźni, lecz i przeciwnicy". Po tym zaś pomyślała o Nowaku: „Co by to było, gdybym go pokochała? Albo gdybym mu powiedziała, że go kocham?" Ostatnia myśl wydała się jej przez moment szczególnie pociągająca i godna realizacji. „Idiotyzm – pomyślała zaraz po tym – skąd się bierze ta obsesja uczuć?"

Rozległe się pukanie do drzwi i weszła Anita z dzbankiem ciepłej wody.

– Dzień dobry – powiedziała. – Przyniosłam wodę.

– Dzień dobry – rzekła Ewa kordialnie. – Jak było wczoraj?

– Wczoraj? Aha, wczoraj wieczór. Dobrze było. Jak zwykle.

Podniosła kartkę papieru, leżącą na progu.

– To do pani.

Ewa odgięła złożoną kartkę i przeczytała.

– Dziękuję – powiedziała. – Ten kolega Nowak ma zdrowie, co?

Anita otworzyła drzwi.

– Czy jeszcze czegoś trzeba?

– Nie, mam wszystko. Aha, panno Anito, proszę mi jeszcze powiedzieć, o której wrócił pan Nowak wczoraj?

– Nie wiem.

– Nie widziała go pani gdzieś na mieście?

– Nie. Ale wie pani – Anita uśmiechnęła się poufale – jak się jest na gazie to człowiek nie bardzo wszystko widzi. Może i gdzieś się tam kręcił.

– No, tak – Ewa uśmiechnęła się nieszczerze – wiadomo. Jak ktoś jest wstawiony, to nie pamięta nazajutrz. Anito, pan Nowak mówił mi coś o bluzce, że się pani spodobała.

Anita zamknęła drzwi.

– Tak – rzekła chłodno. – Podoba mi się. Mogę kupić.

– O kupnie nie może być mowy – rzekła Ewa z przyjacielskim uśmiechem. – Z chęcią podaruję pani tę bluzkę. My, kobiety, powinnyśmy być solidarne. To znaczy: trzymać razem.

– Racja. Tylko, że to nie zawsze wychodzi.

Ewa wstała z łóżka, wsunęła stopy w ranne pantofle i narzuciła płaszcz na pyjamę. Podeszła do szafy i wyjęła bluzkę. Była to oliwkowa bluzka z delikatnego, trochę podniszczonego jerseyu, ze zgrabnie wciętymi kieszonkami i dość wysokim kołnierzykiem.

– To o tę ci chodzi?

W oczach Anity zabłysła pożądliwość.

– Uhm – rzekła niedbale. – Ładna bluzka. Widziałam taką na targu w Słupsku. Z amerykańskich paczek. Akurat jakoś nie miałam forsy.

– Dostaniesz ją, Anito.

– Fajno – uśmiechnęła się Anita z głupawą beztroską. – Czy przynieść pani coś jeszcze?

– Nie – odpowiedziała Ewa z najbardziej ujmującym z uśmiechów. – Dowiedz się tylko, co robił pan Nowak wczoraj późnym wieczorem. Bardzo mi na tym zależy. Rozumiesz, jakby ci to wytłumaczyć... – uśmiech Ewy stał się konfidencyjny i dopuszczający poufałość – pan Nowak jest moim starym znajomym, narzeczonym mojej przyjaciółki. Otóż, widzisz, my się o niego bardzo niepokoimy, bo on... – zawahała się chwilę, szukając w myślach dalszego ciągu i sunąc językiem po wewnętrznej stronie wydętego policzka – ...jak ci to powiedzieć? On, to znaczy pan Nowak, pije... Dużo pije...

– Co pani powie? – powiedziała Anita z zainteresowaniem.

– Nie zauważyłaś tego nigdy? – oczy Ewy były samą troską i szczerością.

– Nie.

– A jednak – rzekła z żarliwym pośpiechem Ewa. – Bardzo to ukrywa. Jest w szponach nałogu. Niestety... Robimy, co możemy, żeby go z nich wyrwać.

– A to ci heca – powiedziała Anita wesoło.

– Dlatego go pilnuję. Byłam zmęczona wczoraj, poszłam wcześnie spać i nie wiem, czy gdzieś nie popłynął?

– Uhm – powiedziała Anita wesoło. – I dlatego obsunęliście państwo ćwiartkę przed łóżeczkiem. Musowo. Jedyny sposób na pijaka.

– Jakbyś zgadła – rzekła Ewa zimno. – Jedyna metoda na alkoholików. Niech piją pod kontrolą.

Anita roześmiała się. Oparła się o ścianę na szeroko rozstawionych nogach, uniosła brudną spódnicę i drapała wysoko na udzie, długo i ze smakiem. Po czym dobyła z kieszeni fartucha paczkę zagranicznych papierosów.

– Chce pani? – wyciągnęła rękę w kierunku Ewy.

– Dziękuję. Ta woda zupełnie wystygła.

– Przyniosę świeżą.

Zapaliła powoli papierosa i pokręciła głową.

– Pan Nowak – rzekła, nie patrząc na Ewę – on nie z tych, co by lali i lali w siebie gołdę, a potem wylegiwali się na zarzyganym łóżku. To prawdziwy mężczyzna.

Czuła się głęboko urażona i starała się to ukryć. Obraz Nowaka cuchnącego wódką, tępego i bezwolnego brutala, jednego z tych, których znała tak blisko, których rozumiała, którym wybaczała i którymi gardziła, oburzał ją, naruszał coś w jej prywatnej hagiografii. Jednocześnie czuła błogość płynącą ze spełnionego obowiązku, z dochowanej lojalności.

– Masz słuszność, Anito – rzekła poważnie Ewa; po jej twarzy przebiegł niepokój. – I przynieś wodę – dodała miękko, układnie.

– Może pani być spokojna. Całą noc spał dziś w domu. Grzecznie, jak noworodek – powiedziała Anita i wyszła.

Ewa otworzyła okno, pokój wypełnił się zapachem ostrego, morskiego wiatru. Wysoko w górze pędziły strzępy obłoków, niebo było niebieskie, blade, zimne. „Dlaczego nie wszedł? – pomyślała Ewa. – Dlaczego nie spróbował? Mężczyźni zawsze próbują. Wszyscy mężczyźni, prawdziwi i nieprawdziwi, dobrze i źle wychowani. Próbują natrętnie lub banalnie, prostacko lub z wdziękiem, chytrze lub wulgarnie. Ale nie przepuszczają okazji. Nie spotkałam takiego, który by nie próbował, bez względu na wiek i pochodzenie społeczne...". Przed oczami stanęła jej drapiąca się w udo Anita, poczuła naraz niesmak klęski. Mimo zimna usiadła na niskim parapecie okna i wpatrzyła się w chaotyczne uroki zapuszczonego dziedzińca, starych murów, zamkowej fosy. „Jakie to śliczne..." – pomyślała i poczuła się świeższa, wyspana, pełna ciekawości, gotowa do podróży po zakrętach życia. Oparła głowę o framugę i poszukała twarzą wątłego promyka marcowego słońca. Wiatr targał rozpiętą na piersiach, jedwabną pyjamą.

– Przeziębłam rano na kość – skarżyła się Ewa przy śniadaniu.

– Przecież było napalone.

– Oczywiście, pani Kraal, wszystko było w porządku. Po prostu otworzyłam okno. Prowadzi pani wzorowy zakład.

– Hotel – Kraalowa przełamała obojętnie trzymanego w ręku rogala i posmarowała go pieczołowicie masłem.

– Może raczej pensjonat. O, właśnie: pensjonat w starym zajeździe. Jak w małych miasteczkach Szkocji lub Toskanii.

– Hotel – powtórzyła z uporem Kraalowa. – Jako inicjatywa prywatna prowadzę hotel. Mogłabym z niego zrobić cacko.

– Właśnie. Tylko na pewno nie dają. Boi się pani, że go pani zabiorą, prawda?

– Na pewno zabiorą. Już nie ma prawie prywatnych sklepów w Darłowie. Lada dzień zabiorą.

– I zrobią ośrodek wczasowy, co? A pani, gdyby pozwolili, zrobiłaby z niego bombonierkę. Zakład sławny na całe wybrzeże.

– Hotel – rzekła cierpliwie Kraalowa. – Zakład to co innego.

– Wyobrażam sobie, a raczej domyślam się. Wyczuwam różnicę. Chociaż wydaje mi się, że niektórzy z pańskich gości nie mieliby nic przeciw zakładowi?

– Niewątpliwie. Ale na to już nie ma warunków. Może jeszcze w dużym mieście. W Gdyni, albo w Szczecinie.

– Na przykład pan Nowak.

– Co znaczy: pan Nowak?

– No... wygląda na klienta pierwszej sorty.

– Z takimi klientami jak Nowak umarłabym z głodu.

– Ciekawe?

– On ma swoje fanaberie.

– Pani Kraal... – głos Ewy zabrzmiał wyrzutem. – Od kiedy należy pani do kobiet nie znajdujących odpowiedzi? Zakład, prowadzony pani ręką nie zna rzeczy niemożliwych. Za fanaberie płaci się drożej. Na fanaberiach zarabia się potrójnie.

– Jak na studentkę jest pani świetnie zorientowana w cenach – rzekła Kraalowa. – Ale nie o to chodzi.

– Madame – rzekła z czarującym uśmiechem Ewa – nie jestem studentką. Jestem magistrem historii sztuki.

– Wszystkie się teraz znacie na sztuce – westchnęła Kraalowa. – Lepiej od niejednej kształconej przed wojną w najlepszych zakładach.

– Nie przeczę przez grzeczność – rzekła Ewa pogodnie. – Ale o co chodzi w wypadku Nowaka?

– A co to panią obchodzi? – rzekła twardo Kraalowa.

– W zasadzie nic. Ale widzi pani… – na policzku Ewy wyrosła filuterna wypukłość pod wpływem szybko przesuwanego od wewnątrz języka. – Ja znam pewną bardzo bliską mu osobę. Czy jest pani dyskretna, pani Kraal?

– Z zawodu.

– Powiedziałabym, że się nawet z nią przyjaźnię. Nie jestem pewna, czy pani wie, że Nowak ma narzeczoną?

– Co pani powie?

– A widzi pani. To moja przyjaciółka. Ronald ciągle wyjeżdża i wyjeżdża, a ona go bardzo kocha… – głos Ewy nabrzmiał prawdziwym natchnieniem. – Toteż zastanawiałyśmy się nad tym, wie pani, jak to między kobietami…

– Wiem, wiem – rzekła Kraalowa gorliwie.

– Otóż to. A teraz pani, że fanaberie… Rozumie pani, że mam moralne prawo interesować się, a nawet wiedzieć.

– Nie rozumiem – rzekła chłodno Kraalowa. – Przecież poznaliście się na dworcu. Tu, w Darłowie.

Ewa zarumieniła się. Przez chwilę gryzła w milczeniu rogalik.

– To był błąd – rzekła zgnębionym głosem. – Postanowiliśmy z Ronaldem powiedzieć, że się nie znamy. To moja wina, namówiłam go do tego. Sądziłam, że jeśli powiemy, że jesteśmy tylko znajomymi, nikt tu nam nie uwierzy. Byłam pewna, że dopiero wtedy nie uwierzyłaby pani. Pomyślałaby pani sobie: „Ach, znajomi… Dwa obok siebie i tak dalej. Ładni znajomi…". No, nie?

Kraalowa popatrzyła uważnie na Ewę. Spokojnie i uważnie.

– Kochana – rzekła – lubię szczerość.

Ewa dopiła kawę bez pośpiechu i uśmiechnęła się z uprzejmą rezerwą.

– Świetnie – powiedziała. – Te rogaliki są wyborne.

– Oczywiście. Prywatna inicjatywa. To rogaliki od Łagodnego. Jego też niebawem wykończą.

„Łagodny – pomyślała Ewa – mam się tam dziś z nim spotkać. Jak to dobrze, że mam z nim dziś randkę". Doznała przez chwilę uczucia irracjonalnej słodyczy, bezinteresownej i nieobowiązującej, równie błahej jak myśl o braku kłopotów, o przyjemnych planach na jutro, dobrej kolacji, wygodnym łóżku; taka myśl nawiedza często człowieka w kinie, w samym środku ponurego dramatu, lub zaciekłej galopady – człowiek na sekundę odrywa się od ekranowych pogoni, upewnia w swym własnym istnieniu, po czym wraca ze zdwojoną rozkoszą w fikcję, bez względu na krwawy charakter wypadków.

– Madame – rzekła cicho Ewa – więc co z Nowakiem?

W głosie jej nie było już uprzejmej rezerwy.

– Proszę pani – powiedziała niechętnie Kraalowa – ja to powiedziałam tak sobie. Niech mi pani wierzy. Ja nie mam pojęcia kto to jest, ten Nowak. Przyjeżdżał tu parę razy i to wszystko. Chyba pani wie lepiej.

– Oczywiście… Ale fanaberie?

– Kochana, gość jest ciągle sam. Ma tu takie warunki, że proszę siadać, parę złotych ma, niestary, przystojny i zawsze sam. Tu, w Darłowie, też były takie, co na niego naskakiwały, a on nic. I jak to pani nazwie? Nie fanaberie?

– Nooo, taaak. A może są inne powody… – w serce Ewy wkradła się brzydka nadzieja.

– Nic z tych rzeczy. Ja mam oko, może pani być pewna. Zawodowe. Dwadzieścia pięć lat praktyki.

– Dlaczego jest pani ze mną tak odpychająco szczera? – rzekła opryskliwie Ewa.

Kraalowa uśmiechnęła się dziwnie: jej szeroka, tęga twarz rozbłysła wspaniałą, obezwładniającą urodą – krzepką pięknością zasłużonej kapłanki najprostszych, a zarazem najgłębszych tajemnic kobiecości.

– Bo go lubię – rzekła, patrząc Ewie prosto w oczy. – Jest niegłupi i życiowy. Przyzwoity facet. Może trochę za drobnej kości jak na mój gust, ale fajny. Był zawsze taki jak trzeba i nic mnie nie obchodzą jego sprawy.

– Już zaraz wpół do dziewiątej – rzekła Ewa, spuszczając wzrok na zegarek. – Ale zagadałyśmy się. Muszę do roboty. Przyjechałam tu służbowo. Muszę lecieć na zamek. Do muzeum.

– Jasne – powiedziała Kraalowa i zaczęła sprzątać ze stołu.

Ewa włożyła płaszcz, ściągnęła go paskiem, nastawiła kołnierz.

– Na obiad zrazy – krzyknęła Kraalowa z korytarzyka. – O drugiej.

Za bramą leżała świeża, poranna ulica. Po jej prostokątnych brukowcach stary człowiek w rybackich sabotach pchał turkoczący wózek. Zaraz na prawo rósł ciemnoceglasty masyw zamku, w lewo biegła perspektywa starych domów. Ewa stała przed bramą, w głowie czuła lekki zamęt. „Uff – pomyślała – początek dnia i już zaczynam się trochę gubić. Ładna historia".

Ruszyła wolno w lewo. Na rogu spotkała otuloną w chustkę kobietę w rannych pantoflach, z dzbankiem mleka w ręku.

– Którędy do kościoła św. Gertrudy, proszę pani?

Kobieta zastanowiła się chwilę.

– Do tego na cmentarzu? – spytała.

– O, właśnie.

– Prosto i ciągle prosto. Zobaczy go pani z daleka.

„Uroda to proporcje" – myślał Nowak, siedząc na nagrobku. Przez chwilę bujał nogami, podkładając dłonie pod uda, jak mały chłopiec, po czym zeskoczył z płyty. Pochylił się ku pseudomarmurowej tablicy; żłobione litery o spełzniętej pozłocie głosiły: KURT HELMUTH GABRYELSKI – GEB. 8 JUL. 1857 – GEST. 3 NOV. 1912 – IM SANFT... Nowak wyjął kalendarzyk, ołówek i na wolnej kartce szybko podsumował obydwie daty. „Według reguł gry – pomyślał. – Tradycji musi się stać zadość..." Odliczył uważnie dwadzieścia siedem kroków, po czym skręcił w prawo. Oczywiście – mógł się obejść bez liczenia. „Lubię sztafaż" – pomyślał z czułą ironią. Uśmiechnął się i ruszył dalej, pewnym krokiem, między zapuszczone nagrobki, po błotnistych ścieżkach, skrupulatnie licząc kroki. Łączne siły natury i ludzkiej obojętności dokonały tu dzieła wzorowego – aleje, kwatery, pomniki i nagrobki unurzane były w pogardliwym zaniedbaniu. „Uroda to proporcje" – myślał Nowak, krocząc nie bez wysiłku po grząskich, śliskich przejściach między połamanymi ogrodzeniami grobów: zardzewiałe sztachety, podarty drut, szczątki zgniłego drzewa, resztki zeszłowiecznych klombów, od wielu lat niesprzątane, cuchnące liście, gliniasty, rozmokły grunt – teren przyjmował stopę Nowaka miękko, zdradliwie, zamszowe buty na grubej podeszwie z indyjskiej gumy zapadały się lub ślizgały, wyłamując kostki. Nowak zwolnił kroku. „Ciężki teren – pomyślał – trudno się będzie poruszać w pośpiechu". Niebo było jasne i wrogie, silny wiatr targał wysokimi, nagimi drzewami. „Taki wiatr, bez deszczu, przez dzień może podsuszy – myślał z troską. – Bo inaczej sam nie wydołam". Bystrym wzrokiem badał mijane nagrobki. – Jest – szepnął cicho, z satysfakcją, stawiając sześćdziesiąty dziewiąty krok – zgadza się. – Skręcił jeszcze raz w prawo i zaczął brodzić wśród rudo błotnistych, zbutwiałych traw. Serce biło mu lekko, czuł podniecenie. „Uroda to proporcje…" – pomyślał bez związku, nie zastanawiając się już nad tymi słowami. Stał przez moment naprzeciw dużego nagrobka o pretensjonalnym kształcie: klasyczny sarkofag prowincjonalnego kamieniarza o rzeźbiarskich ambicjach. Trzymał ręce w kieszeniach i myślał o tym, że właściwie powinien być wzruszony. „Nie byłem tu od tamtej wiosny – pomyślał – nigdy tu nie przychodziłem mimo tylu pobytów w Darłowie. Ma się to opanowanie… – uśmiechnął się pyszałkowato. – Tyle razy wyobrażałem sobie jak będzie wyglądać ta chwila i oto wygląda inaczej niż jakiekolwiek przewidywania…" Spoważniał naraz i przez ułamek sekundy poczuł na wargach smak warg Ewy, zapach jej twarzy. Było to doznanie tak błyskawiczne i ulotne, że przesunął ręką w powietrzu, obok swych ust, po czym od razu utracił je bez śladu. „To jest zupełnie bez sensu, zwłaszcza teraz" – pomyślał z irytacją. Zbliżył się do sarkofagu i pochylił nad nagrobkową płytą. Pod grubą warstwą kurzu, brudu i ptasiego łajna odcyfrował litery: JOHANNES WOLFGANG GABRYELSKI… I znów przyszła mu Ewa na myśl. – Słuchaj – powiedział do siebie szeptem, przez zaciśnięte zęby – tak nie można. Jeśli nie skoncentrujesz się na tym co ważne to koniec. Wysiadka. Nie ma o czym mówić… – „Ale co jest ważne?" – pomyślał. Wydało mu się naraz, iż sam fakt istnienia Ewy stanowi jakiś sens chwili, dnia, świata. Zapragnął znaleźć się w jej pobliżu, świadomość, że ona jest obok, tuż za stołem, w tym samym pokoju, na tej samej ulicy, wydała mu się czymś niezwykle ważnym. „Rzeczy ważne – pomyślał z troską – splatają się jakoś ze sobą, łączą, a nawet wzajemnie wyjaśniają. Tak już jest…" I dodał, jak refren: „Uroda to proporcje…", nie zastanawiając się dalej nad tym zdaniem. Zaczął szukać czegoś, czym mógłby zetrzeć pokrywę brudu z płyty: sięgnął do kieszeni, lecz znalazł tylko rękawiczki – znoszone, co prawda, lecz z łosiowej skóry. Schował je z powrotem do kieszeni. Pochylił się w poszukiwaniu jakichś liści czy patyka, ale liście były zbutwiałe i mokre. Przetrząsał nogą najbliższe sąsiedztwo grobu, natrafił na strzępy brudnej szmaty: rozprostowana końcem buta okazała się podartymi majtkami. „W letnie wieczory – pomyślał – taki cmentarz to majątek. Dla okolicznej ludności, a zwłaszcza dla żołnierzy z miejscowego garnizonu i dla uboższych turystów". Wyobraził sobie leżącą Anitę z głową opartą o podstawę nagrobka. „Pójdę zaraz do hotelu i umyję się" – pomyślał i lewą ręką przetarł szeroko płytę. Starannie przeszukał rogi płyty: na jednym z nich rysował się dość zatarty znaczek. Nowak przetarł dokładniej i ukazała się wyskrobana niezdarnie w granicie, mała kotwica. Wyprostował się i rozejrzał powoli, bacznie dookoła: cmentarz szumiał porannym wichrem i pustką, od strony miasteczka gęstniały szeregi drzew iglastych i ciemniał kształt kościoła, od strony przeciwległej, poprzez ciągnące się daleko nagrobki, pnie i brunatne, zeschłe krzaki, przeświecała nizinna, płaska przestrzeń, biegnąca do morza i wypełniona porywistym powietrzem. Była to pustka doskonała. Nowak oparł obie ręce na rogu ze znaczkiem i nacisnął całym ciężarem ciała. Płyta lekko drgnęła, lecz nie przesunęła się. „Tyle lat…" – pomyślał Nowak i pochylił się ku nasadzie płyty. Nagromadziło się tu mnóstwo brudu i śmiecia. Nowak rozejrzał się raz jeszcze, wzrok jego padł na pustą butelkę po wódce, leżącą nieopodal. „Czego tu nie ma – pomyślał – wszystkie akcesoria początku, środka i końca życia". Podniósł butelkę, odtłukł dno o sąsiedni nagrobek i trzymając resztę za szyjkę zaczął czyścić ostrym końcem szparę u nasady płyty. Pracował dość długo, po czym raz jeszcze, rozejrzał się i ponownie nacisnął. Płyta przesunęła się, odsłaniając mroczną, nieudużą kryptę. Nowak pochylił się i zanurzył głęboko lewą rękę. Krypta była pusta. „Tak jest… – pomyślał z zadowoleniem.– bez niespodzianek". Zasunął płytę z powrotem i otarł rękę o granit. Niewiele pomogło, ręka pozostała brudna. Ruszył wolno w powrotną drogę.

    Przystanął przy pierwszych kwaterach, obok kościelnego muru, i spojrzał na zegarek. Było jeszcze za wcześnie na powrót do hotelu. Osiemnastowieczne nagrobki opierały się tu bezpośrednio o ścianę kapliczną. – JACOB GOTTLIEB GABRYELSKI… – przeczytał na jednym z nich i uśmiechnął się…Rodzina Gabryelskich wydaje mi się dziś wyjątkowo sympatyczna…" – pomyślał i usiadł na nagrobku opierając się plecami o kapliczny mur. Było tu nieco zaciszniej, wiatr mniej dokuczał. Uniósł głowę w górę: wątły promyk marcowy musnął mu przymknięte powieki. „Uroda to proporcje – pomyślał. – Dlaczego nie mogę uwolnić myśli od tej dziewczyny? Rano myślałem o niej konkretniej; można to sobie tłumaczyć źle przespaną nocą i ciepłem pościeli. Teraz myślę że patrzenie na nią staje się jakąś koniecznością. Gnębi mnie niedosyt oglądania. Oczu, włosów, płaszczyzn policzków. Nie ma w niej taniości. Widzi się ciągle kobiety z jakimś akcentem tandety: czasem ubranie, czasem niedoczyszczone paznokcie, czasem głupota odruchów, banał w rozmowie, jakieś drobne niechlujstwo. Oczywiście – idzie się z nimi do łóżka, nie bez przyjemności, nawet z upodobaniem, tandetność nie przeszkadza w porywach. Ale nie myśli się o nich i nie chce się ich oglądać. W niej nie ma nic z tandety. Wszystko jest takie jak trzeba. Więc czego ja właściwie chcę? Patrzeć? Być obok? To znaczy być razem. Być razem musi mieć swoje konsekwencje. Musi znaleźć rozwiązanie w czasie. Ile czasu być razem? Godzinę? Miesiąc? Całe życie? Aby być razem choćby godzinę, coś musi ludzi łączyć. Uczucie, wspólnota interesów, albo łóżko. Co łączy mnie z kobietą, którą znam dzień? Rozmowa? Picie wódki i jedzenie bałtyckich szprot? Kilka pocałunków? Chęć patrzenia na nią? Uznanie za brak tandetności? Nie odczuwam dla niej ani serdeczności ani przyjaźni, lecz podziw i pożądanie. Pożądanie? Właśnie, gdzie ono się podziało? Gdyby grało rolę główną mielibyśmy wczoraj szamotaninę z nieprzesądzonym rezultatem. Nie twierdzę, że sukces byłby pełny, zbyt wiele jednak lat przeżyłem, by sądzić, że był niemożliwy lub wykluczony. Stąd pytanie: co dalej? Łóżko? Powiedzmy to sobie szczerze, łóżko niczego tu załatwia. Chociaż… może?"

Przez chwilę doznał uczucia fizycznej niemal udręki mówiąc sobie po prostu: „A może jeszcze nie jechać?…" Zagryzł wargi aż do bólu. „Nie, nie – pomyślał zawzięcie – aby wytrzymać. Potem wszystko przechodzi, nawet to wszystko, co jeszcze jest niczym i co najbardziej kusi. Co i tak będzie niczym, o czym ja dobrze wiem, chociaż ta wiedza ciągle zawodzi. To są zawsze niewypały, chłopcze… – próbował perswazji – potem człowiek tylko dziwi się, jak to mogło być. Trzeba wytrzymać. Głupstwa robi się z niewytrzymałości…" Otworzył oczy i ujrzał Ewę.

Ewa wyszła z bocznej furty kaplicznej, prowadzącej na cmentarz. Odstąpiła parę kroków i przypatrywała się z uwagą budowli, nie dostrzegając Nowaka. Stała tak, z rękami w kieszeniach płaszcza, w postawie kobiety pewnej, że nie jest obserwowana. Płaszcz zacierał kształty, a przecież jakoś uwydatniał smukłość talii i bioder. Stopy trzymała lekko rozstawione, lewa noga była niedbale zgięta w kolanie, spod płaszcza do angielskich, brązowych pantofli na średnim obcasie biegła linia ładnie zarysowanych dość pełnych łydek. Ten kontur nóg mocnych i kształtnych ześrodkował bez reszty uwagę Nowaka: po raz pierwszy wezbrał w nim twardy impuls, poczuł niewygodny przypływ pożądania.

– Dzień dobry – powiedział niezbyt głośno. Ewa odwróciła się szybko, bez przestrachu.

– Dzień dobry – rzekła i zarumieniła się wyraźnie, co zbiło ją zupełnie z tropu i przyprawiło o chwilę mieszającej myśl złości. Postąpiła parę kroków w stronę siedzącego bez ruchu Nowaka. – Nie spodziewałam się ciebie spotkać – rzekła odpychająco. – Co ty właściwie tu robisz?

– Czekam na ciebie.

– W ramach swych zawodowych obowiązków? Reportaż o pracach warszawskich historyków sztuki na przywróconym macierzy wybrzeżu? – próbowała odzyskać wczorajszy ton i wczorajszą pewność siebie. Zrozumiała naraz, że ton ten jest dziś zupełnie nieprzydatny, że zaczął się nowy dzień.

– Nic mnie nie obchodzi po co tu przyjechałaś. Wystarczy mi fakt i jego następstwa.

– Ale co ty tu robisz? Teraz?

– Powiedziałem ci. Czekam na ciebie.

– Dość tych nonsensów. Pewnie piłeś przez całą noc.

– Nie. Poszedłem zaraz spać. Prosto spod drzwi twego pokoju. Co prawda, spałem nieszczególnie.

– Skąd wiedziałeś o tym, że tu przyjdę?

– Wcale o tym nie wiedziałem. Niemniej czekałem na ciebie.

„Są to tylko ładne słowa – pomyślała Ewa. – Efekciarstwo". Ogarniała ją powoli nowa złość, płynąca tym razem z wątpliwości. „A może są to nie tylko słowa? – pomyślała jeszcze. – Może tkwi za nimi coś"?

– Poranna wycieczka? Narodowe biegi na przełaj? – powiedziała, wskazując na zaschnięte, rude błoto na butach Nowaka; raz jeszcze próbowała odnaleźć wczorajszą tonację, która teraz wydawała się utraconym bezpiecznym schronieniem.

– Bynajmniej – uśmiechnął się Nowak i dodał naraz: – Szukałem czegoś dla ciebie.

„Jakie to olśniewająco proste!" – skojarzył naraz. Uderzyła go prosta trafność wszelakich związków. „Wszystkie rzeczy ważne splatają się ze sobą... – uśmiechnął się do siebie. – Już kiedyś to sobie pomyślałem". Wyjął prawą ręką pojedynczego papierosa z paczki, umieszczonej w kieszeni i rzekł do Ewy: – Bądź tak dobra i sięgnij do mojej lewej kieszeni po zapałki. Mam bardzo brudną lewą rękę.

Ewa wyjęła zapałki i zapaliła, Nowak pochylił się nad płomyczkiem.

– Szukałeś czegoś dla mnie? – powtórzyła wyczekująco. – Może skarbu króla Eryka?

Nowak nie uniósł głowy. Zaciągnął się głęboko.

– Co to jest? – spytał, patrząc w ziemię.

Z kolei słowa Ewy były zaskoczeniem, musiał przed nimi uciekać w sposób najprostszy. „Powinienem był przewidzieć – pomyślał szybko – że historycy sztuki wiedzą co nieco. Chociaż nieprecyzyjnie, nazywając to skarbem".

– Ciekawe. Czyżbyś nie wiedział o tryptyku króla Eryka? Ty, przyszły jego biograf? Spec od Darłowa, Gryfitów, kościoła św. Gertrudy…

– Nie – bronił się prymitywnie.

– Opowiem ci przy okazji. Skorzystasz coś przynajmniej z naszej znajomości.

Czuła, że zyskuje nad nim jakąś przewagę. Zastanawiała się intensywnie nad jej przyczyną, lecz nie mogła wpaść na właściwy ślad.

– Doskonale – rzekł Nowak.

– Swoją drogą – kontynuowała, nie wypuszczając inicjatywy z rąk – czym ty się tu interesujesz? Wódką? Anitą? Szprotami? Ten tryptyk to pasjonująca historia.

– Możliwe. Jakiś skarb?

– Przede wszystkim dzieło sztuki. Dziwne… – zamyśliła się – że o tym nie wiesz. Odnaleźć ten tryptyk, mój Boże…

– Ewo – spytał miękko – cóż on dla ciebie może znaczyć, ten tryptyk?

Zdjęła go przemożna chęć mówienia o tryptyku wbrew wszelkim sygnałom ostrzegawczym rozumu. Wiedział dobrze, że nie powinien zapuszczać się w tę stronę, a nie mógł przemóc tego nagłego pragnienia.

– Karierę – rzekła Ewa poważnie. – Moje nazwisko stałoby się głośne, pisanoby o mnie w gazetach. Zdobyłabym mocną pozycję w mym zawodzie.

– A czy taki tryptyk ma jakiś walor pieniężny? Czysto materialny?

– Niedowład intelektu, Ronaldzie. Co się z tobą stało od wczoraj? Oczywiście, wart jest miliony.

– A ty – Nowak brnął w śliskie niebezpieczeństwo; koszula przylgnęła mu do pleców z emocji. – A ty, znajdując go tutaj, zawiozłabyś go do Warszawy i oddała muzeum, czy ochronie zabytków?

– Chyba tak… Zresztą, po co te fantazje? Tryptyk został zrabowany w czasie wojny. Prawdopodobnie zabrali go Niemcy, wycofując się stąd.

– Na pewno – rzekł Nowak z głębokim przekonaniem. Zaciągnął się głęboko raz i jeszcze i odrzucił niedopałek „Camela". – Ale załóżmy – spojrzał z uporem w oczy Ewy – że go tu znajdziesz. I masz potem mnóstwo pieniędzy. Co wtedy?

– Wtedy – rzekła Ewa dobitnie i chłodno – jadę do Warszawy i kupuję mieszkanie. Żeby raz na zawsze skończyć z tą udręką po cudzych zatłoczonych kątach. Żeby zacząć normalne życie i zdobyć dla nas jakieś warunki ludzkiego bytu.

– Dla nas? To znaczy dla kogo?

– Dla Pawła i dla mnie.

– Paweł to narzeczony, prawda?

– Tak. To mój narzeczony.

– W porządku. To wszystko. Uważam temat za wyczerpany.

Nowak usiadł z powrotem na nagrobku i zaczął bujać nogami.

– Przestań – rzekła Ewa. – To nieprzyzwoite.

– Masz rację. To wszystko jest aż do obrzydliwości nieprzyzwoite.

– Czyżbym dotknęła cię tym, co powiedziałam? – spytała pojednawczo.

– Ewo – rzekł Nowak wstając – będziesz mi dziś musiała powiedzieć jeszcze wiele rzeczy.

– Na przykład?

– Nie od razu.

– Zapomniałeś już powiedzieć mi, czego dla mnie szukałeś.

– Aha – Nowak uśmiechnął się z ulgą. – Mam coś dla ciebie. Tylko nie przy sobie.

– Co? – nalegała Ewa.

– Butelkę *Sherry Amontillado*. Mówiłaś, że lubisz dobry alkohol.

– Mówiłam. Ale co to jest *Sherry Amontillado*? Tak daleko nie rozciąga się moja erudycja.

– Wytłumaczę ci wieczorem. Ten trunek dopomoże mi w wyjaśnieniach.

– Zaraz – Ewa rozejrzała się wokoło. – Tu szukałeś tej egzotycznej butelki? Ten cmentarz kryje w sobie takie nieprzewidziane skarby?

– Między innymi.

– Między innymi? A co ze złotymi zębami nieboszczyków? Takie rzeczy zdarzają się w Polsce.

– Zdarzają się.

– Nic z tego nie rozumiem.

– Bo nie jesteś optymistką.

– Wydawało mi się dotąd, że pesymizm pozwala lepiej rozumieć.

– Błąd. Na cmentarzach, aby więcej rozumieć, trzeba być optymistą.

– To dziwne – Ewa zamyśliła się. – Moje pokolenie steruje ku obojętności i pesymizmowi. Jest egzystencjalistyczne, jak to się mówi dziś w prasie literackiej. A ty? – spojrzała z uwagą na Nowaka – ty jesteś optymistą?

– Oczywiście – rzekł Nowak.

– Ale dlaczego?

– Bo optymizm jest trudniejszy.

– To bzdura! – rzekła Ewa. – Myśl ludzka, dobra literatura, a zwłaszcza to, co się z ludźmi dzieje od wielu tysięcy lat wskazują na to, że optymizm równa się głupocie. Zresztą wystarczą własne doświadczenia, wiedza choćby dwudziestu czterech lat życia.

– Słusznie. Tylko, że to, co mówisz, nie zaprzecza mojej prawdzie. Nadal twierdzę, że optymizm jest trudniejszy.

– Nieprawda – rzekła Ewa pogardliwie. – Optymizm jest łatwizną. Jest pożywką głupców. Jest smutną koniecznością umysłów ograniczonych. Jest bezmyślnością i niechęcią do rzetelnego wysiłku ostatecznych przemyśleń. Jest religią tchórzów i niedołęgów. Jest nieuczciwym mamieniem maluczkich i groteskowym samookłamywaniem się. Jest…

– Jest światopoglądem trudniejszym. Jakże łatwo jest być pesymistą… – Nowak uśmiechnął się ciepło. – Dziś, gdy świat na każdym kroku, z upodobaniem ekshibicjonisty, odsłania swoje sparszywiałe rany, w literaturze i życiu, w filmie, teatrze i na co dzień. Dziś, po ostatniej wojnie i jej konsekwencjach w tym kraju. Dziś, gdy każdy uczeń, każdy taksówkarz i każda ekspedientka nosi w sobie zasób niewiary i szyderstwa, spiesznej chęci użycia i gorzkiej świadomości o nieuniknionym źle istnienia, którym można by obdzielić pluton filozofów–pesymistów epok ubiegłych. Dziś pesymizm nie jest ani wysiłkiem, ani niezależnością. Jest pierwszym wrażeniem po rozejrzeniu się dookoła. Stanowi najprostszy wniosek, jaki można wyciągnąć z obserwacji. Jest światopoglądem łatwiejszym. Ale dostrzegać dół kloaczny, zdawać sobie sprawę z jego głębi i smrodu, a mimo to pozostawać optymistą… to sztuka. Oto dumne bohaterstwo naszego czasu. Oto wspaniała, trudna, niebezpieczna, szlachetna ekwilibrystyka moralna, na którą tak niewielu może się zdobyć. Ufff… zmęczyłem się tym przemówieniem – uśmiechnął się młodzieńczo. – Już dawno nie przemawiałem do tłumów.

– Masz w sobie błazna – rzekła Ewa mściwie. – Zauważyłam to już wczoraj. Chodźmy stąd. Dość tej wątpliwej filozofii na cmentarzu.

– Chętnie – rzekł Nowak.

Zeskoczył z nagrobka i stanął tuż przed Ewą. Objął ją mocno prawą ręką, jakby paraliżując jakikolwiek odruch przeczenia z jej strony, mogący zepsuć wszystko. Dłoń Nowaka powędrowała pod kołnierz płaszcza Ewy i przygięła jej twarz, delikatnie, lecz stanowczo, ku jego twarzy. W pocałunku usta Ewy były cierpkie i uległe, przyjęły jego wargi i język bardziej miękko i głęboko, niż Ewa by tego chciała.

– Posłuchaj – rzekł Nowak po chwili. – Powiem ci coś czego się innym ludziom nie mówi.

– Lepiej nie – rzekła oschle. – Nie masz do tego żadnych praw. Ani powodów.

– A jednak ci powiem. Wiesz, mnie rzadko kto bierze poważnie. Ludzie mnie lubią, ale bagatelizują. Kobiety nie stronią ode mnie, lecz nie przywiązują do mnie większej wagi. Przyznaję, to czasem drażni – rzekł z uśmiechem prostym, spokojnym. – Tym bardziej, iż w końcu okazuje się, że ja mam rację. Że wiem, co trzeba i jak trzeba.

„Ma świeży, przyjemny oddech – myślała Ewa. – Pachnie porannym myciem zębów. W gruncie rzeczy nie znoszę intymności, jest żenująca. Ale oddech nie jest intymnością, to w takich chwilach rzecz wspólna. Zaś to, co mówi, jest właściwie mniej ważne.

– Chodźmy już – powiedziała. – Mam dziś mnóstwo roboty.

Wyjęła ręce z kieszeni płaszcza, przytrzymała go za ramiona i pocałowała lekko, ciepło, nieobowiązująco. Przez ułamek sekundy przetrzymała wargi przy jego wargach, ulotnie, lecz wystarczająco, by wywołać z jego strony drążący nacisk, który przyjęła sztywno, nie uchylając głowy. „Tak – pomyślał Nowak z jasną satysfakcją – zaczęło się”.

Ewa poprawiła włosy i poszła przodem. Nowak obejrzał się za siebie, w głąb cmentarza, po czym ruszył za Ewą. „Ciekawe – pomyślał – nie czuję się zwycięzcą, ale także nie czuję się pobitym”. I dodał, patrząc na kształtne, mocne nogi idącej przodem Ewy: „A więc łóżko. Łóżko załatwi wszystko. Raz, a dobrze, po czym można będzie jechać. Będzie to odjazd po odciśnięciu najlepszej pieczątki na opuszczanej ojczyźnie, po wzięciu najlepszego jej zapachu na drogę". Jednocześnie ogarnął go gniotący niepokój. „A jeśli łóżko nie wystarczy, nie załatwi sprawy? To co?" – pomyślał jeszcze.

Na rynku panował senny, przedpołudniowy ruch, rozcieńczony przez przestrzeń dużego placu. Kobiety z Darłówka, rybackiego portu, krążyły wokół sklepów, w których leżały towary pospolite i brzydkie. Kupowały bielidło i makaron, niezgrabne naczynia kuchenne i budyń w proszku. Otulały się czarnymi, wełnianymi chustkami, wystając długo przed wystawami, na których leżały zakurzone mydła i karbówki.

– Już dziesiąta – rzekła Ewa. – Bądź zdrów.

– O dwunastej. U Łagodnego. Dobrze?

– Wątpię, czy zdążę. Widzieliśmy się już zresztą. To chyba dosyć przed obiadem.

– Fakt – przyznał Nowak, uśmiechając się. W sercu poczuł igiełkę.

– Umówiłam się jeszcze wczoraj.

– W porządku – rzekł Nowak. „Co za bezsens – pomyślał. – Przecież nie może mieć tu jeszcze schadzek. Skąd to uczucie dotkliwej przykrości?" Niemniej, nowa igiełka wpięła się w serce.

– Musimy się porozumieć, Ronaldzie – rzekła Ewa z ironią. – Ja tu mam pewne sprawy do załatwienia.

– Rozumiem – rzekł Nowak. „Jakie mogą być sprawy ważniejsze od spotkania ze mną?" – pomyślał ze zgryzotą. – „Przynajmniej dla mnie". Trzecia igiełka znalazła drogę do świadomości, gdzieś pomiędzy żołądkiem a sercem.

– W takim razie widzimy się na obiedzie. Tymczasem.

– Tymczasem – rzekł Nowak i Ewa odeszła. „Właściwie najchętniej poszedłbym za nią – pomyślał trzeźwo. – Jestem po prostu zazdrosny o jej czas. Skopałbym z przyjemnością tego starego kretyna z muzeum za dwie godziny, w czasie których będzie z nią rozmawiał". Czwarta igiełka wylądowała gdzieś pod czaszką, gdy uświadomił sobie, że Ewa ma prawo robić co chce i spotkać się z kim chce bez brania jego osoby pod uwagę.

Włożył prawą rękę w kieszeń i powlókł się wolno przez rynek, poprzez środek wykładanego ciężkim brukowcem placu. Głowę miał spuszczoną, obserwował z uwagą kopaną puszkę po konserwach. Blaszanka klekotała po bruku, aż odbiła się w końcu o brzeg trotuaru. Dokładnie w tym samym miejscu, na brzegu chodnika, stał Leter.

– Cześć – powiedział Nowak.

– Kto to jest? – spytał Leter.

– O kogo panu chodzi?

– Ta facetka?

– Ach, ta facetka... – Nowak uśmiechnął się z melancholią.

– Tak, ta cizia.

– Ta cizia? To moja znajoma.

– Znajoma... – Leter uśmiechnął się ze zrozumieniem, lecz zupełnie bez szacunku. – Czy mam się liczyć ze słowami?

– Nie musi pan.

– Po co ją pan tu przywiózł?

– Ja?

– Tak, pan.

– Pudło. Wcale jej nie przywoziłem.

– Załóżmy, że tak jest. Że nie chciał pan spędzić ostatnich dwóch nocy na łonie ojczyzny w średniowiecznym lupanarze Madame Kraal. W takim razie po co ona tu przyjechała?

– Tego dobrze nie wiem.

– A co tu robi?

– Zdaje się, że czegoś szuka.

– Okazji? – Leter uśmiechnął się brzydko. – Ostatnich promieni zachodzącego szczęścia?

– Zdaje się, że tryptyku króla Eryka.

Jasne oczy Letera zwęziły się. Twarz pozostała nieporuszona.

– Nie ma pan pojęcia, panie Nowak, jak ja okropnie nie lubię głupich dowcipów – rzekł cicho. – I jaki robię się po nich niemiły.

– Wyobrażam sobie – rzekł zgodliwie Nowak. – Ja też dziś nie w sosie.

– Czego ona tu chce?

– Powiedziałem już panu. Nie wiem.

– Nowak, ja nie żartuję. Papierosa?

– Dziękuję, chętnie. Ale niech pan zapali pierwszy. Mam bardzo brudną rękę.

– Czym ją pan tak wysmarował? – Leter spojrzał podejrzliwie z trudem hamując ciekawość na ubłocone buty Nowaka. – Gdzie się pan tak unurzał od samego rana?

– Właśnie. Zgubią mnie ogródki działkowe. Wie pan, ilekroć przechodzę koło takiej działki nie mogę się oprzeć, by czegoś na niej nie zrobić.

– Teraz? O tej porze?

– Otóż to. Przedwiośnie jest najgorsze. O tej porze najtrudniej przychodzi mi panować nad tą niszczącą namiętnością. Ale niech się pan nie martwi, Leter, przyrzekam panu solennie, że się odzwyczaję. I zaraz pójdę się umyć.

– Więc?

– Nie rozumiem, o co panu chodzi?

– Czego ona chce?

– Żebym ja wiedział…

– Dlaczego pan o niej nie wspomniał wczoraj? W czasie naszej rozmowy?

– O czym miałem wspomnieć?

– O tym, że jest tu z panem jedna facetka.

– To byłaby nieprawda. Nie potrafiłbym pana okłamać, drogi panie Leter. Ona nie jest ze mną.

– A z kim?

– Ze swym narzeczonym.

– Tu? Z narzeczonym?

– Nie tak dokładnie. Narzeczony jest w Warszawie.

– Nowak… – Leter zaciągnął się głęboko, po czym gwałtownym pstryknięciem wyrzucił daleko ledwie napoczętego „Camela". – Dość tych idiotyzmów. Jeśli ona tu przyjechała dlatego, że tryptyk składa się z trzech części, to może pan ją spokojnie odesłać z powrotem. Mogę jej pożyczyć na bilet, jeśli nie jest pan w stanie pokryć tego nieprzewidzianego wydatku.

– Wie pan, że tryptyk składa się z trzech części? No, no… Nie podejrzewałem pana o takie znawstwo starej sztuki kościelnej, panie Leter. A o resztę proszę się nie kłopotać. Ta pani ma podróż opłaconą z góry tam i z powrotem. Przez Główny Urząd Konserwatorski. To taka instytucja od ochrony zabytków. Nie pozwala nic wywozić z kraju, nawet cudzoziemcom. Nie niepokoi to pana?

Leter spojrzał na Nowaka, przeciągle, z lodowatą pasją. Nowak musiał się uśmiechnąć, aby wytrzymać to spojrzenie.

– Ostrożnie, panie Nowak, ostrożnie... – wycedził, odsłaniając złote korony w kącikach ust. – I uprzedzam pana: na „Ragne" odpłyną jutro tylko dwaj pasażerowie. Tylko dwóch pasażerów wejdzie na pokład. Żeby pan nie miał do mnie później niepotrzebnych pretensji.

– Wykluczone. Sądzę, że będę panu wdzięczny.

– No, widzi pan. Pomoc z zewnątrz w kłopotliwych sytuacjach, te rzeczy... Zresztą, nic mnie to nie obchodzi. To są pańskie sprawy. Cieszę się, że dogadaliśmy się.

– I ja się cieszę.

– Teraz pójdziemy do mnie. Musimy ustalić pewne rzeczy.

– Spokojnie, panie Leter. Mamy jeszcze czasu, a czasu na pogaduszki, plany, opracowania. Idę teraz pod „Siedem dalekich rejsów". Sprawa nie cierpiąca zwłoki.

– Czyli spotkanie z kapitanem Stołypem, o ile się mogę domyśleć?

– Bezbłędnie, Leter. Coraz lepiej. Trudno coś przed panem ukryć.

– Zabawna, ta pańska zażyłość ze Stołypem. Rzadko pan tu bywa, nie wie pan wielu rzeczy o Darłowie i tutejszych stosunkach.

– Na pewno. Ale dokształcam się intensywnie, za każdym razem. Czyżby jakieś rewelacje od czasu mego ostatniego pobytu?

– O, chyba nie rewelacje. Dla nas to już przebrzmiała sensacja. Obecnie każde dziecko w Darłowie wie, że szef kapitanatu portu, repatriant z Anglii, kapitan żeglugi wielkiej, bohater spod Narviku, Tobruku i Malty, uczestnik bitew konwojowych na Atlantyku, kawaler orderów brytyjskich, marynarz aliancki i oficer polski... jednym słowem pan kapitan Ferdynand Stołyp... jest agentem bezpieki. Pan jeszcze o tym nie wiedział, co?

Nowak uśmiechnął się chłopięco.

– Nie wiedziałem – rzekł jakby z zadowoleniem. – Ale domyślałem się. Tymczasem, kochany panie Leter. Wpadnę do pana zaraz po obiedzie. Około czwartej.

Z niskiej, szerokiej sieni, wiodącej na dziedziniec, prowadziły drzwi do kuchni. Drzwi te, szerokie, z grubego drzewa, przecięte były w połowie wysokości, ich górna połowa była otwarta. Nowak oparł się o zamkniętą połówkę i przechylił do wewnątrz. Na środku kuchni siedziała Anita i obierała kartofle. Pod fajerkami palił się ogień, było bardzo ciepło i ciemnawo, światło dnia przebijało się z trudem przez zakopcone i zakurzone okno.

– Dzień dobry – rzekł Nowak. – Czy mogę tu umyć ręce?

– Można – mruknęła Anita. Nowak wszedł do kuchni.

– Tam – Anita wskazała nożem – jest proszek i ścierka.

Umył ręce i długo wycierał, patrząc na Anitę. Anita siedziała na niskim stołku, nogi miała szeroko rozstawione, brudny fartuch odsłonięty do połowy ud; pomiędzy nogami, na podłodze, stała miska z wodą, do której spadały z pluskiem strugane szybko i bez przerwy ziemniaki. Uda Anity bielały w brudnoszarej przestrzeni kuchni i Nowak nie mógł przez chwilę oderwać od nich wzroku.

– Jak było wczoraj? – spytał życzliwie.

– Niczegowato – rzekła Anita z rezerwą.

– Norweg nie zawiódł? Przywiózł co trzeba?

– Spróbowałby nie przywieźć. Wbijałby chyba w dziurę od parkanu, gdyby nie przywiózł.

Przysunęła miskę do siebie i jeszcze odsunęła fartuch od kolan, czyniąc więcej miejsca dla spadających kartofli. Nowak zapalił papierosa, opierając się łokciami o wysoką półkę kuchennego kredensu. Nie śpieszyło mu się z tej kuchni.

– No i co ci takiego przywiózł?

– A, takie różne, damskie rzeczy.

Miska powędrowała bliżej stołka, przyciągnięta nogą. Fartuch zwinął się niemal na udach, odchylając jednocześnie na piersiach i odsłaniając różową, niezbyt czystą kombinację o powiązanych na supełki ramiączkach.

– To muszą być fajne rzeczy. Na pewno ci się przydadzą, co? – Nowak trzymał się z uporem tematu, który wydawał mu się atrakcyjny i bezpieczny. Siebie był pewien coraz mniej, wolał stawiać na lojalność Anity względem wczorajszego ofiarodawcy. Nagrodzona przewrotność sprawiłaby mu dodatkowe zadowolenie, zdawał sobie z tego w pełni sprawę. Po raz pierwszy od wczoraj rano zadźwięczało w nim ciche niczym niezmącone rozradowanie.

– Fajne – przyznała Anita. – Co też tam na Zachodzie nie wymyślą ludziom na pociechę. A i pan mógłby z nich być zadowolony.

– Ja? Czyżby ten bosman i o mnie pomyślał?

– Nie. Ale ja czasem o panu pomyślę, panie Nowak.

Spojrzała na Nowaka przebiegle i przeciągle, jej pospolita, gruba twarz wypełniła się jakąś ponętną świeżością, bezpretensjonalną i autentyczną. Nowak uciekł wzrokiem na koniec żarzącego się „Camela"; małym palcem tej samej ręki, w której trzymał papierosa, zepchnął powoli kolumienkę popiołu. Gdy uniósł oczy miska dotykała już stołka, rozrzucając nogi Anity. Wnętrza ud zbiegły się w różowym punkcie majtek. Nowak poczuł gorącą koncentrację we właściwym miejscu. Po raz pierwszy od wczorajszego ranka, nie będąc z Ewą, myślał o tym, co jest obok niego, co jest z nim, a nie o Ewie.

– Jesteś równa, Anito – rzekł, opanowując głos. – Jestem ci wdzięczny.

– Co to znaczy? – spytała szybko.

– Trudno ci to wytłumaczyć. To nie takie proste.

– O tej porze – rzekła Anita, odkładając nóż – nigdy nikogo nie ma w tym cholernym domu. Kraalową gdzieś niesie na całe godziny. Nie ma do kogo ust otworzyć.

Nowakowi zwilgotniały dłonie. „Ewo – pomyślał – powinienem to zrobić. Tak będzie lepiej. Dla ciebie, dla mnie i dla Anity. Każdy z nas otrzyma swoją cząstkę". Rzucił niedopałek papierosa pomiędzy niezmyte talerze w zlewie i postąpił krok ku Anicie.

– Anito – powiedział, patrząc śmiało w dół na piersi ledwie osłonięte kombinacją, na rozchylone uda, na młode, układne oczy, wzniesione ku niemu. – Jesteś świetną, dziewczyną. Wiem o tym. Poza tym masz wielką misję do wypełnienia. Dziejową. Jesteś pionierką na Ziemiach Odzyskanych, obowiązkiem twym jest nieść polskość na te wydarte wrogom rubieże. Stąd udręki przebywania w samotnym domu, samotne pilnowanie strzechy i hotelowego ogniska. To twoja ofiara na ołtarzu macierzy. Rozumiem to i doceniam.

– Zwariował pan?… – szepnęła Anita ze złością. – Swojej narzeczonej pan też takie mowy wstawia, co?

– Jakiej narzeczonej?

– No tej, o której mi opowiadała dziś rano ta dziwa spod dziewiątki.

– O czym ci jeszcze opowiadała?

– Ona? Pytała, nie opowiadała. O pana. Cały czas. A swoją drogą ciekawam, czy wczoraj, przy szprotach, też jej pan zasuwał o macierzy?

– Anito – uśmiechnął się Nowak. – Dziękuję ci. Jesteś nieoceniona. Prawdziwy skarb.

– Zwariował pan... – powtórzyła Anita mniej pewnie.

– I to możliwe. Tego też nie wykluczam.

Wyjął paczkę „Cameli", wetknął jednego papierosa w skrzywione żalem usta Anity, drugiego w swoje, sięgnął ręką na kuchenną płytę po zapałki, zapalił swojego, rzucił Anicie zapałki i wyszedł z kuchni bez słowa. Anita uśmiechnęła się z zadowoleniem. Nic z tego nie rozumiała, ale wiedziała, że jeszcze nigdy nie była tak bliska czegoś, co wydawało jej się grzeszną poufałością, niosącą dziwaczne smutki i zamyślenia, a co z innymi było tylko szybką, wilgotną przyjemnością lub zwykłym zmęczeniem.

„Ostatecznie – myślał Nowak – to, co uczyniłem, a raczej to, czego nie uczyniłem, nie jest szczególnym osiągnięciem moralnym. Po prostu nie lubię brudnej bielizny. Zaś Ewa – dodał z zadowoleniem – przeprowadza głęboki wywiad, którego obiektem jestem ja. Mówi o mnie i zadaje sobie trud kłamania".

Skręcił z rynku w krótką uliczkę i przystanął przed kamieniczką przysadzistą lecz stylową; nad okratowanymi oknami parteru rozpościerał się malowany nieudolnym gotykiem szyld: „Siedem dalekich rejsów – Restaurant". Przed wejściem stał wojskowy jeep, blokując uliczkę. Nowak wszedł na trzy kamienne stopnie, pchnął obłażące z farby drzwi, po czym z wąskiej sionki wszedł do lokalu. Było tu półmroczno, mimo dnia, wśród ścian, wykładanych czarną dębową boazerią stały ciężkie, dębowe stoły i solidne zydle, nad stołami zwisały błyszczące, mosiężne lampy, na ścianach widniały sztychy fregat i liniowców cesarskiej floty, ze środka sufitu zwisał wielki model brygantyny z conradowskiej, wymarłej rasy statków. Wszystko razem przypominało zeszłowieczne messy oficerskie na zamożnych parowcach o smukłych, wysokich kominach, lśniło solidnością, czystością i porządkiem.

– Dzień dobry panu, panie Krztynka – rzekł Nowak, podchodząc do bufetu.

– Dzień dobry panu, panie Nowak – odparł głuchym basem pan Krztynka. Słowom tym nie towarzyszył gest ani uśmiech.

– Dawno u pana nie byłem.

– Nie moja wina.

– To fakt. Co nowego?

– Nic.

– W takim razie poproszę o jeden koniak. Ale *Meukow,* nie *Hennessy.*

Nad łysą, lśniącą tłusto i opalowo czaszką Krztynki piętrzył się ogromny bufet, którego półki zajmowały całą ścianę, od podłogi aż po sufit. Na półkach stała rzędem, równo obok siebie, cała niemal kultura alkoholowa aktualnej cywilizacji, ustawiona pieczołowicie, z lubością, z kolekcjonerską troską. Na niezliczonych butelkach o najróżniejszych kształtach, na farfurkowych flaszkach i dzbankach z kamienistej gliny o wymyślnych formach tkwiły nienagannie zachowane etykietki firmowe, pełne nazw wytwornych, egzotycznych i dźwięcznych. Pan Krztynka nie ruszył się z wysokiego, specjalnego stołka, na którym siedział za czarnym masywnym kontuarem: gorylej długości tłustą łapą sięgnął na wysoką półkę i zdjął z niej niewielką butelkę o ciemnomiodowej barwie.

– Jeden *Meukow* – powiedział i nalał do zręcznie dobytego w tej samej chwili spod kontuaru kieliszka. Płyn w kieliszku był biały i przezroczysty.

– Nic się nie zmieniło – rzekł Nowak unosząc kieliszek i oglądając go pod światło.

– Co się miało zmienić? – rzekł Krztynka z rozdrażnieniem. – Skąd ja mam panu wziąć *Meukow,* może mi pan powie?

Wyglądało na to jak gdyby mała sprzeczka zrobiła mu żywą przyjemność.

– Czy ja coś mam do pana? – rzekł Nowak z uśmiechem. Wychylił powoli kieliszek i dodał: – Bardzo dobra wódka. Nie bierze pan ani grosza drożej, niż w spółdzielni Samopomocy Chłopskiej, a przecież człowiek ma swoją przyjemność, że pije *Meukow.* To bardzo ładnie z pana strony.

– No, widzi pan.

– Proszę mi za tym nalać stopkę irlandzkiej whisky.

Krztynka błyskawicznie zmienił kieliszek na nieco większy i sięgnął po czworokątną, żółtą butelkę. Nalany płyn był tak samo biały i przezroczysty.

– Panie Krztynka kochany – rzekł Nowak opierając się łokciami o kontuar i zapalając papierosa – cieszę się, że pana widzę. Co słychać?

– Nic – odparł sennie Krztynka.

Był opasły jak beczka, kark miał byczy i sfałdowany, jego małe, blade oczy łyskały spośród zwałów tłuszczu, a przyczernione szuwaksem wąsiki kontrastowały groźnie i śmiesznie z łysą jak kolano czaszką. Sięgając po butelki nie unosił ani na milimetr swego cielska ze stołka.

– Panie Krztynka – rzekł Nowak z głębokim namysłem, nadpijając nieco z drugiego kieliszka – czy nazwa „Siedem dalekich rejsów" jest pańskim przekładem z niemieckiego? Czy odziedziczył ją pan po poprzednich właścicielach tej knajpy?

– Nie. Po niemiecku ta knajpa nazywała się „Pod flagą Adebarów".

– Kto więc wymyślił nazwę „Siedem dalekich rejsów"?

– Ja. To moja nazwa.

– Winszuję. To śliczna nazwa – rzekł Nowak i zamyślił się nad potęgą odległych skojarzeń.

– Prawda? – rzekł Krztynka i westchnął jękliwie, boleśnie, jak skrzywdzone dziecko.

– Co panu jest? – zaniepokoił się Nowak.

– Kończą nas.

– Nas... to znaczy kogo?

– Restauratorów. Prywatnych.

Drzwi otworzyły się i wszedł dość wysoki mężczyzna o młodzieńczej, smukłej sylwetce, w uniformie oficera floty handlowej i grubym, granatowym swetrze. Wolnym krokiem zbliżył się do bufetu.

– Kapitanie – rzekł Nowak – nareszcie! Mam zaszczyt pana powitać.

– Jestem niepocieszony – rzekł przybyły, wyciągając dłoń do Nowaka.

– Przebywa pan w Darłowie od wczoraj rano i dopiero teraz!

– Cóż za zły los – rzekł Nowak. – Ale jeszcze piękne chwile przed nami. Spodziewałem się tu pana.

– Pochwały godna zdolność przewidywania – uśmiechnął się kapitan – zważywszy, że widział pan mój wóz przed domem.

Z bliska twarz kapitana kłóciła się nieco z sylwetką. Była to doskonale skrojona, gładko wygolona twarz niemłodego już gentlemana z ilustracji do nowel w kobiecych tygodnikach. Szpakowate, pięknie sczesane na kark włosy, jasne oczy, ogorzała cera, nieco zmarszczek, wszystko w tej twarzy wzbudzało sympatię, jaką odczuwa się dla świetnie wychowanych, wyższych wojskowych z dobrych rodzin.

– Stołyp pana szukał – rzekł głucho Krztynka. – To fakt.

– Byłem teraz w „Szarotce" – rzekł Stołyp. – Myślałem, że tam pana zastanę.

– O mały włos, a byłby mnie pan tam zastał – westchnął Nowak.

– Z kobietą.

Nowak spojrzał na zegarek: było piętnaście po dwunastej.

– Zgadza się – rzekł spokojnie. – Skąd pan wie?

– Mówi się o tym w Darłowie.

– Wobec tego poproszę o szklaneczkę gdańskiego machandlu, panie Krztynka. A co dla pana, kapitanie?

– Proszę o to samo.

Krztynka sięgnął jedną łapą po odległą butelkę, drugą wydobył nowy rodzaj kieliszków spod kontuaru i nalał.

– Pan Krztynka skarży się – rzekł Nowak – że mu podcinacie egzystencję.

– Kto... wy? – spytał kapitan.

– Wy, ludzie urzędowi.

– Stołyp – rzekł głucho Krztynka – jest człowiekiem z przyzwoitego towarzystwa. Mimo wszystko.

– Jestem zwykłym oficerem marynarki handlowej – uśmiechnął się z uprzejmością Stołyp. – Służę memu krajowi moją fachową wiedzą i doświadczeniem długich lat służby.

– Udało się panu – uśmiechnął się Nowak. – Z pana przeszłością takie stanowisko. Szef kapitanatu portu to nie w kij dmuchał.

– Praktyka i rutyna. Moje kwalifikacje zostały docenione.

– Znam takich, którym nie pomogły ani praktyka, ani kwalifikacje.

– Oczywiście – z twarzy kapitana nie schodził uśmiech eleganckiej wyrozumiałości. – Najczęściej są to jednak ludzie nie pojmujący sensu przemian. Ci ludzie są w niezgodzie z duchem czasu.

– Rozumiem. Pan jest w zgodzie z duchem czasu.

– Obawiam się, że znów pan upraszcza. Domyślam się, że bierze mnie pan za komunistę. To niesłuszne. Co prawda, jeszcze przed wojną mierził mnie feudalizm obyczajów towarzyskich w Polsce, a zwłaszcza stosunki w marynarce, niemniej nigdy nie byłem komunistą. Po prostu sympatyzowałem zawsze z postępem.

– Rozumiem. Po wojnie nadarzyła się świetna okazja do kontynuowania tych sympatii.

– I to nie jest proste. W Polsce dzieje się, moim zdaniem, mnóstwo rzeczy odpychających. Głupich, a czasem wstrętnych. Niemniej dźwiga się ten kraj z ruin, trzeba go odbudować i nim rządzić. Ktoś to musi robić. Nie zrobimy tego my, mogą to zechcieć zrobić za nas inni. Jeśli nie chcemy, aby robili to Rosjanie i Żydzi, lub ludzie bez skrupułów, działający na ich zlecenie, musimy to robić sami. Patriotyzm polega dziś na nurzaniu rąk we wszystkim, na braniu wszystkiego do ręki. Taka jest jedyna polska konsekwencja.

– A teraz będzie pan musiał zniszczyć Krztynkę – westchnął Nowak.

– Oto smutne następstwa konsekwencji. Ciekawi mnie, dokąd pana zaprowadzi konsekwencja?

– Oczywiście – rzekł Stołyp – nie ja go zniszczę. Zniszczy go dziejowa konieczność, której nie pochwalam, ale którą rozumiem i której poddaję się. Zresztą zniszczy się tu więcej rzeczy. A pana, Nowak, nie wiem dlaczego, ale zawsze miałem za lewicowca.

– Ja też nie wiem – zasępił się Nowak. – Jeśli niszczenie Krztynki oznacza lewicowość, to proszę na mnie nie liczyć. Kocham takie ołtarze... – wskazał ręką bufet pełen butelek. – Nawet puste, albo o treściach umownych. Uwielbiam, kapitanie, melancholię barwnego gestu, jaki celebruje Krztynka. Czy sądzi pan, że sektor państwowy znajdzie sposób księgowania dialektycznie niewytłumaczalnej mistyfikacji? Czy jakiekolwiek przedsiębiorstwo socjalistyczne zorganizuje się na zasadach życiodajnej kpiny lub marzycielskiego dziwactwa? Czy profesja zbieraczy pięknych rozmów i niecodziennych sytuacji uznana zostanie za pełnoprawny zawód z własnym związkiem zawodowym?

– Nowak – rzekł łagodnie Stołyp – niech pan stąd jedzie. Radzę to panu, bo pana lubię. Póki jeszcze przychodzą tu szwedzkie szkunery, póki nasi rybacy mogą pana przerzucić bez większego trudu na Bornholm.

– Dziękuję panu, kapitanie – głos Nowaka był samą serdecznością. – Jest pan porządnym człowiekiem. Ale ja zostanę w tym kraju. Ja nie uciekam. Zasada głupia, lecz daje małe satysfakcje.

– Stołyp – rzekł głucho Krztynka – to mimo wszystko pozycja. Towarzyska.

„Stołyp – pomyślał zimno Nowak – włącza się w partię jako niebezpieczny przeciwnik. Węszy. Szuka. Napuszcza. Ciekawym, co on wie? Co on może wiedzieć?"

– Gdyby nie to, że pana długo i nieźle, tuszę sobie, znam – rzekł Stołyp, wyjmując złotą papierośnicę – podejrzewałbym, że przyjeżdża pan tu, aby przygotować sobie małą wycieczkę na wynajętym kutrze. Zaś przyjazd z kobietą wskazywałby na to, że godzina wybiła.

Poczęstował Nowaka i Krztynkę papierosami ruchem pełnym wykwintu.

– Ta pani – rzekł Nowak, zaciągając się ze smakiem – jest z ochrony zabytków. Urząd konserwatorski, czy coś takiego. Poznałem ją tutaj, w Darłowie.

– Dobrze, że mi pan to powiedział – uśmiechnął się z ulgą Stołyp – bo już byłem na pana rozżalony, że ukrywa pan swoje szczęście przed starymi, oddanymi przyjaciółmi.

– Co zaś ważniejsze: nigdzie się nie wybieram – zakończył Nowak.

– Chyba, że z panem, kapitanie. Takiemu nawigatorowi, jak pan, powierzyłbym swą osobę. Nawet w rejsie na Bornholm.

– Również nie wybieram się – rzekł Sołtyp tonem zwierzeń. – Zostaję, tak jak i pan. Będziemy razem budować nową Polskę. Rzecz jasna, najprzód trzeba tu będzie wiele wyplenić, a nawet zniszczyć. Rzecz jasna, będą o nas mówić rzeczy potworne, przypiszą nam każdą okropność, my jednak wiemy że liczy się coś innego, a nie plugawa wyobraźnia ziejących nienawiścią przekupek. Lecz ktoś musi zrobić brudną robotę, jeśli chcemy pozostać Polakami. Po czym przystąpimy do budowania.

– Coś z panem nieklawo – rzekł Nowak poufale – jest pan w niezgodzie z oficjalną linią partii, która zakłada nawiązywanie do tradycji i troskliwą kontynuację wszystkiego co dobre. Wygląda na to, jakby nie tylko rozum decydował o pańskich przekonaniach i zdradzie własnej klasy. O ile się nie mylę, kapitanie, ojciec pański posiadał rozległe latyfundia na Wileńszczyźnie, czyż nie?

– To prawda – rzekł Stołyp. – W gruncie rzeczy jestem człowiekiem uczuć. Jak pan myśli, w jakim celu przybyła tu owa pańska znajoma?

– Dokładnie nie wiem. Zapewne poszukuje śladów polskości na tych ziemiach.

– A może tryptyku króla Eryka? – rzekł Stołyp tonem jakim wypowiada się subtelne żarty. – Myślę, że historycy sztuki powinni też spróbować, skoro nikomu się nie udało.

– Wspaniała afera z tym skarbem – mruknął Krztynka z bezinteresownym uznaniem. – Tyle lat i jak kamień w wodę.

– Ciągle o tym mówicie – rzekł Nowak. – Przyznam się, że sprawa ta zaczyna i mnie wciągać. A za tym skol, kapitanie. Za niedocieczone głębie tajemnic. Za to, co nas pasjonuje i stwarza ochotę do życia. Wszak obydwaj zajmujemy się badaniem rzeczy niejasnych, no nie? Ja jako dziennikarz...

– Skol – rzekł Stołyp i uniósł szklaneczkę z wódką do ust.

Drzwi otworzyły się i na salę wszedł ktoś niepewnym krokiem.

– Łagodny – powiedział Nowak życzliwie. – A więc jesteśmy w komplecie.

– Już na bąku – obruszył się Krztynka. – Od samego rana.

Łagodny zbliżył się do bufetu. Był to mocno zbudowany mężczyzna o przystojnej, lecz pospolitej twarzy. Na ciepłą odzież naciągniętą miał białą, piekarską, niezbyt czystą kurtkę. W jego spojrzeniu i ruchach znać było wytrwałe obcowanie z alkoholem mimo wczesnej pory.

– Wszystkie kobiety to dziwki – powiedział, wpatrując się z uporem w Nowaka. – Dzień dobry, panie Nowak. Nie wiedziałem, że jest pan w Darłowie.

– Dzień dobry – rzekł Nowak. – Piłem wczoraj rano u pana herbatę. Pani Zofia nic panu nie powiedziała?

– Nie rozmawiam z moją żoną, śpię z nią, to wystarczy. Zapewniam panów, wszystkie kobiety to dziwki.

– Jestem skłonny zgodzić się z panem – rzekł uprzejmie Stołyp. – Razi mnie tylko ogólnikowość tego sądu.

„Cudownie – pomyślał Nowak – jak cudownie rozmawia się z mężczyznami. Jasno, klarownie i głupio". Czuł przypływ serdecznej solidarności, doznawał radości płynącej z wypróbowanego, sprawdzanego co chwila przymierza. „Każdy mężczyzna – myślał Nowak – to sojusznik w walce z mrocznym, wrogim światem międzypłciowych zależności. Nawet najgłupszy mężczyzna". Trzy duże kieliszki wódki wydrążyły już w nim psychiczną przestrzeń, w której paliła się wyrazistość i intensywność przeżywanego momentu.

– Myślę – rzekł Nowak – że Łagodny ma rację. Wprowadziłbym tylko podział na kategorie.

– Nie wprowadzałbym żadnego podziału – rzekł głucho Krztynka – tylko klasyfikację.

– Jakie kategorie? – spytał Stołyp.

– Pierwsza kategoria – rzekł Nowak – to te, które wiedzą, że są dziwkami i nie czynią z tego żadnej tajemnicy. Ani przed innymi, ani przed sobą.

– To zdziry – rzekł Krztynka.

– Druga kategoria – rzekł Nowak – to te, które będąc dziwkami i wiedząc o tym ukrywają to skrzętnie przed innymi, a co gorsza, czasami przed sobą.

– To są kobiety wytworne – rzekł Stołyp. – Z najlepszego towarzystwa. Zawsze darzyłem szacunkiem ich życiową moc.

– Trzecia – rzekł Nowak – to te, które naprawdę nie wiedzą, iż w gruncie rzeczy są tylko dziwkami.

– Te są najgorsze – rzekł Łagodny z nienawiścią. – Panie Krztynka, nalej mi pan angielkę zwykłej polskiej wódki, bez tych pańskich idiotyzmów.

– Ma pan rację – rzekł Nowak – te są najgorsze. A mnie, panie Krztynka, proszę nalać kieliszek duńskiej okowity.

„Jak dobrze jest rozmawiać z mężczyznami – myślał Nowak. – Dobrze i uspakajająco. Zwłaszcza, że niebawem spotkam się z nią. Usiądziemy przy jednym stole i będę na nią patrzył".

– Co się z panem stało? – spytał poważnie Krztynka. – Nigdy nie zamawiał pan duńskiej okowity.

– Dla odmiany – wyjaśnił Nowak. – Przyszła mi ochota na nowy gatunek.

– Nie chciałbym być niedyskretny – zwrócił się Stołyp do Łagodnego – ale nigdy nie mogłem zrozumieć co ma pan swej żonie do zarzucenia?

– Wszystko – rzekł Łagodny zawzięcie.

– Wszystko, prócz ramion na szyję – uśmiechnął się Nowak. – Czy może ramiona też wchodzą w rachubę?

– Poproszę o duże piwo – powiedział Łagodny do Krztynki. – Trzeba czymś popić tę naftę.

– Ostatecznie – rzekł Stołyp – nasz przyjaciel Łagodny chyba nie tylko odorem alkoholu wypełnia swą ciasną, małżeńską sypialnię. Inaczej Zofia przyjmowałaby już od dawna w tej sypialni hołdy jakiegoś młodego, muskularnego rybaka, który świadczyłby należną część jej wspaniałemu ciału, a my wiedzielibyśmy o tym wszyscy. Tymczasem wcale tak nie jest, mimo, że służba trunkowa Łagodnego trwa czasem noce całe.

– Zejdźcie ze mnie – rzekł Łagodny tępo. – Są jeszcze inne tematy, nie?

– Z chęcią – rzekł Nowak. – Kapitanie, mówił pan, że będziemy niszczyć, prawda? Wspomniał pan o tym, że póki co, skandynawskie szkunery jeszcze tu przychodzą, ale niebawem… Jak to należy rozumieć?

– Centralizujemy – odparł bez namysłu Stołyp. – Cały ruch statków zogniskuje się już niebawem w dużych portach, w Szczecinie, Gdyni, Gdańsku. Zresztą, czy będzie to aż tak duży ruch? W tym układzie rzeczy małe porty skazane są na wymarcie.

– Dzięki Bogu – rzekł Łagodny. – Ja się cieszę. Ja wszędzie dostanę robotę. Dość tego parszywego Darłowa. I tak otrzymałem papier, że muszę się starać o nową koncesję i nowy patent rzemieślniczy, bo tu strefa graniczna, a ja jestem niepewna inicjatywa prywatna.

– To smutne, ale cóż robić... – rzekł Stołyp.

– To nie pan wysłał tę powiastkę? – spytał Nowak Stołypa. – Myślałem, że może pan?

– Łagodny – uśmiechnął się Stołyp powściągliwie – zapomina o drobnych okolicznościach. Na przykład o tym, że w „Szarotce" funkcjonowała jeszcze do niedawna niemal jawna giełda szmuglerska. Można było zamówić sobie kawę, ciastka i wygodny kuter prosto na Bornholm przy jednym i tym samym stoliku.

– To fakt – rzekł Krztynka z wyrzutem. – Robił pan to trochę na chama, panie Łagodny.

– Niech się pan podlizuje! – krzyknął Łagodny. – Może pan coś wykuka! Może myśli pan, że zostawią tu pana za dyrektora, w tej knajpie? Przy tej idiotycznej kolekcji. Wyrzucą kolekcję i pana, tak jak mnie nie wydadzą ani nowego patentu, ani koncesji. Nieprawda, panie Nowak?

„Jak przyjemnie – pomyślał Nowak. – Czuję się młody i silny. Męskie rozmowy i męskie kłótnie dają poczucie siły. Jestem gotów do walki. Jakże bym chciał, by ona mnie tu teraz widziała. Aby słyszała i podziwiała jak rozmawiam, jak tasuję karty w trudnej, męskiej rozgrywce, jak mnie słuchają i jakim się cieszę szacunkiem. Ale ona nie może mnie widzieć ani słyszeć, albowiem ona nie jest teraz przy mnie. Dlatego zaś nie jest przy mnie, aby na mnie czekać. Aby czekać na chwilę, gdy usiądziemy obok siebie do obiadu. Gdy będziemy na siebie patrzeć. Powinna teraz o mnie myśleć i czekać na chwilę, gdy będziemy razem. Jakże mocno tego pragnę, by myślała o tym, czekała, tęskniła, żeby jej się dłużył czas".

– Prawda – rzekł Nowak – to wszystko na nic. Pana, Łagodny, też nie prześladują za organizowanie biura podróży przez zieloną granicę, lecz dlatego, że musi pan odejść. Musicie odejść. I pan i Krztynka. Najlepiej do spółdzielni. Są już spółdzielnie klejenia torebek z papieru i spółdzielnie masarskie. Każdy wybierze coś dla siebie i będzie zwolniony z obowiązku dbania o wysoką jakość wyrobów. Ale musimy odejść po to, aby w Darłowie popękały mury i gromadziły się ekskrementy pijackie na niesprzątanych ulicach. Strefa graniczna, nie ma rady, państwo tu przyśle co najwyżej strażników. My musimy odejść, prawda, kapitanie?

– Pan nie – rzekł surowo Stołyp. – Pan musi zostać.

– Zostanę. Może pan być spokojny. Tylko nie wiem co powoduje tę nagłą, nie pasującą do pana surowość?

– Rutyna. Nic mnie nie obchodzą pańskie liryczno–ideowe dywagacje. Jak również nie zamierzam przeciwstawić się pańskiemu taniemu katastrofizmowi.

– Co to jest katastrofizm? – spytał Łagodny.

– To jest taki sposób myślenia – wyjaśnił Stołyp. – Myśli się wtedy, że wszystko układa się fatalnie, ale że będzie jeszcze gorzej.

– Skąd pan zna to słowo? – spytał Nowak obraźliwie. – Chyba nie z regulaminu służby pokładowej na kontrtorpedowcu?

– Z lektury „Odrodzenia" i „Kuźnicy" – odparł spokojnie Stołyp.

– Nic, prócz własnych nawyków i ambicji, *mon capitaine* – uśmiechnął się ciepło Nowak.

– Panowie mówią za górnolotnie – rzekł Łagodny.

Wypił powoli angielkę wódki i popił piwem. Rysy twarzy rozlazły mu się pod uderzeniem alkoholu. Nowak i Stołyp wychylili swe kieliszki.

– Wszystkie kobiety to dziwki – dodał Łagodny z przekonaniem. – Nie ma mężczyzny na świecie, któremu jakaś dziwka nie zrobiłaby jakiegoś świństwa.

– To fakt – zgodził się chętnie Nowak. – W tym coś jest. Mężczyźni są uczciwsi. Może prymitywniejsi, lecz uczciwsi. Kobiety są być może lepsze od nas, ale nieuczciwe.

– Literatura jest po ich stronie – rzekł z ironią Stołyp. – A to jest bardzo wiele.

– Kobieca reklama – rzekł Łagodny. – Ta nieustanna gadanina o krzywdzie, o esencji octowej.

– To prawda – rzekł boleśnie Krztynka. – Nie wszystkie kobiety doznały od mężczyzn tego samego, co każdy mężczyzna musi w życiu zainkasować od kobiet. Łobuz, czy nie łobuz.

– Ma pan rację, kapitanie – rzekł Nowak – literatura je wybiela, bierze w obronę, usprawiedliwia. Krzywda kobiety? Cóż za mit! O ileż więcej jest na świecie skrzywdzonych mężczyzn. Niestety, są wśród nich renegaci, zwłaszcza wśród pisarzy. Niektórzy oddali kobietom bezcenne przysługi.

– No, niech pan pomyśli – Łagodny ujął Nowaka za klapę płaszcza – kiedy mężczyzna odchodzi od kobiety, mówi się, że jest łajdak, a ona biedna i skrzywdzona. Kiedy facetka zabiera się i idzie precz, mówi się, że jest energiczna i przedsiębiorcza, a on frajer. I gdzie tu sprawiedliwość?

– Na tym polega perfidna solidarność świata z kobietą – rzekł Stołyp – ukształtowana podstępnie w ciągu stuleci przez kobiety.

– Ach, jak cudownie się ze sobą zgadzamy – ucieszył się Nowak.

Drzwi otworzyły się i wkroczył listonosz, w przeraźliwie zmiętym i wytartym uniformie.

– Dzień dobry, panie Krztynka – powiedział.

– Dzień dobry, panie Ciszyński – odparł Krztynka.

– Dzień dobry panu kapitanowi. Dzień dobry panie Łagodny. Dzień dobry, dzień dobry. Mam tu coś dla pana, panie Krztynka.

Wyjął z wielkiej, parcianej torby złożony druk.

– Urzędowy. He, he... – roześmiał się grubo Łagodny.

– Tu, proszę pokwitować – rzekł listonosz, wręczając Krztynce kopiowy ołówek.

Krztynka podpisał i położył druk na kontuarze, nie otwierając.

– Napije się pan czegoś, panie Ciszyński? – spytał.

– Chętnie. Taki wicher, proszę panów, chodzić ciężko. I ziąb.

Krztynka wyciągnął spod lady butelkę zwykłej wódki, napełnił stopkę i podsunął listonoszowi.

– Otwórz pan – rzekł trochę bełkotliwie Łagodny. – No, Krztynka, otwieraj pan, przeczytamy.

– Wracając do tego pasjonującego nas wszystkich zagadnienia... – zaczął Stołyp.

– Do którego? – spytał Nowak.

– Jakie zagadnienie, co za zagadnienie... – Łagodny wykazywał nadużycie alkoholu. – Otwieraj, Krztynka. Bądź mężczyzną, bądź Polakiem. Taki los wypadł nam, że dziś tu, a jutro tam...

– Do widzenia panom – pożegnał się listonosz ocierając usta rękawem.

– Dziękuję i do widzenia, do widzenia.

Krztynka siedział nieporuszony, jego ciężkie od tłuszczu, półprzymknięte powieki wyrażały smutek i pogardę.

– Kapitan – rzekł cicho i boleśnie – jest człowiekiem z towarzystwa. To wszystko nie jego wina.

Sięgnął po przesyłkę, rozerwał ją grubymi paluchami i przeczytał niedbale. Po czym dźwignął się z ogromnym wysiłkiem i po dłuższej chwili wstał ze stołka. Na twarzach Stołypa i Nowaka pojawiło się zdumienie, Łagodny zdawał się trzeźwieć w oczach: Krztynka stojący na własnych nogach i posuwający się w jakimś kierunku stanowił rewelację, wydarzenie, naruszenie równowagi świata. Wszyscy widzieli go tylko siedzącego bez ruchu na swym stołku; o każdej porze dnia i nocy Krztynka tkwił w niezniszczalnym zdawałoby się punkcie kosmosu. Ład i czystość lokalu, spokój w nim panujący zdawały się być niepojęte przy owej statyczności centralnej egzekutywy, a przecież wszyscy wiedzieli, że u Krztynki lśnią naczynia, że nikt się nie awanturuje, że najbardziej hardzi i zawadiaccy szyprowie sami odbierają swe piwa i wódki z bufetu, panując co sił nad plączącymi się nogami. Teraz, gdy posuwał się powoli za bufetem, w stronę drzwi prowadzących do mieszkania, widać było jego gigantyczną otyłość. Nowakowi zdawało się, że coś pęka, że tworzy się jakaś szczelina, że rzeczywistość gnie się i wypacza. Krztynka odwrócił się ku nim powoli i z trudem rzekł:

– Panowie wybaczą, ale muszę poczynić pewne przygotowania.

Łagodny podjął porzucony na kontuarze druk.

– To samo – rzekł. – Adiu, Fruziu... Jedziemy razem, panie Krztynka.

– Jak pan nazywa to, co się teraz dzieje, kapitanie? – spytał obojętnie Nowak.

– Nazywam to koniecznością – rzekł spokojnie kapitan.

– A ja draństwem – rzekł z przekonaniem Łagodny.

– A ja bzdurą – uśmiechnął się promiennie Nowak.

– Wracając do kobiet... – zaczął ponownie Stołyp.

– Wszystkie kobiety to kłamliwe dziwki – rzekł Łagodny. – Nie ma o czym mówić.

– Jest o czym mówić – rzekł grzecznie i stanowczo Stołyp. – Powiedział pan kłamliwe, panie Łagodny. Otóż te nie są wcale najgroźniejsze.

– Te, które kłamią – rzekł z uporem Łagodny – są najgorsze kurwy. Mogą człowiekowi życie złamać.

– Nie zgodziłbym się z tym poglądem – rzekł Stołyp, wyciągając złotą papierośnicę i częstując. – Najgorsze są te, które wypowiadają słowa bez pokrycia. Nie kłamią, tylko nazajutrz nie pamiętają co mówiły. Za ich słowami nie stoi nic, ani myśl, ani uczucie, ani fakt. Po prostu nic. Żadnemu mężczyźnie nie zostało to oszczędzone.

„Ma rację" – pomyślał Nowak.

– Stołyp – rzekł Nowak – mam dość prawd ponadczasowych.

– A ja mam dość tych bredni – rzekł nagle Łagodny i wyszedł bez słowa pożegnania.

– Co mu się stało? – spytał Nowak. – Przecież nie jest jeszcze pijany?

– Nieważne – rzekł Stołyp, zaciągając się głęboko dymem. – Nie wytrzymał. To, co mówimy, pasuje do jego rozterek jak ciasny but do odcisków. Jest palące, i niewygodne, zaś on nie jest w stanie zastanowić się, skąd bierze się naraz tyle przykrości.

– O jakich przykrościach pan mówi?

– Podejrzewa, że Zofia go zdradza.

– Czy słusznie?

– Nie, raczej niesłusznie, ale to nieważne. Musi być coś takiego w ich współżyciu, co usprawiedliwia podejrzenia, albo je nakazuje. Może dotyczyć przeszłości. Może seksualne fiasko. To sprawy nie do uregulowania.

– Stołyp, pan się marnuje. Powinien się pan zająć fizjologią małżeństwa zamiast ślęczeć nad zagadnieniami pogłębiania portowych basenów.

– Pochlebia mi pan. Po prostu lubię grzebać się w sprawach ludzkich. Wydaje mi się, że nie ma ciekawszych zawodów, niż ksiądz lub policjant.

– Wydaje mi się, że wierność samemu sobie jest pańską cnotą.

– Może pan sobie oszczędzić tanich dowcipów. Mnie też. Zaś fakt, że żyjemy w epoce niebywałej prosperity erotyzmu powinien pan wziąć pod uwagę. Niewiedza o tym stanowi o kłopotach. Łóżko, młody człowieku, zdewaluowało się i upowszechniło. Stanowi najbardziej ludową rozrywkę, najpopularniejszą przyjemność, jak kino, dancing, lody i lunaparki. Stało się rodzajem ogólnodostępnego, niezbyt szkodliwego ani kosztownego nałogu, jak papierosy. I jak papierosy ma swoje gatunki, każdy uprawia taką miłość, jaką lubi i na jaką go stać.

– Rozumiem – uśmiechnął się Nowak z uznaniem. – Ongiś lud posługiwał się miłością wyłącznie w celach produkcyjnych. Jako przyjemność służyła ona tylko możnym. Jeśli w ten sposób chce mnie pan doprowadzić do ideałów rewolucyjnych, to przyznam, wybrał pan nie najgorszą drogę, kapitanie.

– Sądzę, że znajdę się bliżej pańskich ideałów, gdy powiem, że ubiegłe sto lat niszczenia religii, a zwłaszcza obowiązująca od półwiecza pogarda dla mieszczańskości wyżłobiły coś nowego w duszy współczesnego człowieka.

– Ostatecznie, nic nowego. Były epoki, które poznały inflację wartości genitaliów, aczkolwiek z innych powodów.

– To nie to samo. W innych epokach, niezależnie od nastrojów i stylów, łóżko pozostawało zawsze funkcją czegoś: rodzinnej moralności u chrześcijan, bujnej żywotności ludzi renesansu, kultu materii u wyzwolonych racjonalistów, wysokoprężnych uczuć u romantyków, wreszcie społecznych snobizmów i życiowej kariery w wieku mieszczańskich obyczajów. Dziś łóżko jest dodatkiem do codzienności, tanim, wygodnym, powszednim i zajmującym. Niedroga prezerwatywa lub nietrudny zabieg uwalniają od uciążliwych dawniej następstw. Dziś łóżko nie wpływa na los ludzki i nie załatwia niczego. Nikogo nie interesuje zbawienie duszy w zamian za stronienie od łóżka, nikt nie przesądza w nim swego życia. Przebywanie w nim nie ma najczęściej żadnych następstw.

– Słusznie – powiedział Nowak opierając się łokciami o kontuar. I pomyślał: „Ale dlaczego mnie nie jest wszystko jedno z kim"?

– Potrzebna jest nowa formułka, ot co – rzekł Stołyp. – Musi się znaleźć jakieś wyjście.

– Wyjście z czego? I dokąd? Przecież jak dotąd, wydaje mi się, uznaje pan to wszystko za właściwe. Za takie jak trzeba. Ze słów pana, kapitanie, wynika, że wszystko jest w porządku.

– Małżeństwo – Stołyp zdawał się nie zwracać uwagi na Nowaka – stało się reliktem. Dla miłości jest to forma żadna. Dziś już żadna – dodał z przekonaniem. – Musimy wymyślić coś nowego. Łóżko, miłość, małżeństwo... wszystko to trzeba ustawić na nowo. Znaleźć nowe związki między nimi.

– Usiądźmy – rzekł Nowak.

Usiadł przy sąsiednim stole. Kapitan stał nadal, paląc papierosa.

– Najgorsze – ciągnął Stołyp – dopiero przed nami. Wie pan, co będzie dalej? Nuda, niesamowita nuda. Za parę lat watahy wyrostków obojga płci wystawać będą po rogach ulic, ginąc z nudy. Od czasu do czasu skoczą do bramy, na schody, lub do pobliskiego parku, aby załatwić te kilka śmiesznych ruchów z pogranicza dowcipu i higieny. Dotychczas po to, aby to robić, trzeba było uczuć lub pieniędzy. Uczucia i pieniądze trzeba było zdobywać, pochłaniało to masę czasu, wypełniało życie. Za parę lat, gdy łóżko wejdzie na zupełny margines spraw ważnych, nie pozostanie już nic, prócz nudy. Młodzież będzie masakrować się dla rozrywki, ludziom w średnim wieku pozostanie już tylko pogoń za wygodnym, bezpiecznym kantem, nacinaniem świata, życie łatwe i cyniczne.

– Przesadza pan – rzekł Nowak. – Te łóżkowe sprawy od dawna już tak wyglądają w różnych społeczeństwach, a przecież dzieci się rodzą, są szkoły, funkcjonuje poczta i sprzedaje się kwiaty. Po prostu doganiamy obowiązującą cywilizację. Ostatecznie, my też nie byliśmy od mamusi. Pamiętam przedwojenne bale studenckie, bale synów i córek z bogobojnych, nobliwych rodzin, na których dziurkowano dziewice dla sportu i po kątach, na które dziewice przychodziły właśnie dla dziurkowania. Nie przeszkadzało to ideałom polskiej familijności, oraz piorunowaniu na zgniłość Zachodu. Zwłaszcza ci, którzy najpilniej dziurkowali, hodowali ideały pieczołowicie w sercach i marzyli o narzeczonych–dzieweczkach i żonach–matronach prosto od Sienkiewicza. Polskie mętniactwo ideologiczne. Pan, kapitanie... – głos Nowaka zabarwił się ironią – zdaje się do takich należał.

– Niewykluczone – rzekł Stołyp spokojnie – ale wiele się zmieniło. Na świecie i we mnie. Zresztą, co to mnie wszystko obchodzi. Ja schroniłem się w romans w stylu klasycznym.

– Wiem o tym – rzekł Nowak. – Wszyscy o tym wiedzą.

„Dlaczego on mi to mówi? – pomyślał. – Co mnie to wszystko obchodzi? Przecież to wszystko mnie nie dotyczy. Dewaluacja genitalii, dziurkowanie i tak dalej. To nie moje sprawy. Ja mam swoją sprawę. Inną".

– Wiedzą – rzekł spokojnie Stołyp – i dlatego o tym z panem mówię. Kiedyś robiliśmy to w maksymalnej dyskrecji; zapewniam pana; że można tak nawet w najmniejszym miasteczku. Nie chcieliśmy sprawiać przykrości naszym bliskim.

– Bardzo ładnie – rzekł Nowak.

– Jest pan mądrym facetem, Nowak. Wie pan zatem, że nie wymknie się pan powszechnie obowiązującym regułom gry.

– Tego właśnie nie wiem. Mam inną sprawę.

– Sądzi pan?

– Mam nadzieję.

– Nadzieja nadaje się do szyderczych przysłów. Natomiast pan jest mądrym facetem. Pan, Krztynka, ksiądz, oto faceci mądrzy. Inni są tu co najwyżej doświadczeni. Tylko, że ksiądz ma wymagania. Ciekawe, że księża upierają się aby wyrokować o problemach, o których, teoretycznie rzecz biorąc, powinni jak najmniej wiedzieć.

„Muszę ją zobaczyć – pomyślał Nowak. – Zaraz. Natychmiast". W głowie czuł lekki zamęt. Słowa kapitana zaczęły mu jakoś źle przystawać do jego myśli i jego spraw, wszystko razem zaczynało się kleić uciążliwie do siebie, znikał gdzieś sens poprawnego rozumowania.

– Muszę już iść – rzekł Nowak cicho.

– Trudno – rzekł Stołyp z uprzejmym gestem. – Myślę, że spotkamy się jeszcze. Może wpadłby pan do mnie, do kapitanatu? Na autentyczną whisky.

– Dziękuję – rzekł Nowak. – Może wpadnę.

Stołyp skłonił się i wyszedł. „Nikomu nie przyszło do głowy – pomyślał Nowak – żeby tu uregulować rachunek".

– Panie Krztynka – zawołał.

Nikt się nie odezwał. Nowak odczekał parę chwil, po czym przeszedł na drugą stronę kontuaru i otworzył drzwi prowadzące do mieszkania. Krztynka siedział na środku dusznego pokoju, przeładowanego brzydkimi meblami, roślinami w doniczkach i złymi obrazami. Ręce trzymał złożone na kolanach.

– Chciałem uregulować rachunek – rzekł Nowak. – Przepraszam, że pana tu niepokoję.

– Nie szkodzi – rzekł Krztynka łagodnie. – Rachunek nieważny. To były moje wódki. I tak was oszukiwałem. Mówiłem, że koniak, a wlałem zwykłą harę. Wiadomo, inicjatywa prywatna.

– Bardzo mi przykro – rzekł Nowak.

– A mnie głupio. Pojęcia nie mam, co teraz będę robił.

– Da pan sobie radę – rzekł Nowak bez przekonania; usiłował przybrać ton zuchowatej zaczepności, ale jakoś mu to nie wyszło. – Ostatecznie jest pan mądrym, przytomnym facetem, panie Krztynka.

– Mądrym, mądrym... Nie ma mądrych, panie Nowak. Czasem tylko jak uczciwy człowiek potrafi się w życiu bronić, to jest mądry. Ale dziś? Przeciw komu się bronić?

– Przeciw Stołypowi – rzekł cicho Nowak i natychmiast pożałował tych słów.

Krztynka spojrzał nań bladymi, zapłynietymi oczkami, w których pełno było bolesnej ironii.

– Stołyp – rzekł – sam się broni.

– Ładna mi obrona – rzekł gwałtownie Nowak. – To tak, jakby facet okopał się za wałem z żywych, związanych i zakneblowanych ludzi i stamtąd strzelał. Jakby się chował za żywe ciała, które przyjmują przeznaczone dla niego kule.

– Broni się jak może. Nie jego wina.

– A czyja?

– Tego wszystkiego, co się dzieje. Jak to mówią niektórzy... systemu.

– System tworzą ludzie, panie Krztynka.

– To fakt. Ale po pewnym czasie system zaczyna sam żyć. Samoistnie, jak mówią wykształceni. Po czym sam niszczy ludzi i tworzy ludzi.

– Nie mówmy o tym – rzekł Nowak.

– A o czym? O czym jeszcze można mówić?

– O czym? Otóż to. Mam do pana wielką prośbę, panie Krztynka.

– Na pewno nie będę mógł spełnić. To tak zawsze z wielkimi prośbami.

– Potrzebuję jakiejś butelki z autentyczną zawartością. Flaszka prawdziwej *Sherry Amontillado* stanowi dziś dla mnie tyle, ile dla kogoś wspaniała kariera.

– Przed wojną – westchnął Krztynka – otrzymywałem *Sherry Amontillado* wprost z Kadyksu, albo z Antylli. Dziś... niech pan nie będzie śmieszny, panie Nowak.

– Więc dobrze – rzekł Nowak, zapalając papierosa – powiem panu o co chodzi. Trudno. Tu jest dziewczyna, tu, w Darłowie...

– Rozumiem – przerwał Krztynka. – To spada nagle, z księżyca.

– Właśnie – ciągnął spokojnie Nowak. – Potrzebuję butelkę czegoś ekstra. Na dziś wieczór.

– Skąd ja panu coś takiego wezmę?

– Panie Krztynka, niech pan posłucha – rzekł Nowak – ja mam niewiele szans na pomyślne załatwienie sprawy.

Krztynka dźwignął się ciężko, z niezmiernym trudem i ruszył w gąszcz etażerek, postumentów, okropnych wazonów. Otworzył skrzydło brzydkiego kredensu i wyjął smukłą butelkę o złotorubinowym odcieniu. Oczy Nowaka zalśniły na jej widok. Krztynka usiadł na dawnym miejscu z butelką w ręku i powiedział:

– To jest Armagnac przyzwoitego pochodzenia. Właściwie mógłbym go panu sprzedać, gdyby nie drobnostka.

– Jaka?

Krztynka westchnął ciężko i pogładził pieszczotliwie butelkę.

– Postanowiłem – rzekł – podarować ją kapitanowi Ferdynandowi Stołypowi, gdy będę opuszczać Darłowo.

– W porządku – Nowak uśmiechnął się nieszczerze. – Nie może pan zmienić swego postanowienia.

– Właściwie już je zmieniłem. Niech pan otworzy tamtą szafę.

Nowak otworzył. W szafie stały butelki polskiej, monopolowej wódki, pełne i puste.

– Niech pan wyjmie jedną pełną i jedną pustą i proszę mi je podać.

Nowak wyjął butelki i postawił przed Krztynka.

– Teraz niech pan otworzy szufladę kredensu i wyjmie leżący tam scyzoryk i lak.

Nowak wyjął duży, kelnerski scyzoryk i pałeczkę laku. Krztynka z drobiazgową wprawą otworzył butelkę Armagnacu, przelał jej zawartość do pustej butelki po wódce i wlał na jej miejsce wódkę.

– Proszę mi teraz podać ten wermut z kredensu i stojący obok spirytus.

Nowak podał mu flaszkę z krajowym, tanim, owocowym wermutem oraz spirytus. Krztynka wlał trochę wermutu i nieco spirytusu do butelki po Armagnacu, kolor jej przybrał od razu podobny, złotorubinowy poblask, po czym zakorkował ją wprawnie, zapalił zapałkę i umiejętnie zalakował.

– Tak – rzekł po chwili, stawiając obje butelki obok siebie. – Jedna jest dla pana. Niech pan wybiera, Nowak.

Butelka po Armagnacu wyglądała urzekająco: smukła i wytworna, mieniąca się blaskiem ciężkiego szkła, zapowiadająca drogi trunek swą bogatą etykietką, pełną liter i słów przywołujących wszystkie tęsknoty za wielkim, szerokim światem.

– Jest pan okrutny, Krztynka – rzekł Nowak cicho.

– Niech pan wybiera, Nowak. Miałem jedyną butelkę, w której wszystko zgadzało się ze sobą. Wiedziałem, co mam z nią zrobić. Przyszedł pan ze swoim interesem i naruszył pan moje postanowienie. Nic nie ma w życiu za frajer, Nowak.

– Szatański pomysł – rzekł Nowak, ocierając czoło. – Ten wybór może mieć zasadnicze znaczenie.

– Dla pana, owszem. Dla mnie? Żadne.

– Już – rzekł nagle Nowak i sięgnął po butelkę od wódki. – Ważna jest treść.

– W porządku – uśmiechnął się z ulgą Krztynka. – Jeśli pan przegra, to z honorem. Wybrał pan lepszą część.

– Ile? – spytał oschle Nowak.

– Nie ma pan tyle pieniędzy, Nowak, ażeby opłacić lepszą część. To prezent. Zaczynam rozdawać pożegnalne prezenty. Kapitan Stołyp otrzyma swój, poproszę go tylko, by odpieczętował butelkę po mym wyjeździe. W ten sposób, Nowak, zmusił mnie pan do ofensywy i w tym jest pańska wielka zasługa A teraz, do widzenia.

– Do widzenia – rzekł Nowak, cofając się tyłem ku drzwiom. Przed sobą miał ciągle tłustą, nalaną twarz Krztynki, o półprzymkniętych powiekach. Dziwny szacunek nie pozwalał mu odwrócić się, dopóki nie zamknął za sobą drzwi.

Szybko przeszedł salę i wyszedł na ulicę. Dął ostry, chłoszczący wicher. Niebo było zimne, niebieskie i puste.

– Tak krótko, koleżaneczko?

– Wszystko jest jasne, dyrektorze. Właściwie mam już gotowe sprawozdanie z mej podróży.

– Już? Sprawozdanie? Młode damy nie powinny się tak śpieszyć z raportami. A może kawki? Zaparzę świeżą.

Czerwony fez trząsł się i pochylał na wszystkie strony, markując niezwykłe ożywienie dyrektora muzeum.

– Dziękuję, panie dyrektorze, ale niestety muszę już iść.

– Ha, trudno. Młodsi na pewno czekają… – uśmiechnął się dyrektor filuternie, z wdziękiem *anno* 1895.

Ewa uśmiechnęła się również. „To staje się idiotyczne – pomyślała z rozdrażnieniem. – Jakby nie było nic na świecie poza Nowakiem. Przynajmniej nic w tym parszywym Darłowie. Tyle krzyku o jednego chłopa, z którym zjadłam dwa posiłki i pocałowałam się trzy razy".

Otuliła się płaszczem i nastawiła kołnierz, wiatr przybierał ciągle na sile, stawał się coraz dokuczliwszy. Pustymi uliczkami dotarła na plebanię.

– Dzień dobry – powiedziała do krzepko zbudowanej kobiety o czerstwych, różowych policzkach i siwiejących blond włosach, która otworzyła drzwi. – Czy zastałam księdza proboszcza?

Niebieskie oczy gospodyni kontrastowały swym chłodem z jej ogólnym wyglądem dobrej, niegdyś ładnej, cioci. Na Ewę spoglądały bez sympatii.

– Jest – rzekła gospodyni. – Proszę za mną.

Ewa przeszła wyłożonym lśniącym linoleum korytarzem do kancelarii, której okno wychodziło na podwórze. Na środku podwórza stał niewielki, mopsowaty samochód z podniesioną maską, zaś pochylony do wnętrza ksiądz trwał na pozór bez ruchu, zanurzony w tajemnicach silnika. Ewa widziała, jak gospodyni podeszła doń, ksiądz wyjął głowę, uśmiechnął się, zdjął narzucony na zwykłe ubranie fartuch i wytarł dłonie. Zamknął maskę i skierował się ku domowi, lecz nie od razu zjawił się w kancelarii. Miał starannie wymyte ręce, gdy witał się z Ewą.

– To mój konik – rzekł jakby przepraszająco. – A raczej moje trzydzieści sześć koników.

– Bardzo przyzwoity wózek – pochwaliła Ewa. – A jak chodzi?

– Znakomicie – rzekł ksiądz. – Dostałem go za psie pieniądze. Steyer, rok produkcji 1938, dobra austriacka marka. Zaraz po wojnie dużo było takich okazji. Czym mogę pani służyć?

– Szykuję sprawozdanie. Chciałabym z księdzem omówić szczegóły, nim zacznę pisać. Szczegóły ewentualnych prac konserwatorskich w kościele św. Gertrudy.

Ksiądz spojrzał na zegarek.

– Pora obiadu – rzekł. – Przyjęłaby pani zaproszenie? Skromnie bo skromnie, ale tak rzadko przychodzi mi gościć kogoś ze stolicy.

– Chętnie – powiedziała Ewa.

– Rozalio – zawołał ksiądz – co mamy dziś na obiad?

W progu kancelarii pojawiła się gospodyni.

– Jarzynowa – rzekła – i leniwe pierożki.

– A więc – rzekł ksiądz – bez wyszukanych potraw. Rozalio, pani magister zostaje u nas na obiedzie.

Ewa uśmiechnęła się promiennie do gospodyni, otrzymując w zamian spojrzenie uprzejme, lecz pełne bezinteresownej wrogości. „Właściwie umówiłam się z Ronaldem – pomyślała Ewa. – Przyrzekłam, że zjem z nim obiad. Ale czy przyrzekałam? Zresztą, czy to ważne?" Nowak i jego sprawy przestały się jakoś naraz rysować w jej pamięci.

– Namiętność do mechaniki – rzekła Ewa przy stole, w sposób dość poufały – jest rzeczą raczej niezwykłą u duchownych.

Ksiądz zarumienił się lekko.

– Ciekawe – rzekł – że w pokoleniu pani uważa się nas, księży, za gatunek ludzi wyobcowanych z życia, ze swego czasu. Namiętność nie jest może właściwym słowem, ale umiłowania i upodobania naprawdę są naszym udziałem.

– Samochód jest dla mnie zjawiskiem metafizycznym. Nigdy nie mogłam pojąć, na jakiej zasadzie porusza się i podejrzewam, że nikt na świecie tego nie wie. W tym tkwi jakaś siła nieczysta.

– Czyżby? – uśmiechnął się ksiądz. – Otóż ja upatruję w motorach inteligencję, będącą przeciwieństwem sił nieczystych.

– Strasznie lubię takie okrągłe kołnierzyki nad czarnym gorsem – zwierzyła się Ewa, dzieląc widelcem pierożek na pół. – Wygląda ksiądz jak dobry pastor z amerykańskiego filmu.

Ksiądz zarumienił się ponownie.

– Czy to ma być komplement? – spytał niepewnie.

– Nie wiem. Tak mało miałam do czynienia z klerem, że nie wiem, co może być grzecznością, a co nietaktem. Nawiasem mówiąc, niektórzy moraliści utrzymują, że wszystkie kobiety są złe, przewrotne, wiarołomne i okrutne. Czy ksiądz jest też tego zdania?

– Głębokie nieporozumienie. Wydaje mi się, że wśród ludzi istnieją dobre, prawdomówne i wierne kobiety w tej samej proporcji do pozostałych bliźnich, jak i obdarzeni tymi zaletami mężczyźni.

– Jest pan... to jest ksiądz – pomyliła się Ewa – ujmującym realistą. Dlaczego o tym nie wiedzą mężczyźni?

– Mówiąc „mężczyźni" ma pani na myśli tych tylko, którzy się pani podobają. Trudności są obustronne. Po to, aby zalety te dostrzec w kobiecie nie wystarczy aby kobieta je po prostu posiadała, musi być ona jeszcze kochaną. U kobiet niekochanych zalety te pozostają niezauważone. Tak zaś się składa…

– Skąd ksiądz o tym wie? – przerwała Ewa patrząc natrętnie w czarne oczy księdza.

Ksiądz zarumienił się znowu.

– Mój Boże – rzekł tonem lekkim – myśli się od czasu do czasu o tym i o owym…

Ewa spuściła wzrok na talerz z pierożkami. Czuła jak nigdy dotąd, całą swą ciemną, po tylekroć przeklętą potęgę.

Wchodząc do hotelu „pod Zamkiem" Nowak spojrzał na zegarek. Było wpół do drugiej. Wziął z kuchni dzbanek ciepłej wody i poszedł do swego pokoju. Umył się starannie, skrupulatnie czyścił paznokcie, zmienił koszulę, otworzył kluczykiem walizkę i rozgrzebał rzeczy w poszukiwaniu odpowiedniego krawata. Długo rozważał poszczególne krawaty i drogą drobiazgowej eliminacji wybrał delikatny, szarozielonkawy fular o popielatym wzorku. „Lubię go – myślał przy tym – świetnie się wiąże i przynosi mi szczęście". Czuł pogodne podniecenie, poranna dawka przetrawionego alkoholu rozjaśniała umysł i zainteresowanie chwilą bieżącą. Nie przestawał myśleć o Ewie, każda jego czynność i każdy odruch miały projekcję w najbliższą przyszłość, w spotkanie przy stole, które niebawem nastąpi. „Jeździ się tymi pociągami i jeździ – myślał Nowak – i nic. Ma się nadzieję czasami, że coś się strzeli tu czy ówdzie, a tu jedna gorsza od drugiej. I nagle, proszę, takie Darłowo… Na różnych filmach widzi się różne dziewczyny i różnych samotnych mężczyzn. Te dziewczęta są też zawsze i z reguły piękne, a ponadto trochę nieszczęśliwe, często, zawiedzione, co zaś najważniejsze – wcale nie głupie. No i gotowa historia. W życiu jest jednak inaczej. Człowiek jeździ do Białegostoku czy Jeleniej Góry, do Łodzi lub Gdańska i udaje mu się nawet zdobyć pokój w hotelu. Po czym rusza na miasto pełen nadziei. I nigdy nie może trafić dziewczyny, która byłaby naraz samotna, piękna i niegłupia. I choć trochę nieszczęśliwa, a nie tylko potrzebująca pieniędzy. Zawiedzionych jest mnóstwo, lecz są zawsze obstawione przez miejscowych. A tu naraz, w Darłowie… Nie, ona nie jest ani zawiedziona, ani nieszczęśliwa, ani samotna i ta cała historia jest inna. Inna, niż w jakimkolwiek filmie".

Punktualnie o drugiej zeszedł na dół. W jadalni siedziała Kraalowa.

– Obiad gotów – powiedziała.

– Zaczekamy – rzekł Nowak.

Usiadł naprzeciw Kraalowej i zapalił papierosa.

– Co dziś jemy? – spytał Nowak.

– Zrazy z kaszą.

– Uwielbiam. Zawijane?

– Zawijane. Co pan dziś taki elegancki?

– Nie dziś, tylko zawsze. To rodzinne.

– Humorek jest, prawda? Podawać do stołu?

Nowak spojrzał na zegarek. Było piętnaście po drugiej.

– Ja zaczekam – rzekł.

Kraalowa wstała i poszła do kuchni. Po chwili wróciła z talerzem zupy w ręku. Usiadła naprzeciw Nowaka i zaczęła jeść. Nowak zapalił świeżego papierosa, po czym wstał i podszedł do szerokiego okna, wychodzącego na ulicę. Lekko odgarnął brudnawą firankę i spoglądał na pusty placyk przed zajazdem.

– Dochodzi wpół do trzeciej – rzekła Kraalowa odkładając łyżkę.

– Za pięć minut – powiedział Nowak. – Niech pani sobie przyniesie zrazy. Chcę ujrzeć ten produkt pani geniuszu.

Kraalowa uśmiechnęła się jakby z litości: tak słaby dowcip zatlił w jej duszy współczucie. Kiedy wróciła z kuchni z drugim daniem Nowak stał oparty o framugę drzwi, obok starego, drewnianego pudełka telefonu, wiszącego na ścianie.

– Czy w muzeum jest telefon? – spytał.

– Jest. Niech pan zadzwoni i dowie się, kiedy wreszcie będzie można podać obiad.

Nowak wrócił do okna i zapalił nowego papierosa.

– Niech mi pani da obiad – rzekł i spojrzał na zegarek. Była za dwadzieścia trzecia.

– Zaraz – rzekła flegmatycznie Kraalowa. – Anity nie ma w domu. Skończę jeść i panu dam.

Nowak odetchnął z ulgą. Myśl o jedzeniu sprawiała mu w tej chwili dotkliwą przykrość.

– Dobre zrazy – powiedziała Kraalowa. – Udały się.

„Mógłby przynajmniej zatelefonować – pomyślał Nowak po raz dwudziesty. – Przynajmniej uprzedzić, że nie przyjdzie".

– No, teraz już jestem naprawdę głodny – rzekł, siadając naprzeciw Kraalowej. – Te zrazy wyglądają na medal.

Kraalowa nie uniosła głowy znad talerza. Po chwili przerwała jedzenie, poszła do kuchni i wróciła z talerzem zupy, który postawiła przed Nowakiem.

– Po co? – rzekł Nowak. – Przecież wie pani, że nie lubię zup.

– To bardzo dobra zupa – powiedziała Kraalowa.

– Nie – rzekł Nowak opryskliwie. – Niech mi pani przyniesie zrazy.

Kraalowa zabrała bez słowa talerz i poszła do kuchni.

– Pięknie wyglądają – uśmiechnął się Nowak na widok talerza ze zrazami z kaszą, polaną brązowym sosem. – Pyszne – dodał po pierwszym kęsie.

„Dlaczego zepsuła wszystko – myślał. – Takie zrazy". Narastała w nim głupia uraza, przykra jak ból zęba. „Znalazła tu sobie kogoś – pomyślał. – Ja je znam". Wiedział, że to zupełna brednia, nie mógł się jednak oprzeć chęci sformułowania takiego podejrzenia.

Weszła Anita, otulona w chustkę.

– Ale wicher – powiedziała.

– Anita – rzekła Kraalowa – nie widziałaś gdzieś na mieście tej zołzy spod dziewiątki?

– Owszem – rzekła Anita. – Widziałam ją z godzinę temu, jak wchodziła na plebanię.

– Wyborne – rzekł Nowak, kończąc zrazy i czyszcząc z talerza ostatnie ziarnka kaszy.

Anita poszła do kuchni nie spojrzawszy na Nowaka.

– Czy ksiądz ma telefon? – spytał Nowak.

– Ma – odpowiedziała Kraalowa. – Już dawno mi się tak zrazy nie udały.

Nowak zapalił papierosa i uśmiechnął się. Fakt, że Ewa była u księdza poprawiał samopoczucie, niweczył bezsensowne obawy.

– Te zrazy... – zaczął i nie wiedział co dalej.

– Już po obiedzie – rzekła Kraalowa wstając od stołu. – Chce pan herbaty?

– Chcę – rzekł Nowak – a raczej proszę bardzo.

Chciał zostać w jadalni. Od paru minut nie mógł oderwać wzroku od telefonu. „Powinna zadzwonić – myślał. – Usprawiedliwić się, przeprosić, dać znak. Przecież od tego są telefony". Zaczynała się obsesja tego szatańskiego przedmiotu, czarna, ebonitowa fascynacja, daremne oczekiwanie na czyjeś odezwanie. Miał tym razem przed sobą staromodną, drewnianą skrzynkę, wiszącą na ścianie, o secesyjnej słuchawce na widełkach. Wpatrywał się w nią z uporem, rosła w nim głucha nienawiść do jej milczenia. „Dość tego" – pomyślał i wstał.

Kraalowa przyniosła herbatę.

– Ta spod dziewiątki – powiedziała – wypytywała się dziś o pana. Dość dokładnie. Mówiła, że jest przyjaciółką pana narzeczonej. Rzecz jasna, lipa. Nic mnie te sprawy nie obchodzą, ale chcę, żeby pan o tym wiedział.

„Głęboki wywiad – pomyślał Nowak z nikłą satysfakcją. – Po co ona to robi?"

– Niegroźne – rzekł, uśmiechając się. – Po prostu interesuje się mną. Jako mężczyzną.

– Lubię, jak się pan tak śmieje – westchnęła Kraalowa. – Gdybym była młoda, to bym długo pana nie puściła z łóżka, właśnie za ten uśmiech. Głupie te dziwki dzisiaj, że szkoda mówić.

– Tu jest herbata.

– Wezmę ze sobą na górę – rzekł Nowak. – Gdyby do mnie telefonował pan Leter, jestem u siebie. Proszę mnie zawołać.

– Jasne – rzekła Kraalowa.

W pokoju Nowak zdjął krawat i położył się w butach na łóżku. „Wokół mnie – myślał – tworzy się powoli, lecz nieuchronnie krąg, w którym myśli zaczynają dotyczyć niej. Muszę się wyrwać z tego kręgu. Muszę się przenieść na obszar spraw do załatwienia. Sprawy do załatwienia pasjonują i pochłaniają, w ich wirze giną małe zgryzoty i małe urazy o jedno głupie spóźnienie i nieprzyjście, a te urazy i zgryzoty są najgorsze. Zatruwają życie. Wśród rozlicznych spraw do załatwienia można oderwać się od ciągłych, nieugaszonych pretensji". Czuł zmęczenie, w ustach miał piołun nikotyny i podenerwowania. Przez parę minut patrzył bezmyślnie i nieruchomo w sufit, licząc zacieki i rysy na tynku. Powoli wracała chęć walki. „Potrzebny mi jest tydzień – pomyślał – tydzień czasu razem. Jeden tydzień w łóżku. To hazard, ja wiem, po takim tygodniu może mi się zachcieć drugiego tygodnia, może miesiąca, może głupiego słowa 'zawsze'. Niemniej, po takim tygodniu widzi się jaśniej. Prolonguje się rzecz na miesiąc i zmęczenie zjawia się powoli w głowie, w oczach i w innych częściach ciała. W tym zmęczeniu jest ratunek. Jeśli nie otrzymam tego zmęczenia, będę nieszczęśliwy".

Wstał nagłym ruchem z łóżka i założył krawat. Nadpił trochę herbaty, była zimna i gorzka. Włożył płaszcz, otworzył walizkę, wyjął z niej jakieś papiery, przejrzał je starannie i schował do wewnętrznej kieszeni marynarki. Zamknął walizkę na kluczyk i ujął klamkę, ale cofnął się. Zdjął płaszcz i marynarkę, otworzył raz jeszcze kluczykiem walizkę, z jej dna dobył rewolwer, owinięty rzemieniami kabury. Rozwinął rzemienie, umieścił kaburę na piersi, pod lewą pachą i włożył ponownie marynarski płaszcz. Spojrzał na zegarek, była za piętnaście czwarta.

Na dole podszedł do telefonu. Zawahał się chwilę, czym ujął z odrazą słuchawkę, zakręcił korbką i wybrał numer.

– Hallo – odezwał się męski głos w słuchawce.

– Jak się pan miewa, panie Leter? – spytał Nowak.

– Po co telefony – uciął Leter. – Niech pan zaraz przychodzi. Czy jest coś nowego?

– Nic – rzekł Nowak. – Wszystko w porządku. Zaraz u pana będę. Finalizujemy.

– Dziękuję księdzu za obiad i za czarującą rozmowę.

– Zasługa po pani stronie.

– A zatem do jutra, prawda?

– Oczywiście. Spiszę to wszystko, co panią interesuje. Zatelefonuję jutro rano do hotelu, dobrze?

– Prawda – rzekła Ewa. – Zupełnie zapomniałam, że w Darłowie są telefony. Zresztą, obejdzie się bez telefonów. Wpadnę tu jutro do księdza o dziesiątej. Zgoda?

Uśmiechnęła się ciepło, promiennie i wyciągnęła do księdza rękę.

Wiatr nieco ucichł, nad pustą uliczką przeciągały szybko i wysoko lekkie obłoki, odsłaniając raz po raz zimne, niebieskie niebo. Ewa spojrzała na zegarek: dochodziła czwarta. „Właściwie, co teraz robić?" – pomyślała. Machinalnie skręciła w lewo i obeszła rozłożystą, gotycką farę. Przystanęła chwilę przed portalem, po czym wolno ruszyła przed siebie, w krótką, nisko zabudowaną ulicę. „Należało może zatelefonować – pomyślała – uprzedzić, że nie przyjdę na obiad. Nie. Dobrze jest, jak się stało. Telefon oznaczałby meldowanie co robię, stworzyłby pozory zależności, która faktycznie nie istnieje. Mogłyby być źle zrozumiane". Przystanęła na rogu i odczytała nazwę ulicy, do której dotarła. „Ulica Dobrych Kobiet... a cóż to za śliczna nazwa" – pomyślała. Skręciła w prawo, nie dostrzegając Nowaka, nadchodzącego od strony rynku. Nowak zwolnił kroku. „Aha – pomyślała Ewa – tędy szliśmy wczoraj do parku. Może należało zadzwonić?" Nowak zatrzymał się na chwilę przed domem Letera, po czym wolnym krokiem poszedł za Ewą. Ulica kończyła się, poszczególne wille leżały już teraz przy drodze parkowej. Ewa szła coraz wolniej. Przeszła jeszcze kilkanaście kroków i zatrzymała się. „Jak tu dziś pusto" – pomyślała i zawróciła. Przed nią stał Nowak.

– O! – rzekła Ewa. – Czyżbyś i tu czekał na mnie?

– Nie – rzekł Nowak.

– A więc szedłeś za mną. Czy moje kroki w Darłowie są śledzone? Co znaczy ten brak swobody ruchów?

– Nic. Czysty przypadek. Zaledwie sto metrów idę za tobą z wolnego wyboru.

– Cóż zatem sprowadziło cię w tę okolicę?

– Szedłem do znajomego, który mieszka nieopodal.

– Szkoda – westchnęła Ewa.

– Czego ci żal?

– Myślałam, że zjawiłeś się w tym samym celu co ja.

– Nie znam twych celów, Ewo.

– Szukam tu wczorajszego wieczoru.

Nowak przygryzł wargi. „Jak kłamie" – pomyślał.

– Idziemy – rzekł Nowak.

– Dokąd?

– Przed siebie. Szukać dzisiejszego wieczoru...

Ruszył przodem, w głąb parku. Ewa odwróciła się i już za chwilę szła przy jego boku.

Aleja wydłużała się nad brzegiem kanału, osłonięta z prawej strony ścianą parkowych drzew. Pełno tu było zeszłorocznych liści, mokrych, śliskich. Po drugiej stronie kanału widać było odnogi niedużych basenów portowych, nad nimi magazyny, hałdy węgla, wagony kolejowe na bocznicach, na tle których rysowały się czarno sylwetki paru węglowych szkunerów. Dochodził z nich terkot wind pokładowych, unoszący się nad spokojnymi, niskimi i płaskimi brzegami wraz z zapachem morza i siłowej ropy.

„Jest zakłopotana – myślał Nowak. – Nie wie, co powiedzieć. Nie wie, jak przeprosić. Może nie jest tak zła jak mi się wydaje"? Szli dość szybko,

Ewa krokiem – swobodnym, znamionującym pogodny nastrój i niezmącone sumienie, Nowak w zaciętym milczeniu.

„Nic nie mówi – myślał Nowak – albowiem – fakt, że czekałem daremnie, że bolało mnie to czekanie, uważa za nieważny. Może nawet nie przychodzi jej to w ogóle do głowy, że czekałem i że mnie bolało. Dlatego też nie domyśla się nawet, że może należałoby przeprosić, usprawiedliwić się".

Po drugiej stronie kanału godziły w niebo dwa wysokie silosy zbożowe, ciemne i potężne wśród nizinnej płaskości. Ewa spojrzała ukradkiem kilka razy na Nowaka. We wzroku jej było lekkie napięcie, co Nowak zauważył z gorzką satysfakcją żebraka, zadowalającego się najdrobniejszym bilonem.

„Nic nie mówi – myślał Nowak – gdyż wie, że ja czekam. Na jedno małe słówko 'przepraszam'. Wie, jak mi na nim zależy, chce pokazać, jak mało jej na nim zależy. Chce łamać, niszczyć to kruche i nikłe coś, co zaistniało między nami, co mogło być piękne. Chce, aby prędzej był koniec".

Park kończył się, droga wiodła wśród betonowych ogrodzeń, za którymi ciągnęły się duże place, pokryte stertami desek, tarcic, beczek na śledzie. Milczenie przeciągało się nieznośnie. „Czego on właściwie chce?" – pomyślała Ewa z rozdrażnieniem.

„Niech ona coś powie – myślał Nowak zaciekle. Tylko wtedy będę mógł atakować, inaczej nie ma sensu. Chcę jej robić wyrzuty, ale za co? O co mi właściwie chodzi? Tylko o to, aby mówić. Grzebię się w tej idiotycznej sytuacji jak szmaciarz w śmietniku, wyłapuję jej spojrzenia, które nic nie znaczą, zaś dla mnie mają wartość bezcennej zdobyczy. Ona milczy. Ją nic nie obchodzi. Nie interesuje ją skąd bierze się moje milczenie. Cokolwiek teraz zrobię, będzie pudłem. Zwycięstwo mogę odnieść tylko nad samym sobą. Z nią wygrać nie mogę. Zaś milczenie jest zabójstwem czegoś świetnego, czego już nie ma, a co mogło być".

– O czym myślisz? – spytała nagle Ewa.

– O tobie – odparł szybko Nowak. Głos miał zachrypły, wargi zaschłe.

– Też masz o czym.

Nowak uśmiechnął się.

– Mówisz głupio – rzekł. – Co za frajda.

– Boję się, że nadszedł moment, w którym impertynencje przestały być zabawne.

– O co ty się awanturujesz?

– Ja? To ty przebywasz kilometry w zapiekłym milczeniu. Spacer z probówką skoncentrowanych, nienawistnych pretensji.

– Widzisz, Ewo – Nowak zwilżył wargi – kiedy coś się kończy, pojawia się mnóstwo drobnych pretensji i uraz. Najgorsze, że nie ma kiedy ich wypowiedzieć, gubią się w toku wypadków, wczorajsze tracą ważność na rzecz dzisiejszych, te sprzed dwóch godzin wypychane są przez te teraz. A jutro już przyjdą nowe. W ten sposób nawarstwia się mur nie do przebycia, rozdzielający dwoje ludzi. Małe, już nieaktualne uchybienia i żale niszczą bezlitośnie. Są nieważne, a przecież zabijające.

– O czym ty mówisz? Co się zaczyna, a co kończy? O co ci właściwie chodzi?

– O to, że nie przyszłaś na obiad.

– Zostałam na obiedzie u księdza. Dla jednej z rozmów, po które tu przyjechałam.

– O to, że nie zatelefonowałaś by mi o tym powiedzieć.

– No, wiesz... – Ewa żachnęła się i przygryzła wargi. Nie chciała dokończyć szczerze i ostro. Zaczerwieniła się ze złości na siebie za tę nieoczekiwaną delikatność.

– O to, że...

– Skończ, ależ skończ, proszę... – rzekła Ewa kłótliwie. – O to, że się przed tobą nie usprawiedliwiam, że cię nie przepraszam?

– Tak. O to – przyznał Nowak. Uśmiechnął się z ulgą. – Teraz jest już wszystko w porządku – dodał łagodnie. – Nie widzę powodu, ażeby się dalej użerać.

– Dzięki Bogu – powiedziała Ewa pogardliwie. Opuściła ją nagle zaczepność i złość. Wiedziała dobrze, że należało teraz, w tej chwili właśnie, powiedzieć wszystko aż do końca, ustawić tę znajomość w jej właściwych ramach i proporcjach, i nie mogła się na to zdobyć. „Ach – pomyślała – nie warto. Jakoś to będzie. Samo się zrobi..."

Kanał rozszerzał się. Brzegi wznosiły się, coraz częściej przerywały je sztuczne zatoczki i baseny, w których stały kutry rybackie. Ewa i Nowak weszli w pierwsze zabudowania wsi.

– To Darłówek – rzekł Nowak.

– Jaki zabawny – rzekła Ewa ze zdawkowym zachwytem.

Kanał zwężał się teraz gwałtownie, zamknięty starą, zeszłowieczną śluzą, nad którą rozpinał się składany most, jak ów z Langlois, z Van

Gogha. Za mostem ciągnęły się nabrzeża, ocembrowane grubymi balami, wzmocnione rudoszarym kamieniem, usiane cumowymi klocami. Wzdłuż nabrzeży stały po obu stronach niskie spichrze o belkowanych żebrowaniach wśród czerwonej cegły, unosiła się tu silna woń dorsza i śledzia. Przy keji, na krótkich cumach, leżały kutry, duże kutry i małe, obwieszone powrozowymi poduchami zderzaków, kutry czarne i sine, o zwiniętych, czarnych żaglach i pokostowanych sterburtach. Kilkanaście metrów za spichrzami kanał rozwierał się szeroko w ujście: dwa wyrzucone dalekimi łukami w morze falochrony z ciężkich głazów tworzyły rozległy, okrągły basen awanportu, w którym kłębiła się krótka, ostra fala. Spoza wąskiego, skalistego pasa falochronów dochodziła basowa, nieustająca kanonada czarnego, wczesnowiosennego morza.

– Chodźmy tam – Ewa wskazała na wieżyczki świateł wjazdowych na końcu falochronów.

Niebo było wysokie i szare, darte nieustannie przez wicher.

– To kawał drogi – rzekł Nowak. – I niebezpiecznie. Fala, choć niska, moczy kamienie i łatwo się pośliznąć przy tym wietrze.

– Boisz się?

– Nie – rzekł Nowak. – Nie boję się.

Ewa ruszyła przodem. Gdy tylko wkroczyła na pierwsze stopnie lewego falochronu wicher przykleił jej płaszcz do nóg, uniemożliwiając niemal ruchy. Ewa zawahała się i pochyliła pod uderzeniem zmasowanego pędu powietrza.

– No, chodź – krzyknął Nowak, mijając ją. – Skoro chciałaś…

Szła za nim, czepiając się co chwila kamiennej balustrady. Bryzgi wody, niesione przez wiatr, biły ją boleśnie w twarz. Każdy krok stawał się ciężkim wysiłkiem, dotkliwe zimno i łoskot wichru atakowały świadomość. Pochyleni i zdyszani dotarli do sygnałowych świateł. Nowak wpakował Ewę pomiędzy żelazne drabinki i osłaniając ją sobą patrzył długo w jej spłoszone oczy, na jej rozrzucone przez wicher, mokre włosy. Ewa spoglądała poprzez ramię Nowaka na pienisto–czarne, huczące morze.

– Chodźmy stąd! – krzyknęła Ewa w ucho Nowaka.

– Już? – roześmiał się Nowak.

Poczuł naraz przypływ mocy, lęku i radości, jak zawsze wobec morza, wichru i przenikliwego chłodu. Odnalazł wzrok Ewy: dojrzał w nim odrobinę podziwu i mnóstwo niechęci.

– Ufff – odetchnęła Ewa, gdy znaleźli się z powrotem na nabrzeżu, pod spichrzami – to nie dla mnie. Wolę popatrzeć na ten most jak z Van Gogha, tylko rzucony w groźną, północną szarość. A co jest w tych spichrzach?

– Magazyny Centrali Rybnej.

– Można zajrzeć?

– Można.

Ewa pchnęła przegrodę z falistej blachy.

– Cuchnie rybą – oświadczyła.

– To fakt – przyznał Nowak.

– Wracamy?

– A jak się czujesz? Nie jest ci zimno?

– Cholernie. Właściwie przemarzłam na kość. Może jednak odtajać trochę wśród woni rybnych odpadków? Na myśl o tym zwariowanym wichrze wszystko we mnie cierpnie.

– Chodź – rzekł Nowak. – Wmeldujemy się do Stołypa na kieliszek jakiejś wódki. To cię postawi na nogi.

– Kto to jest Stołyp?

– Szef kapitanatu portu.

– Wszystko jedno. Czy to daleko?

– Dwadzieścia metrów.

– Brrrr... – otrząsnęła się Ewa. – Czuję się jak przed najodleglejszą podróżą w mym życiu.

Nowak ujął Ewę za ramię i pociągnął za sobą. Wybiegli ze spichrza, nie zasuwając za sobą przegrody.

Piętrowy budynek kapitanatu stał u nasady prawego falochronu. Był to budynek niewielki, lecz stylowy: we wszystkich portach dawnych Prus, od Królewca po Rostok, stoją takie gmaszki, z niegustownie sterczącą pośrodku dachu wieżą sygnalizacyjną.

W ciemnej sieni bielały komunikaty na tablicach. Nowak otworzył drzwi na lewo.

– Kto? – rozległ się opryskliwy głos.

Na środku pokoju siedział, rozwalony na stołku, nieogolony facet w kożuchu, narzuconym na pasiastą koszulkę gimnastyczną, ściany pokoju obwieszone były wykresami, mapami, tablicami rozdzielczymi, na dwóch stołach stały jakieś aparaty i mikrofony.

– Jest kapitan Stołyp? – spytał Nowak.

– Na górze – odparł człowiek w kożuchu.

– Poczekaj tutaj – rzekł Nowak do Ewy. – Skoczę do niego na górę.

– Niech pani poczeka – uśmiechnął się obiecująco ten w kożuchu. – Proszę bardzo.

Ewie zrobiło się od razu gorąco na widok tego uśmiechu. „W razie czego – pomyślała szybko – będę krzyczeć. Tylko czy zdążę"?

Nowak wbiegł po krętych, żelaznych schodach na piętro i zapukał do drzwi. Po dłuższej chwili drzwi otworzyły się i stanął w nich Stołyp. Był bez marynarki i raczej pijany.

– A, Nowak – rzekł bez entuzjazmu.

– Zaprosił mnie pan przed południem – uśmiechnął się Nowak. – Przypomina pan sobie?

– Zgadza się. Niech pan wejdzie.

– Nie jestem sam, kapitanie. Przeziębliśmy fatalnie i szukamy u pana odrobiny ciepła.

Stołyp przesunął dłonią po twarzy i wyprostował się. W ruchach jego był wysiłek i napięcie woli.

– Trudno – rzekł. – Niech pan ją weźmie na górę.

Nowak zszedł na dół.

– O której płynie wasza szalupa do darłowskiej przystani? – spytał faceta w kożuchu.

– Cholera ich wie. Raz płyną, raz nie.

Nowak wyjął nieodpieczętowaną paczkę „Cameli" z kieszeni.

– Przyjacielu – rzekł podając paczkę nieogolonemu – postaraj się, żeby płynęli. I to możliwie szybko. I nie zapomnij skoczyć po nas na górę.

– Ay, ay sir – rzekł nieogolony.

– Dziwne – rzekł Nowak. – Myślałem, że jesteś zza Buga, kolego.

– Jestem – przyznał nieogolony – ale służyłem na „Piorunie". A potem na angielskich tankowcach.

Na górze Stołyp czekał w drzwiach. Nosił już mundurową marynarkę, starannie zapiętą na wszystkie, błyszczące guziki. Włosy miał pieczołowicie sczesane do tyłu.

– Stołyp – przedstawił się Ewie krótko.

– Jakże mi miło – w Ewie obudziła się naraz dama popularnego kroju.

– Zechce pan nam wybaczyć to nagłe najście. Ja rozumiem…

– Ależ, proszę łaskawej pani…

Nowak włożył sobie papierosa w usta i usiadł w płaszczu na biurku. Chciało mu się śmiać z tego opisu bezradności w wykonaniu bądź co bądź niegłupich ludzi.

– Da nam pan czegoś się napić? – powiedział.

– Pan Nowak jest taki bezpośredni... – zaczęła znów Ewa; ogarniała ją powoli wściekłość na Nowaka, na siebie, na to wszystko.

– Ależ oczywiście... – zająknął się Stołyp.

– Oczywiście da nam pan – roześmiał się Nowak. – To miał pan na myśli, no nie?

– Tak, tak – przyznał Stołyp. – Proszę siadać.

– Gdzie? – spytał Nowak. – Na czym?

W istocie, w pokoju było dość pusto, a przy tym szabrawo i niezbyt czysto. Stało tu żelazne łóżko, nakryte wygniecionym, wojskowym kocem, toporne biurko, pełne papierów i resztek śniadania, oraz trzy piękne, wykwintne walizki z drogiej skóry, postawione jedna na drugiej przy ścianie. Obok łóżka stało nadwyrężone krzesło, służące najwidoczniej za nocną szafkę, o czym świadczyła umieszczona na nim tania, metalowa lampa biurowa. Na krześle i obok, na podłodze, pełno było amerykańskich książek kryminalnych z tandetnych, kieszonkowych serii o glazurowanych okładkach, na których czerwieniały kobiece wargi, czerniały ogromne rewolwery, sterczały wspaniałe biusty i błyszczały noże lub wytrzeszczone ze strachu oczy jako motywy plastyczne.

Ewa podeszła do okna.

– Jaki piękny widok – powiedziała, walcząc desperacko z nietaktem Nowaka.

– Ściemnia się – zaopiniował Nowak. – Właściwie już nic nie widać.

– Widać czarną przepaść świata – rzekł Stołyp, stając za Ewą.

– Ładnie pan to powiedział, kapitanie – rzekła Ewa ujmująco. – A co to jest, tam? – dodała, wskazując ciemny, wyraźny punkt na horyzoncie.

– Ktoś się tu pcha – rzekł Nowak ujmując stojącą na biurku, wielką lornetę morską i przykładając ją do oczu. – Ktoś się do pana wprowadza, kapitanie. Jakiś motorowy szkunerek.

– Owszem – rzekł Stołyp z nieoczekiwaną precyzją. – Duńczyk. Węglowiec. Awizowany. Wszystko w porządku.

– Jak się nazywa? – zainteresował się niedbale Nowak.

– Nie pamiętam dobrze. „Ragnhild", „Gudrun", czy coś takiego. Jakieś ichnie imię kobiece. „Ragne", o, właśnie, „Ragne".

– Uwielbiam skandynawskie imiona kobiece – westchnął Nowak i pomyślał: „No, to cześć. 'Ragne' już jest w Darłowie".

– Pan Nowak ma skłonność do łatwych stanów zapalnych – oświadczyła zjadliwie Ewa. – Do nagłych entuzjazmów.

„Niszczy mnie – pomyślał Nowak. – Może to i dobrze. Czego ona chce? Czyżby rozdrażniła ją uwaga o imionach? Mężczyzna głupi wszystko tłumaczy na swoją korzyść. Mądry mężczyzna czyni tak samo, różnica polega na tym, że zdaje on sobie dokładnie sprawę z tego, jak bardzo jest głupim. Boję się, że to właśnie mój wypadek…"

– Co z tą wódką, kapitanie? – spytał Nowak. Stołyp zdradzał lekkie zakłopotanie.

– Najgorzej z kieliszkami – rzekł. – Mam tylko jeden.

– Nie szkodzi – uśmiechnęła się Ewa, kryjąc wysiłek, z jakim produkowała zgodliwość. – Będziemy pić z jednego. Poznamy nasze myśli.

Stołyp wyjął z biurka wspaniale wyglądającą butelkę ginu.

– O! – zawołała Ewa z podziwem.

Nowak przygryzł wargi, by nie śmiać się za wcześnie. Stołyp nalał i podał Ewie kieliszek. Ewa wypiła i skrzywiła się.

– To tak smakuje gin? – spytała z wzruszającą otwartością.

– Widzi pani – rzekł Stołyp z namaszczeniem – to wcale nie jest gin, lecz zwykła, polska wódka, po prostu lubię tę butelkę.

– Jest to rekwizyt, Ewo, jeden z rekwizytów bogatej działalności – wyjaśnił dodatkowo Nowak. – Kapitan, wbrew pozorom, to straszny swawolnik. W tej skromnej izdebce odprawia miłosne misteria, godne paryskich buduarów. Zwłaszcza w sezonie letnich wczasów. Jest to niepoprawny uwodziciel, nie będący już w stanie policzyć swych ofiar. Usiądź tylko na tym nędznym, zdawałoby się, łóżku, a przeniknie cię od razu jakiś niewytłumaczalny fluid, przed którym nie ma ratunku…

Ewa zesztywniała.

– Słuchaj… – zaczęła, lecz nie wiedziała, co powiedzieć dalej.

Stołyp był rozbawiony przemówieniem Nowaka. Zamyślił się nie zwracając uwagi na Ewę.

– Kiedy kobiety nie umieją odmawiać – rzekł powoli – upada kultura i więdną sztuki piękne. Kiedy kobieta potrafi powstrzymać rękę, ściągającą majtki, ręka pisze „Cierpienia młodego Werthera", układa elegie, tworzy piękno i sięga po pojedynkowy pistolet, którego strzał otwiera oceany uczuć subtelnych i tkliwych.

– Przepraszam, że zachowałam się jak idiotka – rzekła Ewa.

– Nie szkodzi – rzekł Nowak. – A co z tą whisky, o której mówił pan w południe, kapitanie? Że autentyczna, że szkocka...

– Bujałem pana – uśmiechnął się Stołyp. – Zdarza mi się to czasem.

– Znaczy się, że nie będziesz ofiarą kapitana, Ewo. Oczywiście, ma whisky, stary obłudnik, tylko uważa, że szkoda jej dla nas. Whisky jest przeznaczone na inwestycje, a ty, Ewo, nie jesteś pewną lokatą.

Rozległo się pukanie do drzwi i w uchyloną szparę wsunęła się nieogolona twarz.

– Jest szalupa. Zaraz płynie.

– Już schodzimy – zawołał Nowak. – No, Ewo, rąbnij sobie jeszcze jednego na drogę i pożegnaj się grzecznie z kapitanem.

Stołyp zamknął za nimi starannie drzwi.

– Przyjacielu – rzekł na dole Nowak – zerknij na dzisiejszą cedułę i powiedz mi jak się nazywa ten Duńczyk, który ma wejść wieczorem do portu?

Nieogolony sunął palcem po wykresie wiszącym na ścianie.

– „Ragne" – rzekł.

– O której, sądzisz, będzie na swoim miejscu?

– Około ósmej.

– Bóg zapłać, przyjacielu – rzekł Nowak. Ogarnął Ewę ramieniem, pchnął drzwi i wyszli w targany wichrem, szarawy zmierzch. Było pusto i źle, wszędzie wokoło. Nic tylko kamienie nabrzeża, głuche domostwa, niebo i morze.

Kilkadziesiąt kroków w lewo stała przy nabrzeżu duża szalupa, wstrząsana ciężkim stukotem motoru. Nieogolony pomógł Ewie przejść przez drewniane bale, podtrzymując ją w okolicy pomiędzy ramieniem a prawą piersią.

– Dziękuję – rzekł doń Nowak, wskakując do szalupy.

– Cheerie–ooo – odparł życzliwie nieogolony na pożegnanie.

Nowak wepchnął Ewę w kąt długiego, krytego cockpitu. W ciemnościach rozmawiało dwóch kaszubskich rybaków, z rzadka, za to w zupełnie niezrozumiałym dla zwykłego Polaka narzeczu. Motor przyśpieszył obroty i szalupa odbiła powoli.

– Oprzyj się o mnie – rzekł Nowak – i wyciągnij nogi na ławce. Będzie ci wygodniej.

– Niewygodnie – kaprysiła Ewa. – Co masz na piersi? Uderzyłam się w głowę.

– Aparat fotograficzny – rzekł Nowak. – Zwykłe uzbrojenie dziennikarza.

Pochylił twarz nad jej włosami, potarganymi i przewianymi wilgotnym powietrzem, i wdychał ich zapach.

– Ewo – rzekł cicho – to, co mówiłem o Stołypie, to nieprawda.

– A co jest prawdą?

– Ten obskurny pokój i żelazne łóżko są schronieniem dla prawdziwego, wielkiego romansu.

– Kto ta facetka?

– Żona tutejszego maklera okrętowego. Matka dwojga dzieci. Taka darłowska pani Bovary, jak mówi o niej jej mąż.

– Nie podobał mi się ten Stołyp – rzekła po chwili Ewa. – Nie robi wrażenia człowieka, który idzie prostą drogą przez życie. Oczywiście, mogę się mylić.

– Czy sądzisz, że takim, którzy nie idą prostą drogą, nie może się przydarzyć coś świetnego z dziewczyną?

– Za kogo ty mnie masz? – uśmiechnęła się pogodnie Ewa. – Przecież ja chodzę przynajmniej raz w tygodniu do kina.

Przez chwilę milczeli.

– Po tym, coś teraz powiedział – rzekła cicho Ewa – zaczynam się domyślać, że masz drugą żonę i troje dzieci, jedno z pierwszego małżeństwa.

– A gdyby tak było, Ewo?

– No, to co? Co mnie to zresztą obchodzi?

Odwróciła się do ściany i podkuliła nogi.

– Au! – zawołała – jaki ten aparat jest cholernie twardy…

W jadalni siedziała Kraalowa i kładła pasjanse. Ewa przysiadła w płaszczu przy stole.

– Tu, ósemka kier pod dziewiątkę pik – wskazała palcem.

– Widzę – rzekła Kraalowa.

– Pani Kraal – rzekł Nowak – czy zostało jeszcze coś z obiadu?

– Cały obiad, zapisany na pokój numer dziewięć – rzekła Kraalowa zgryźliwie. – Czyli zapłacony.

– To byłoby pysznie – rzekła nieśmiało Ewa. – Może pójdę sama i odgrzeję?

– U księdza dają słabo jeść, co? – ucieszyła się Kraalowa.

– Byliśmy na dalekim spacerze – rzekła wymijająco Ewa. – Taka jestem głodna.

Kraalowa wstała.

– Niech pani tylko nie rusza kart – powiedziała ostrzegawczo. – Sama skończę tego pasjansa. To ulubiony pasjans mego drugiego męża – wyjaśniła.

– Oficer nawigacyjny z wielkich transatlantyków na linii Hamburg–Süd – dodał Nowak przymilnie.

– Tak, właśnie tego. Zginął, biedak, w bitwie jutlandzkiej – westchnęła Kraalowa i poszła do kuchni.

– Wszystko nieprawda – rzekł Nowak do Ewy. – Mąż numer dwa był stewardem na zwykłym frachtowcu i umarł w Libanie na skutek nieudanej operacji ślepej kiszki, w ładne dziesięć lat po bitwie jutlandzkiej. Wiem o tym na pewno.

Ewa uśmiechnęła się obojętnie.

– Cóż by jej mogło zależeć?

– Nie wiem. Pojęcia nie mam na czym wam, kobietom, zależy. Po prostu nie mówicie prawdy. Zasada życia, prawo natury.

– Mogę ci mówić całą prawdę, Ronaldzie – rzekła Ewa niedbale. – Nic, prócz prawdy. Przez cały wieczór.

– Uwaga, Ewo, to obowiązuje – rzekł Nowak skwapliwie, mierząc w Ewę wskazującym palcem wyciągniętej ręki. – Może być okropnie, ale spróbujmy. Zresztą załamiesz się. W jakimś punkcie, w jakiejś chwili. Nie wytrzymasz do końca.

– Wytrzymam – rzekła Ewa patrząc na Nowaka obojętnie i chłodno.

– Dlaczego spoglądasz na mnie z niechęcią? – uśmiechnął się Nowak.

– Patrzę na ciebie bez niechęci. Po prostu patrzę. Bez niczego. Nawet bez ciekawości.

Nowak zrzucił płaszcz na krzesło i podszedł do Ewy. Stanął blisko, ujął delikatnie jej twarz w dłonie, uniósł do góry i pochylił się, by ją pocałować.

– Nie – rzekła Ewa. – Nie mam na to ochoty. Jestem tylko głodna.

– Czy znaczy to, że i zmęczona? – Nowak cofnął się pod kontuar i zapalił papierosa. – Że zaraz po kolacji pójdziesz spać?

– Chyba tak – rzekła Ewa. – Raczej zmęczona.

Weszła Kraalowa z talerzem dymiących zrazów, które postawiła przed Ewą.

– Oooo! – zawołała Ewa – pachną urzekająco. Zdaje się, że łakomstwo jest moją prawdziwą naturą.

Zabrała się do jedzenia nie zdejmując płaszcza. Kraalowa usiadła nad pasjansem i przekładała karty.

– Madame – rzekł Nowak – czego kobieta nie lubi najbardziej?

– Zastanawiać się – odparła bez namysłu Kraalowa. – I tych cwaniaków, co dzielą każdy włos na czworo. Tych filozofów.

– Bzdura – rzekła z trudem Ewa, łykając spiesznie. – To nie jest takie proste.

– Właśnie, że jest – rzekł Nowak. – Nie bądź taka mądra. Jeszcze długo pożyjesz, zanim będziesz wiedziała to, co wie Kraalowa.

– Aha – przytaknęła Kraalowa i uśmiechnęła z sympatią do Nowaka. – Wie pan, są tacy faceci, których nieustannie coś zżera. Wydawałoby się, że wszystko jest w niebywałym porządku, babki, o które im chodzi, zachowują się bez zarzutu, faceci kochają i są kochani, a mimo to coś z ich babkami nie jest tak. Babki martwią się wyłącznie wtedy, jak im się coś nie udaje. Rozumie pan to?

– Rozumiem – rzekł Nowak. – Rozumiem doskonale.

– Już dawno nie słyszałam tylu głupstw naraz – rzekła Ewa ocierając usta chustką do nosa. – I kto to mówi? Kobieta o kobietach.

– Ja już nie jestem kobieta – rzekła Kraalowa pogodnie, tasując karty. – Ja jestem świadek. Lubię sprawiedliwość. O chłopach też mogę pani tyle powiedzieć, że na własnego ojca więcej pani nie spojrzy.

– Proszę cię, Ewo – rzekł Nowak surowo – abyś przestała wyrażać się obelżywie o uwagach pani Kraal i moich.

– Przepraszam – rzekła Ewa do Kraalowej i uśmiechnęła się. – Proszę mi wybaczyć, ale nie zgadzam się zupełnie z tym, co pani mówiła.

– To ci wolno – przyznał Nowak. – Masz prawo nie zgadzać się.

„Musi się dziś stać" – pomyślał.

Zgasił niedopałek o podeszwę i rzucił go do stojącej na sąsiednim stole popielniczki. Nie trafił, niedopałek spadł na obrus. „Nic z tego – pomyślał. – Niepomyślna wróżba. Nic mi dziś nie wychodzi".

– No – powiedziała Ewa wstając – na mnie czas. Idę na górę.

– Jest dopiero za dziesięć ósma – rzekł Nowak mimochodem.

– I dzień pełen wrażeń poza mną. Zresztą, wpadnij do mnie. Mówiłeś coś rano o jakichś nadzwyczajnych alkoholach.

– Mówiłem – rzekł Nowak niedbale; serce zabiło mu gwałtownie. – Ale to było dawno. Czyli dziś rano.

– Zajrzyj do mnie – powtórzyła Ewa. – Pani Kraal, cześć tymczasem.

– Padam do nóżek – rzekła Kraalowa ponuro. Ewa wyszła. Nowak sięgnął po papierosa. Wyjęta z pudełka zapałka wypadła mu z ręki.

– Zaprasza pana do siebie – rzekła Kraalowa kładąc pieczołowicie damę trefl pod króla kier.

– Coś w tym rodzaju – mruknął Nowak.

Zapalił papierosa. Papieros palił się krzywo i Nowak obracał go w palcach z goryczą. „Nie o mnie myśli – dręczył się. – Małe wróżby nie kłamią. Myśli w tej chwili o kimś innym".

– Na co pan czeka? – rzekła Kraalowa bez cienia drwiny.

– Walet karo – rzekł Nowak na widok odkrytej przez Kraalowa karty.
– Niech go pani da pod treflową damę. W ten sposób mamy komplet.

– Dosyć na dzisiaj – powiedziała Kraalowa i pomieszała rozłożone karty. – Idę do siebie poczytać.

– Co pani czyta?

– „Rodzinę Whiteoaków". Lubię takie książki. Więcej rodzinne.

– Słusznie – rzekł Nowak i pomyślał: „Stara bajzelmama. Aż do końca, aż do perfekcji". – Zostanę tu jeszcze – dodał – i posłucham radia. Zaraz jest transmisja z Polska–Czechosłowacja w boksie.

Kraalowa wyszła. Nowak zdjął z bufetu butelkę kminkówki, odkorkował, po czym zakorkował i odstawił z powrotem. Włączył radio i nastawił bardzo głośno. Z głośnika płynęły tony modnego przed paru laty tanga „Przybądź do mnie, dam ci kwiat paproci..."

Wszedł powoli po stromych, ciemnych schodach, starając się, nie wiadomo czemu, możliwie cicho stąpać. W swoim pokoju odłożył płaszcz i rewolwer, wziął butelkę z Armagnakiem i zapukał do Ewy.

– Ależ proszę – rzekła Ewa nader zachęcająco. Naciskając klamkę usłyszał znowu łomot własnego serca, niezwykły, nadający krokom i postawie coś uprzedzająco grzecznego, sztucznego. „Wyszedłem z wprawy?" – pomyślał. Słowa te zabrzmiały w nim wulgarnie i rozpaczliwie. Nie uciszały serca, nie przywracały zdobywczej pewności.

Ewa leżała na łóżku, bez pantofli, w spódnicy i w górze od pyjamy, zapiętej na wszystkie guziki. – Pyjama była prosta, jasnoniebieska z granatową wypustką.

– Pokaż to cudo – wyciągnęła rękę do Nowaka. Nowak podał jej butelkę.

– Co to jest? – skrzywiła się Ewa. – Butelka po zwykłej wódzie z płynem koloru lipcowego miodu w środku?

– Uwikłaliśmy się dziś bez reszty w podejrzanej symbolice – uśmiechnął się Nowak. – Oto odwrotność sytuacji sprzed dwóch godzin, czyli wódki u Stołypa. Co wolisz: treść czy formę?

– Jedno i drugie – odparła szybko Ewa.

– Musisz wybierać.

– Nie chcę. Chcę fajnych treści w klawych formach.

– Jak zawsze – westchnął Nowak – mamy niezmiennie do czynienia z idiotkami. My mężczyźni – dodał wyjaśniająco. – Z idiotkami ze świadomego wyboru. Po prostu marzycie o tym, aby być idiotkami, nawet te, które nie mają po temu odpowiednich kwalifikacji.

Poczuł się pewniej, jak pięściarz, który zadał pierwszy cios, na samym początku pierwszej rundy.

– Ha, ha, ha – Ewa zamarkowała przesadne rozbawienie. – Szkoda, że wszyscy mężczyźni nie są tacy jak ty. Używałybyśmy ich tylko w celach rozpłodowych i miałybyśmy święty spokój. Ci zgorzkniali i przemądrzali nie zbudowali jeszcze niczego na tym świecie. Nawet zwykłego małżeństwa.

– A za tym jesteś za formą. Jak większość kobiet. To sprawia, że rządzi wami tak zwana nikczemna naiwność.

– Nalej lepiej tego produktu spółdzielczej pasieki do czegoś i wypijmy wreszcie.

– Zapomniałem kieliszków. Zejdę i przyniosę.

– Nie warto – rzekła Ewa patrząc na Nowaka z upodobaniem: było coś pociągającego w jego schludności, gdy stał tak, oparty o okrągły, kaflowy piec. – Tam – wskazała na umywalnię – jest szklanka do mycia zębów. Wypłucz porządnie, będziemy pili z jednej szklanki.

Nowak uśmiechnął się i zapalił papierosa. Obrócił go w palcach i uśmiech zniknł z jego twarzy. Papieros palił się krzywo.

Przygotował szklankę, odbił lak z butelki i odkorkował. Usiadł na łóżku, obok Ewy, nalał i podał jej. Ewa uniosła się na łokciu i wypiła.

– Uuuu – zawołała po chwili – to dobre! Mocne, ale świetne.

Nowak nalał i wypił. Pijąc dostrzegał bursztynowe światło, zapalające się na dnie szklanki. Armagnac palił przełyk i czyścił wnętrze czaszki płomykami dziwnej rześkości.

– Nalej mi jeszcze – poprosiła Ewa i od razu wypiła. – Uaaa, jakie pyszne. To wyciera zmęczenie z człowieka. Posuń się, chcę wstać.

Nowak odsunął się ku nogom łóżka. Ewa wstała, podeszła do lustra nad umywalnią, poprawiła włosy, otworzyła pudełko z kremem i przetarła dłonie.

– Spierzchły mi ręce – rzekła. – Na spacerze.

Przysunęła sobie krzesło i usiadła naprzeciw łóżka. Nowak rozpiął kołnierzyk koszuli i rozluźnił krawat. Nalał, wypił, przyciągnął poduszkę pod głowę i położył się w poprzek na łóżku.

– Jak to było z tą nikczemnością? – spytała Ewa dość lekceważąco.

– Z nikczemną naiwnością.

– Wiesz, o co mi chodzi.

– Wiem.

– Więc mów.

– Wieczór swobodnej konwersacji?

– A coś ty sobie wyobrażał?

– Szamotaninę.

– Mogłam przypuszczać.

– Nie bój się. Jeszcze będzie.

Ewa uśmiechnęła się szczerze.

– Na razie mów o nikczemnej naiwności. Mam ochotę cię słuchać. Rzadko mi się to zdarza ostatnio.

– Świetnie. Tym bardziej, że oba wątki łączą się. Pozwolisz, że zdejmę marynarkę. Szkoda, aby się gniotła.

– Mam nadzieję, że na tym poprzestaniesz. Zwłaszcza, że nie masz kamizelki.

– Otóż ty mogłabyś być wyjątkiem. Ale to jest silniejsze od ciebie.

– Co jest silniejsze ode mnie?

– Głębokie pragnienie oddawania tak świetnych rzeczy, jak rozkosz i uczucia w zamian za trywialne kłamstwa i oszustwa.

– To brednie i w dodatku niejasno sformułowane. Chodzi ci zapewne o to, że kobieta daje najchętniej rzeczy wartościowe w zamian za bezwartościowe? Przyznasz jednak, iż dowodzi to tylko naszej hojności i bezinteresowności.

– Raczej godnej pożałowania naiwności.

– Taka naiwność powinna wzbudzać w tobie współczucie i chęć niesienia pomocy.

– Jest to naiwność odstręczająca, brudnawa, a częstokroć przewrotnie zamierzona. Naiwność nikczemna.

– Nie rozumiem.

– Sięgnijmy do przykładów. Weźmy dwóch facetów. Jeden z nich mówi otwarcie i szczerze: 'Proszę pani, pragnę byśmy jak najprędzej znaleźli się w łóżku; będę dla pani dobry, a względem pani uczciwy; zobaczymy, co nam z tego wyjdzie albowiem wie pani równie dobrze, jak ja, że udanych związków nie da się ani przewidzieć, ani planować – można je tylko doświadczyć'. Drugi facet kłamie – z premedytacją i na zimno, według wypróbowanego od wieków systemu klepie frazesy o przyjaźni, o czystości uczuć, o eliminacji pożądania, o rozrywkach, dba o uprzejmość. W duchu, rzecz jasna, przeklina każdą chwilę spędzoną w kawiarni, knuje plany najszybszego zwabienia jej do pustego mieszkania i znieczula alkoholem, martwi się drożyzną w kwiaciarniach. I odnosi sukces za sukcesem. Podczas gdy pierwszy spotka od czasu do czasu kobietę powodowaną poczuciem humoru, która odpowie pozytywnie na prostotę jego oferty, dodając: 'Ale z ciebie cynik! Krzty romantyzmu nie masz w sobie...' Otóż to jest nikczemna naiwność.

– Nigdy tak nie postępowałam. Nigdy nie dawałam niczego w zamian za kwiaty, słowa, kłamstwa. Niczego, poza miłym uśmiechem.

– Ale dawałaś w zamian za nastroje. No, przyznaj się. Bądź odważna. Nic, prócz prawdy dziś wieczór. To twoje słowa, Ewo.

Ewa milczała. Patrzyła Nowakowi w oczy wzrokiem wyzywającym i pełnym sympatii.

– Tylko raz – rzekła trochę za głośno.

– Zupełnie zapomnieliśmy o Armagnacu – rzekł Nowak swobodnie.

– Fakt – przyznała Ewa.

Nowak wstał, nalał i podał Ewie szklankę.

– Ewo – spytał Nowak – ilu miałaś mężczyzn?

– Zabawne – powiedziała Ewa. – Zaczynam przypuszczać, że ty to wszystko traktujesz poważnie.

– Nie mylisz się. Nawet twoje słowa z jadalni. Oczywiście, możesz nie odpowiedzieć, albo skłamać. Wtedy nie pozostanie nam już nic, prócz Armagnacu.

– Przecież to nonsens – żachnęła się Ewa. – Ja cię o nic nie pytam.

– Na tym polega różnica między nami.

– Więc dobrze – rzekła Ewa bez pośpiechu i bez niechęci. – Czterech.

Nowakowi zaschło w gardle z żalu, urazy, wściekłości. Serce zaczęło mu znów łomotać o żebra.

– Niewąsko – rzekł obojętnie. – Jak na twój wiek.

– No i co? – powiedziała pogodnie Ewa. – Co ci się nie podoba? Przecież ty mógłbyś tu na pewno ustawić dziesiątki swoich kobiet w dwuszereg i zawołać odlicz... O ile je sobie w ogóle wszystkie przypominasz.

– Masz rację. Ale to nie to samo.

Ewa zaczerwieniła się. Zdawało się, że krzyknie.

– Tak – rzekła cicho. – To nie to samo. Wiem o tym.

– Ale ten raz, za nastrój, był pierwszym razem, prawda?

Ewa wypiła.

– Skąd wiesz? – spytała.

– Tak mówi się przeważnie. Właściwie zawsze.

– Nie zawsze. Powinieneś o tym wiedzieć.

– Zgoda. Nie zawsze. Czasami mówi się, że to było z ciekawości, czasem, że on bardzo tego chciał.

– Czasami też mówi się, że go się bardzo kochało i to dlatego. Czasami zresztą kochało się naprawdę.

– No i jak było z tym nastrojem? – dręczył się Nowak.

– To było podczas Powstania.

– Śliczne. Trzy czwarte dziewczyn z Warszawy powtarza to samo.

– Nie wiem, co ci mówiły inne – obraziła się nagle Ewa. – Ja mówię prawdę, zgodnie z umową.

I znów uraza, żal, rozgoryczenie wysuszyły mu przełyk, lecz jednocześnie jakaś fala tkliwości opłynęła serce.

– Żebyście chociaż mówiły – rzekł łagodnie – że było wam wszystko jedno, że każda sekunda niosła śmierć, że nie było czego oszczędzać, że trzeba się było śpieszyć. Żebyście chociaż mówiły, że to z patriotyzmu, aby dać coś żołnierzykom i ojczyźnie...

– To był właśnie nastrój – powiedziała rzeczowo Ewa. – I proszę cię, żadnych kolektywów, dobrze? Żadnych wspólnych frontów, żadnej typowości. Ja odpowiadam za siebie, za to, co ja robiłam. Nie byłeś wtedy w Warszawie, prawda?

– Nie. Byłem na morzu.

– No, więc...

Nowak zapalił nocną lampkę i zgasił górne światło.

– Co robisz? – spytała Ewa.

– Nastrój.

– Nie mów tak – rzekła Ewa miękko. – To nieładnie. Nie wolno ci tak mówić.

Nowak usiadł na łóżku.

– Usiądź tu – rzekł z wymuszonym uśmiechem. – Przy mnie.

– Po co? – Ewa podciągnęła kolana pod brodę i wparła się mocniej w krzesło. – Tu jest mi bardzo wygodnie.

– Proszę cię – powtórzył Nowak – usiądź przy mnie. Chcę cię pocałować.

Sztuczny uśmiech nie schodził mu z warg. Nienawidził tego uśmiechu i nie mógł go opanować. Wstydził się swego pożądania.

– Obejdzie się – rzekła Ewa niepewnie. – Nasz kontyngent wyczerpany. Nie będzie już całowania.

– Usiądź tu.

– Powtarzasz się.

– W większości wypadków zawsze w końcu to – rzekł Nowak. – Zawsze w końcu brzydko pachną.

Wstał i zapalił papierosa.

– No, to idę – rzekł tonem opanowanym. – Zbyt mi się podobasz, aby to robić według najprostszej sztancy. Tymczasem. Do jutra.

Odwrócił się i nacisnął klamkę.

– Nie odchodź jeszcze – rzekła wolno Ewa. – Właściwie jest wcześnie. Nie chce mi się spać. Czy nie moglibyśmy po prostu jeszcze porozmawiać? Posiedzieć ze sobą? Czy od razu musi być całowanie i tak dalej?

Wstała z krzesła, sięgnęła po butelkę, nalała i wyciągnęła rękę ze szklanką ku Nowakowi. Nowak wrócił od drzwi na środek pokoju, ujął rękę

Ewy, wyjął z niej łagodnie szklankę, odstawił na nocny stolik, i przyciągnął Ewę ku sobie. Całował ją długo i delikatnie, przesuwając się nieznacznie ku łóżku. Miękkim ruchem usiadł, pociągając Ewę za sobą, nie odrywając się od jej warg. Przez chwilę siedzieli na brzegu łóżka, nie przerywając pocałunku, w pozycji niewygodnej, sztywnej i śmiesznej, potem Nowak stanowczym, silnym ruchem przechylił Ewę ku poduszce, szybko unosząc jej nogi na łóżko. Prawym ramieniem przyciskał Ewę ku sobie, podczas gdy jego lewa ręka poszukała kontaktu nocnej lampki i zgasiła światło.

– Co ty robisz? – szepnęła Ewa, odrywając z wysiłkiem głowę od poduszki. – Nie, nie rób tego.

Uścisk Nowaka zelżał, ręce jego tkwiły nieruchomo przy ramionach Ewy. Zaczął całować jej oczy, nos, czoło. Były to pocałunki tkliwe, wzbudzające zaufanie. Poszukał jej warg, lecz znalazł je zaciśnięte, suche i wąskie, toteż wrócił z powrotem ku oczom i skroniom. Ciało Ewy sprężone było do oporu, spięte odmową. Nowak puścił ramiona Ewy i leżał obok, bez ruchu i bez słowa. Po chwili znów pochylił się nad Ewą, zbliżył twarz ku jej twarzy i wolno przesunął kilka razy językiem po jej wargach, rozchylając je powoli, lecz nieustępliwie. Wargi Ewy stały się znów miękkie i ciepłe, zaś Nowak zaczął ostrożnie, nieznacznie rozpinać bluzkę pyjamy. Ewa leżała nieruchomo, smakując pocałunek zapamiętale i bezmyślnie. Nowak rozpiął dwa guziki, objął prawą ręką ramiona Ewy przyciągając ją mocniej ku sobie, lewą dłoń wsunął nieomylnym gestem pod bluzkę i położył na jej prawej piersi. – Ewa nie stawiała oporu, lecz wargi jej straciły zapamiętałość, język uciekał, zęby zwierały się. Nowak wyjął rękę spod bluzki i sunął nią powoli w dół, wzdłuż bioder Ewy, szukając końca spódnicy.

– Nie – szepnęła Ewa. – Przestań.

Ręka Nowaka wróciła wolno ku górze. Po drodze natrafiła na ekler spódnicy, zatrzymała się i próbowała odpinać guzik nad zamkiem błyskawicznym.

– Nie rób tego – poprosiła cicho Ewa.

– Dlaczego? – szepnął głupio Nowak.

Nie odpowiedziała, lecz ręka jej mocno ujęła manipulującą dłoń Nowaka. Ewa przechyliła się na lewo, przylgnęła mocno, całym ciałem do Nowaka, przez sekundę dotknęła wargami jego podbródka, po czym wtuliła twarz pomiędzy jego szyję a poduszkę. Wtedy poczuł, że Ewa ma rzęsy mokre od łez.

Odwrócił się od niej i położył na wznak, podkładając ręce pod głowę.

– Dlaczego płaczesz?

– Nie wiem, żal mi.

– Czego ci żal?

– Właściwie nie wiem.

– Po raz pierwszy, od kiedy cię znam, czegoś nie wiesz, Ewo.

– Wiem, żal mi jego.

– Kocha cię?

– Kocha.

– A ty jego?

– Też. Chyba też. Zresztą, nie wiem. Często nie wiem. Właśnie teraz nie wiem.

– Znów nie wiesz?

– On jest dobry. Kocha mnie. To wiem na pewno.

– On jest tym czwartym?

– Nie… – Ewa zawahała się. – Czterech było przed tym. On się nie liczy. Pytałeś ilu było, a on jest.

– Aha – mruknął Nowak. – Takie proste.

Poczuł znów suchość w gardle i szmer serca.

Czegoś było mu strasznie żal, tak strasznie, że aż wstydził się tego uczucia przed sobą samym. „Takie proste – pomyślał. – Wydawało mi się że będę tym piątym. Nawet mi na tym bardzo zależało. Czterech już zainkasowałem i szlus. Tymczasem okazuje się, że mogę być dopiero szósty. Mam prawo do następnego numeru. I miejsca".

– On nie chciał – rzekła skwapliwie Ewa. – To ja chciałam.

– Rozumiem – rzekł Nowak i przełknął z trudem.

Zapalił światło, wstał z łóżka, obciągnął koszulę i poprawił spodnie.

– Idę – rzekł obojętnie. – Bądź zdrowa.

– Nie idź – powiedziała Ewa.

Leżała na boku z podkurczonymi wysoko nogami z rozpiętą bluzką.

– Nie chodź jeszcze – powtórzyła. – Tak mi smutno.

– Dobrze – rzekł Nowak.

Rzucił marynarkę na krzesło, usiadł na łóżku, zgasił światło i pochylił się ku Ewie. Krótkim ruchem zszarpnął jej bluzkę z piersi, zdarł z ramion i odrzucił w kąt łóżka. Prawym ramieniem otoczył jej odsłonięte łopatki, przygniótł ją całym ciężarem, uchwycił oba jej przeguby w swą prawą dłoń, zaś lewą uniósł jej spódnicę. Po czym lewe kolano wgniótł bez wahania w kurczowo zbite, drżące z wysiłku uda Ewy. Ewa szarpnęła się rozpaczliwie.

– Nie! – wykrztusiła. – Tak nie! Błagam cię...

Uchwyt Nowaka zelżał, zbrakło w nim naraz determinacji i zaciętości. Uniósł się z łóżka i usiadł na jego brzegu.

– A jak? – spytał.

– Ja... nie wiem...

– Słuchaj – rzekł Nowak w ciemnościach. – Jutro wyjedziemy stąd razem. Dokąd zechcesz. Na Zachód? Zgoda. Mam pieniądze i kuter do dyspozycji. Za dwa dni będziemy w Kopenhadze lub w Sztokholmie. Dobrze?

– Matko święta! To niemożliwe. Jak tak można? Tak nagle... Ja mam rodzinę. Matkę.

– W porządku. Jedziemy do Warszawy. Pomówisz z twoim narzeczonym. Albo ja z nim porozmawiam. Jak wolisz?

– Nie... Zrozum, to nie takie proste. Jak ty to sobie właściwie wyobrażasz?

– Zostajemy zatem w Darłowie. Jak długo zechcesz. Po tym zadecydujemy co dalej. Na razie zostajemy tutaj. Bałtyckie przedwiośnie, świeżo wędzone szproty, ty i ja. Zgadzasz się?

– Ronaldzie, na miłość boską, czego ty ode mnie chcesz?

– Ciebie.

Ewa uniosła się powoli na łokciach i zapaliła światło. Wyglądała urzekająco, na pobojowisku z łóżkowej kapy. Jej nagie ramiona i piersi, na tle pospolitej, zmiętej czerwieni, budziły w Nowaku uczucia niejasne, jakieś tęsknoty za czymś pachnącym i własnym.

– Nie – rzekła Ewa. – To wszystko na nic. Za kogo ty mnie bierzesz?

– Ewo... – uśmiechnął się Nowak blado.

Pochylił się i pogładził jej dłonie, którymi przyciskała ramiączka koszuli nad piersiami. Jego lewa ręka znów powędrowała w dół i sunęła po pończosze, ku uniesionej spódnicy. Oczy Nowaka zwęziły się, ani na chwilę nie spuszczał wzroku z oczu Ewy.

– Nie, nie! – zawołała Ewa z rezygnacją. – Proszę cię, tylko nie tak! Ja sama...

Uniosła się gwałtownie na łóżku, Nowak odszedł na środek pokoju. Sięgnął do kieszeni od spodni i wyjął zupełnie pogniecione pudełko, w którym tkwiły połamane papierosy.

– Rozbierz się – rzekł Nowak. – Idę po papierosy.

Wyszedł, zostawiając za sobą drzwi otwarte. Szybko wszedł do swego pokoju i chaotycznymi ruchami szukał papierosów w kieszeniach płaszcza. Wtedy usłyszał przyciszony odgłos. Wychylił głowę na korytarz. W słabym świetle korytarzowej żarówki stała pod drzwiami Ewy butelka Armagnacu, obok leżała jego marynarka. Drzwi były zamknięte.

Nowak nacisnął lekko klamkę.

– Ewo – rzekł cicho. – Otwórz.

– Błagam cię – rzekła natychmiast Ewa – daj spokój.

– Boisz się mnie?

– Tak, boję się. Nie tylko ciebie.

– Ewo, otwórz. To nie może się tak skończyć.

– Zrozum… – szepnęła Ewa, przyciskając czoło do drzwi, w odległości trzech centymetrów od ust Nowaka – ja naprawdę nie jestem dziwką…

– Wierzysz w to? – rzekł obraźliwie Nowak. – Jesteś o tym przekonana?

Po tych słowach nie miał tu już nic do roboty. Naciągnął marynarkę, podniósł butelkę i począł schodzić po schodach.

– Ronaldzie… – szepnęła Ewa przez drzwi, tak cicho, że nikt nie mógł tego słyszeć.

Na dole siedziała Kraalowa. Głowę miała w strąkach papilotów i ubrana była w kwiecisty szlafrok.

– Wyrolowała pana? – rzekła bez żadnych wstępów.

Nowak zapalił papierosa.

– Chce pani dobrej wódki? – spytał.

– Niech pan posłucha, wie pan co? – rzekła z ożywieniem Kraalowa. – Pójdę na górę, zapukam do niej. Mnie wpuści. Pogadam z nią o jakichś bzdetach, wyjmę klucz z zamku tak, że nawet nie zauważy i pójdę sobie. Co? A wtedy pan załatwi wszystko jak trzeba. Dobra?

– Madame – uśmiechnął się Nowak – jest pani nieoceniona. Bije z pani oczu szlachetne podniecenie starego trapera, który po latach gnuśnego życia znów znalazł się w puszczy, pełnej błogosławionych przeszkód do pokonania. Ale nic z tego. Mam jutro ciężki dzień przed sobą, pójdę spać. To tam – wskazał na sufit – nie jest aż tak ważne, aby zadawać sobie tyle trudu.

„Właściwie – pomyślał Nowak – jak teraz odejść od tej dziewczyny? Teraz sprawa jest przesądzona. Muszę przy niej zostać, aż do końca". Nie wiedział zbyt dobrze, co ma być końcem. Rysowało mu się niejasno wspólne oglądanie dobrych filmów i wspólne wycieczki niedzielne na plażę, mętne chęci słuchania śmiechu Ewy i pokazywania jej nowych krawatów; zapragnął dzielić z nią emocje wielkich meczów tenisowych i wrażenia z przyjęć u znajomych, poczuł rozradowanie na myśl, że całe miesiące, a może lata całe spaliby na tym samym tapczanie, nawet gdyby jedno z nich zachorowało na grypę.

Rozległ się dzwonek telefonu.

– Tak późno? – rzekła Kraalowa i wstała od stołu. – Halo? – powiedziała unosząc słuchawkę.

– To do pana – zwróciła się do Nowaka. – Jacyś pijacy.

Nowak wstał, Kraalowa podała mu słuchawkę i natychmiast wyszła z jadalni.

– Halo – rzekł Nowak.

– Nowak? – rozległ się głos Letera. – Co się z panem dzieje? – Głos zdradzał nasycenie alkoholem, starając się o zachowanie poprawności, a nawet o słodką uprzejmość. – Czekamy na pana. Pański dobry przyjaciel przyjechał. Przywiózł różne dobre rzeczy dla pana. I dobre wiadomości. Niech pan przyjdzie.

– Przykro mi niewymownie – rzekł Nowak bardzo grzecznie – ale niestety nie przyjdę. Nie mogę.

– Ależ panie Nowak kochany… Trzeba porozmawiać…

– Nie będziemy rozmawiać. Zmieniłem plany. Na razie nie jadę. Zostaję. Jasne?

– Nowak! – krzyknął Leter – niech pan pos…

Nowak odłożył słuchawkę.

Podciągnął krawat, sięgnął po klucz od bramy, wiszący nad konturem i wyszedł. Otworzył bramę, zamknął za sobą, ruszył przed siebie. Wicher ucichł, lecz było bardzo zimno. Nowak włożył ręce w kieszenie spodni, nastawił kołnierz marynarki i zapiął ją szczelnie na wszystkie guziki. Wyglądał teraz jak drżący z chłodu włóczęga. Było zadziwiająco spokojnie, granatowo, przejrzyście, domy i drzewa rysowały się wypukłe w perspektywach uliczek i nieba.

Zza rogu wyłoniła się sylwetka kobiety.

– Dobry wieczór, Anito – rzekł Nowak, podchodząc.

Anita zatrzymała się bardzo blisko, jej dłoń zebrała razem klapy marynarki Nowaka by uchronić go przed zimnem.

– Wykopcił pan już nareszcie tę swoją boginię? – spytała cicho.

– Nie – rzekł Nowak poważnie.

– Cały wieczór piłam za pana zdrowie. Żeby się panu udało.

– Dziękuję ci. Ale to nie pomogło.

Anita roześmiała się dziewczęco, kokieteryjnie.

– To klawo – powiedziała.

Biła od niej zmieszana woń kobiecego potu, taniego pudru i alkoholu. Nowak czuł tę woń bez odrazy.

– Dobranoc – powiedział z wahaniem. – Idę się jeszcze trochę przejść.

I odszedł szybko, jakby uciekał.

DZIEŃ TRZECI

– Nowak…

Poprzez niegłęboki sen doszło do świadomości Nowaka, że coś nie jest w porządku. „Jezus Maria! – uświadomił sobie – ktoś jest w pokoju!" ćwiczona latami cnota bezwzględnej czujności objawiła swą przydatność. Otworzył oczy i ujrzał nad sobą twarz Letera.

– Jak pan tu wszedł? – rzekł Nowak opryskliwie.

– Przez drzwi – Leter wyprostował się.

– Były otwarte?

– Przecież nie wdrapałem się po rynnie. Ani nie wyłamuję zamków.

– Ale nie pukał pan?

– Pukałem.

– Dziwne – westchnął Nowak. – Co się ze mną dzieje? Chyba starzeję się. Mógł mnie pan tu załatwić na kwit – dodał z nieszczerym uśmiechem.

– Mógłbym. Tylko po co?

Leter usiadł w nogach łóżka Nowaka i zapalił papierosa. Nie było nic agresywnego w jego postawie, ani w zachowaniu.

– To fakt – przyznał Nowak i ziewnął.

Przeciągnął muskularne, ciemne jeszcze od zeszłorocznej opalenizny ramiona; wyglądał młodo w koszulce gimnastycznej, pod kocem zsuniętym do pasa.

– Niech pan otworzy okno i da mi papierosa – powiedział Nowak.

Leter wstał posłusznie, otworzył okno i rzucił papierosy na łóżko. Za oknem widniał wiosenny błękit nieba, czuć było spokojne, ciepłe powietrze pogodnego, bezwietrznego dnia. Nowakowi zrobiło się bardzo smutno.

– No i co? – rzekł szorstko. – Czego pan chce?

– Chcę tylko wiedzieć, co to wszystko znaczy? – rzekł Leter pojednawczo; w głosie jego nie było śladu zwykłej zaczepności.

– Żebym ja wiedział – rzekł niepewnie Nowak. – W każdym razie nie jadę. Na razie zostaję.

– Co znaczy: na razie?

– To znaczy, że dziś nic z tego. Muszę jeszcze pojechać do Warszawy. Wrócę do Darłowa za jakieś dwa... może trzy tygodnie i wtedy pokombinujemy na nowo. Zresztą, tego też dobrze nie wiem, to może potrwać dłużej. Musi mnie pan zrozumieć – dodał, łagodząc głos – nie chciałbym pana zwodzić, panie Leter...

– Nowak – rzekł z troską Leter – ja nie mogę czekać.

– Co się stało? – spytał Nowak; pierwszy raz w życiu poczuł cień sympatii dla Letera.

– Nic się jeszcze nie stało. Ale stanie się. Stanie się na pewno i to niejedno. Nowak, niech mi pan wierzy, stąd trzeba pryskać. I to możliwie najszybciej.

– Wierzę panu – mruknął Nowak. – Wiem o tym. Ale ja jeszcze zaczekam.

– Może pan tego gorzko żałować.

– Na pewno będę żałował. Zawsze żałuje się potem. Zna pan inny rodzaj żałowania?

– Czy pan nie widzi, że tu się wszystko kończy?

– Jak dla kogo – uśmiechnął się melancholijnie Nowak. – Boję się, że dla mnie właśnie się zaczyna. I to nic dobrego.

– Ci bandyci nie zostawią niczego. Wszystko zniszczą.

– Jacy bandyci? – zainteresował się Nowak.

– No, bolszewicy. Komuniści. Peperowcy. Czy wie pan, że likwiduje się prywatne firmy maklerskie. Dostałem kwestionariusz z Gdyni. Mam starać się o posadę w państwowej centrali shipchandlerskiej. Sądzi pan, że mnie wezmą?

– Nie.

– No, widzi pan.

– Przedwczoraj mówił pan inaczej. Chodziło panu o skok, o numer, o uwolnienie się od kieratu drobnomieszczańskiej egzystencji. Dziś widzę, że boi się pan o posadę.

– Boję się prześladowań – rzekł Leter z godnością. – Boję się przyszłości tego kraju. To będzie dzika historia. Ludzie mojego pokroju i moich uzdolnień nie mają tu na co czekać.

– Rozumiem – westchnął Nowak.

– Wydaje mi się, że ludzie pańskiego pokroju też tracą tu czas na próżno.

Coś z dawnej złośliwości odnalazło się w spojrzeniu Letera, jakim obrzucił Nowaka. Przez chwilę panowała cisza.

– Boję się – rzekł Leter – że taka szansa się już nie powtórzy.

Zapalił nowego papierosa, usiłując ukryć lekkie drżenie rąk.

– Jaka szansa? – spytał wolno Nowak.

– Nowak, czy pan wie, ile trudu kosztowało mnie zorganizowanie tej afery z Haugem? Ile przeszkód trzeba pokonać, żeby „Ragne" ładowała w Darłowie? Jak namordowałem się nad parszywymi, małymi detalami? Jak umiejętnie zblatować tu i ówdzie, żeby taki numer wyskoczył co do dnia i co do minuty? I teraz pan, jednym telefonem, załatwia mnie odmownie. Jak mam to rozumieć, co to wszystko znaczy? Czy tak postępuje poważny człowiek, wszystko jedno z jakiej branży?

Nowak przetarł dłońmi twarz.

– Ma pan rację – rzekł. – Nie jestem wobec pana w porządku. Ale ja na razie nie mogę jechać.

– Co znaczy: na razie? Można wstrzymać tempo ładowania. Można przesunąć wyjście z portu o dwa, trzy dni. Może będzie pan coś do tego czasu wiedział?

Spojrzał nieznacznie, z napięciem na Nowaka, jakby szukając czegoś w jego twarzy.

– Nic z tego – rzekł Nowak z troską. – Chyba będę musiał pojechać do Warszawy.

– Panie Nowak – rzekł Leter dobitnie – ja mogę sobie, na przykład, pomyśleć, że panu odeszła ochota dzielenia się ze mną. W porządku. Nie ja jestem świnia, ale pan jest świnia – tak sobie mogę pomyśleć. Natomiast nigdy nie popełnię błędu i nie pomyślę, że jest pan bęcwałem. Czy pan wie, że za miesiąc może pan nie znaleźć w Darłowie ani jednego prywatnego kutra? Że wszyscy szyprowie oczekują ustawowego wcielenia do państwowych przedsiębiorstw połowów, lub, w najlepszym wypadku, do spółdzielni rybackich?

– Wiem o tym – rzekł Nowak cicho.

– No i co?

– Na razie nie mogę jechać.

Przez chwilę milczeli.

– Która godzina? – zapytał Nowak.

– Piętnaście po ósmej.

„Co się z nią dzieje? – pomyślał Nowak. – Śpi jeszcze, czy już wyszła? I dokąd?"

– Czas wstawać – rzekł Nowak z podejrzaną rześkością.

– Jeszcze moment – Leter nie ruszył się z łóżka, na którym, siedząc, blokował Nowaka. – Czy wie pan o nowej instrukcji Bezpieki dla WOP–u, która lada dzień wejdzie w życie?

– O jakiej? – spytał Nowak tonem lekkim, obojętnym, jakim rozmawia się o nogach dziewczyn, lub o deszczu, psującym popołudniowy spacer.

– Wszystkie jednostki pełnomorskie, wychodzące z portu, od największego tankowca po najmniejsze kutry, polskie i obce, mają przechodzić przez kontrolę WOP–u, oprócz kontroli celnej. Ustawowo, pojmuje pan? I to taką bolszewicką kontrolę, od kilu aż po anteny radiowe. Z psami w wypadkach szczególnie podejrzanych.

– Przypuszczałem – rzekł Nowak – że na tym się skończy.

– I co pan na to?

– Niech mi pan da wstać.

Leter podniósł się i przeszedł do okna. Nowak usiadł na łóżku, wciągnął spodnie i podszedł do umywalni.

– I co pan na to? – powtórzył Leter.

– Cholera – rzekł Nowak – nie znoszę golenia się zimną wodą. Ale muszę… – upewnił się, zbliżając twarz do lustra i pocierając brodę.

– Zgrywa się pan jak ostatni idiota – rzekł Leter ze stłumioną pasją.

– Oczywiście – przyznał chętnie Nowak. – Robię dobrą minę do złej gry.

Przez chwilę milczeli. Nowak mydlił pieczołowicie twarz i myślał: „Pójdę do niej, jakby nic nie zaszło. Żadnych pretensji, ani wyrzutów, ani kwasów. Zwykła, koleżeńska uprzejmość i pogoda". Spojrzał w piękne niebo za oknem i ogarnął go głupi smutek, męczący jak ból w nogach i rozpraszający uwagę.

– Panie Leter – rzekł Nowak – chciałbym panu zadać pytanie.

– Proszę uprzejmie. Może się wreszcie czegoś dowiem o tych pańskich „na razie nie"… i „na razie nie mogę…"

– Czy może mi pan powiedzieć, skąd pan wie o tej instrukcji UB?

– Chętnie. Od mojej żony.

– Rozumiem.

– Zaś moja żona od kapitana Stołypa. Wie pan o tym równie dobrze, jak ja.

– Bezbłędnie, Leter. Czy sądzi pan, że informując pana o tym żona pańska daje dowód jak bardzo pana kocha?

– Raczej, jak bardzo mnie nienawidzi. Usiłuje w ten sposób przyśpieszyć moment mojego urwania się stąd.

– Czy żona domyśla się pańskich zamiarów, czy po prostu funkcjonuje pomiędzy wami układ, na zasadzie którego ona panu pomaga, aby pan jak najszybciej dał jej spokój?

– A co to pana obchodzi?

– W zasadzie nic – uśmiechnął się Nowak. – I tak najbardziej poszkodowanym jest kapitan Stołyp.

– Myli się pan – mruknął Leter. – Ten łobuz naprawdę kocha moją żonę. Myślę, że i jemu zależy na tym, aby pozbyć się mnie jak najszybciej. A zresztą, dzięki Bogu, że nareszcie ktoś go roluje, cholera na jego francowatą, szpiclowską mordę...

– Och – westchnął Nowak – niepotrzebnie się pan denerwuje.

Przetarł ogoloną twarz wodą kolońską. Ogarnął go nagle nastrój nieoczekiwanego zadowolenia. „Ostatecznie – pomyślał – chyba robię dobrze, że nie jadę. Są sprawy ważniejsze, niż odrobina dobrobytu". Po czym zabrał się do czyszczenia butów z resztek wczorajszego rudego błota.

– Panie Leter – rzekł, wyjmując świeżą koszulę z walizki – obawiam się, że popełnia pan błąd. Nie dostrzega pan możliwości, które otwierają się przed człowiekiem pana pokroju i zdolności w upaństwowionym maklerstwie i shipchandlerstwie. Zresztą, nie bądźmy drobiazgowi, te perspektywy są przed panem w każdej dziedzinie. To, co komuniści spuszczają niebawem na wodę pod nazwą planu sześcioletniego będzie wspaniałym polem do popisu dla jednostek przedsiębiorczych. Dla ludzi tak cudownie umiejących radzić sobie z małymi, parszywymi szczegółami.

– Myślałem i o tym – rzekł Leter – ale ja też mam serce. I uczucia. I przekonania. Wiem, co mi wolno, mam zasady. Nie przyłożę ręki, żeby im pomóc.

– Wspaniale – rzekł Nowak. – Jestem z pana dumny.

Rozciągnął swe mocno osadzone, brązowe ramiona i włożył koszulę. Nie znajdował w sobie zmęczenia, mimo całodziennego wczoraj obcowania z alkoholem. Zawiązał krawat, włożył marynarkę i wziął płaszcz.

– Idziemy – rzekł do Letera, otwierając drzwi. Na korytarzu przystanął chwilę, wahając się.

– Niech pan zejdzie na dół – rzekł. – Ja zaraz schodzę.

Wrócił do swego pokoju i zaczekał aż umilkną kroki schodzącego po schodach Letera. Po czym wyszedł, zamknął za sobą drzwi i zapukał do pokoju Ewy.

– Ewo… – rzekł cicho.

Nie było żadnej odpowiedzi. „Już wyszła?" – zdziwił się.

Na dole Kraalowa wycierała kufle od piwa. Leter kręcił się niezdecydowanie po jadalni.

– Co pan będzie jadł na śniadanie? – spytała Kraalowa Nowaka.

– Proszę o szklankę gorącej herbaty – rzekł Nowak. – A w ogóle: dzień dobry.

– Dzień dobry – mruknęła Kraalowa. – Tu jest list dla pana. Kazała go panu oddać jak pan zejdzie. – Uczyniła głową ruch, wskazujący na sufit.

Nowak rozerwał kopertę. Kartka papieru pokryta była pismem ołówkowym, pośpiesznym, lecz wyraźnym.

„Ronaldzie,
przepraszam.
To wszystko wypadło nie tak, jak chciałam. To wszystko nie da się ująć w krótki list. To wszystko, co mówiłeś, wymaga przynajmniej chwili namysłu. Były w tym, co mówiłeś, rzeczy ważne, budzące zaufanie do słów i do człowieka, który je wypowiadał. Wydaje mi się, że jesteś mądry i mocny i mogłabym Ci zawierzyć moje, z kolei, troski – może małe – i myśli – może głupie, jakże mniej ważkie od Twoich. I dlatego mam do Ciebie prośbę: nie decyduj sam o niczym! Porozmawiajmy. Ustalmy wspólnie nasze zamiary i chęci. Może… Sama zresztą nie wiem, co „może", ale wiem, że musimy porozmawiać.
Czekaj na mnie o 12 w południe, w swoim pokoju.
Ewa".

Nowak włożył kopertę z listem do kieszeni i spojrzał w okno.

– Jaka piękna pogoda – powiedział i po raz pierwszy tego ranka uświadomił sobie czystość nieba. – Pani Kraal, poproszę o pełne śniadanie, świeże bułki, masło i jajka po wiedeńsku.

Spojrzał na Letera i wydało mu się naraz, że Leter ma w gruncie rzeczy bardzo miłą twarz. Popatrzył na Kraalową i dostrzegł w jej spojrzeniu dobroduszność. „Zaczynam odbierać wrażenia jak pijany" – przywołał się do porządku.

– Pójdę już – rzekł Leter obojętnie. – Będę z panem w kontakcie.

– O, nie – rzekł Nowak ochoczo. – Za nic na świecie. Zje pan ze mną śniadanie.

– Jestem po śniadaniu – w głosie Letera była wściekłość.

– To napije się pan kawy. Sam pan wie, jaką kawę parzy Madame Kraal. Madame – zwrócił się do Kraalowej – wraz z moim śniadaniem proszę o jedną Santos Extra dla pana Letera.

– Uhm – mruknęła Kraalowa – już się rozpędziłam szukać dla was Santos Extra.

Widać było, że nie przepada za Leterem.

– Leter – rzekł Nowak, gdy Kraalową wyszła do kuchni – jest coś nowego.

– To znaczy? – Leter podniósł twarz czujnie do góry.

– Nie teraz – mruknął Nowak. – Wyjdziemy, porozmawiamy.

Kraalową przyniosła tacę, pełną jedzenia, talerzy, szklanek i postawiła to wszystko między Nowakiem a Leterem.

– Zupełnie zapomniałem pani powiedzieć, pani Kraal – rzekł Nowak – że w Warszawie spotkałem pewnych filmowców, którzy chcą tu kręcić film. Tu, w Darłowie.

– Tylko to mi do szczęścia potrzebne – rzekła Kraalowa.

– Kraalowa nie docenia potęgi reklamy – rzekł Leter ze zgryźliwym uśmiechem. – Jej hotel, po takim filmie, zyskałby ogólnopolską sławę.

– Ale nie pod moją firmą – mruknęła Kraalowa. – Pod firmą domu noclegowego imienia Józefa Stalina.

„Skrzynkę mogę przytransportować do hotelu przed dwunastą – myślał prędko Nowak. – Muszę to jakoś zdziałać, chociaż to nie takie proste. Trzeba się jakoś przytomnie urządzić. Potem, o dwunastej, porozmawiamy. Jak się zgodzi, to towar pod ręką, ładujemy się i… dziś w morze". Spięła go radość szybkich rozwiązań, przedsmak szybkich wydarzeń, dających szczęście krótkotrwałe i gwałtowne w zamian za ryzyko i gotowość do zbierania ciężkich razów.

Kraalowa wyszła ponownie do kuchni.

– Idziemy – rzekł Nowak, dopijając pośpiesznie herbatę i zapalając jednocześnie papierosa.

Placyk przed hotelem był pusty i zalany marcowym słońcem.

– Słucham pana? – rzekł Leter idąc wolno obok Nowaka i nie patrząc nań.

Nowak ujął Letera za klapę płaszcza i obrócił lekko ku sobie.

– Pojadą trzy osoby – rzekł wolno, patrząc Leterowi prosto w oczy. – Pan, ja i jeszcze ktoś.

– A więc jednak… – wycedził Leter przez zęby. – Ta cizia.

– Dola pozostaje ta sama – ciągnął chłodno Nowak. – Fifty–fifty. Nikt nie dochodzi do doli. Nic pan na tym nie traci.

Leter uśmiechnął się z obraźliwą ironią.

– Zgoda – rzekł. I dodał: – Taki facet, jak pan, żeby pękał na takim numerze? No, no…

– Jestem u pana punktualnie o czwartej – rzekł spokojnie Nowak. – Może pan wszystko montować na godzinę siódmą. Przede wszystkim transport stąd, z hotelu, do portu. Wystrzał o siódmej.

– Tak jest – rzekł Leter. – Tymczasem.

– Tymczasem.

Leter odwrócił się i poszedł w kierunku ulicy Dobrych Kobiet. Nowak przystanął na chwilę, dopalił papierosa, po czym ruszył w tę samą stronę daleko mniej zdecydowanym krokiem. „Tylko spokojnie – myślał – zaraz się wszystko ułoży".

Na rogu głównej ulicy zatrzymał się, rozglądając się nieco bezradnie.

– Dzień dobry – rozległo się z boku.

Nowak odwrócił się w lewo. Pod ścianą domu siedział w kucki trzynastoletni przedsiębiorca transportowy i palił „Machorkowego".

– Dzień dobry – rzekł Nowak. – Gdzie masz narzędzie pracy? Czyżbyś zamknął interes?

– Nie. Fura na dworcu. Wie pan co? Nie miałem dziś rano ani jednego klienta.

– Straszne. Jesteś na progu bankructwa?

– Pan dziś nie jedzie? Może pana chociaż zawiozę na warszawski wieczorny?

– Niewykluczone, chociaż niekonieczne. Zarobisz parę złotych wcześniej. Zaraz.

– No?...

Twarz chłopaka uniosła się szybko do góry. „To ryzykowne – pomyślał Nowak. – Ale jedyne wyjście... I tak dobrze, że się podwinął na czas..."

– Posłuchaj – Nowak pochylił się nad chłopcem. – Wiesz, gdzie jest taki dziwny kościół, na starym cmentarzu?

– Wiem.

– Skoczysz po wózek i podjedziesz pod bramę cmentarza. I weź trochę sznura. Tego mocniejszego, do pakowania.

– A co będziemy taskać?

Nowakowi zrobiło się gorąco.

– Trochę takiego zabytkowego śmiecia – rzekł po koleżeńsku. – Przetransportujemy to do muzeum, na zamek.

– To chyba dla tej pani, co z panem przyjechała, nie?

– Skąd wiesz?

– Ano, u nas się wszystko wie od razu. Ta pani to taka ważna od zabytków. Ważniejsza jeszcze od dyrektora muzeum, prawda?

– Prawda – odetchnął Nowak z ulgą. – Podoba ci się ta pani?

– Nie najgorsza. I uszanować cudzą pracę potrafi. Wie, ile się człowiekowi należy.

– Człowieku – rzekł uroczyście Nowak – nie mów więc nic nikomu o naszym przedsięwzięciu. Zrobimy tej pani niespodziankę.

– Phi, też jest o czym mówić? Tu każdy szabruje z cmentarzy i kościołów ile wlezie. Nawet szwedzcy matrosi. A zresztą jest tego wszystkiego do nagłej krwi. Można brać.

– To bądź za piętnaście minut pod bramą.

– Już się robi.

Chłopak wstał i pomknął w kierunku dworca. Nowak poszedł wolno ku rynkowi. Uśmiechał się nieznacznie do swoich myśli. „Tfu – splunął naraz – czyżby mi dziś zaczęło iść?"

– Dzień dobry, towarzyszu kapitanie – rzekł służbiście urzędnik, wchodząc do pokoju. – Tu są załączniki do tej instrukcji.

Stołyp siedział za biurkiem, ubrany w mundur, białą koszulę, czarny krawat. Ziewnął dyskretnie i spojrzał na urzędnika z odrazą.

– Słuchajcie, Tołłoczko – rzekł – czy wy już nigdy w życiu nie będziecie ogoleni?

Urzędnik przetarł odruchowo twarz dłonią. Twarz miał chropowatą, mocno krostowatą.

– Towarzyszu ka... Panie kapitanie... – zaczął niepewnie i nie wiedział co powiedzieć.

– Nawiasem mówiąc – ciągnął uprzejmie Stołyp – czy wy, Tołłoczko, nie moglibyście się inaczej ubrać? Nie żądam od was wykwintu, rzecz jasna, ale jakiejś poprawności chociażby.

– Panie kapitanie... Ta koszula jest od UNRRY. Bardzo ładna koszula...

– Nie miałbym nic przeciwko koszuli, gdyby była przynajmniej raz w tygodniu prana.

– Obywatelu kapitanie... – zabełkotał urzędnik – ta instrukcja...

– Przestańcie nudzić od rana, Tołłoczko – Stołyp mościł się wygodnie w fotelu za biurkiem. – Nie zauważacie w biurze rzeczy najważniejszych, to znaczy, że szef nosi na sobie ślady wyczerpania.

Pełnym dystynkcji ruchem sięgnął po duży kubek z kawą i popijał wolnymi łykami.

– Towarzyszu kapitanie, ale tu są załączniki... Cała masa załączników. Chciałbym, żeby towarzysz kapitan...

– Nie 'chciałbym', tylko 'prosiłbym' – poprawił Stołyp z delikatną naganą w głosie.

– Prosiłbym, towarzyszu... panie kapitanie...

– Czy zwróciliście, Tołłoczko, uwagę, jaka dziś piękna pogoda? Co najmniej dziwne, o tej porze roku, w marcu, nad Bałtykiem, taka pogoda? A jaki błękit nieba, no nie? Nauczcie się wreszcie, Tołłoczko, że urzędowanie zaczyna się od rozmów na tematy meteorologiczne. I przynieście mi wreszcie dzisiejsze odpisy listów frachtowych.

Urzędnik zniknął z pokoju, jak wyssany przez elektroluks. Po chwili pojawił się znowu, z naręczem papierów.

– A ceduła wyjść? – spytał Stołyp, nie patrząc na papiery. – Oczywiście, zapomniał pan.

– Zapomniałem, tow... panie kapitanie...

Wrócił ponownie i rozłożył przed Stołypem dość niechlujnie sporządzoną tabelę. Stołyp sunął palcem po tabeli i sięgał co chwila do pliku papierów, pokrytych niebieskimi, przekalkowanymi adnotacjami.

– Ciekawe – rzekł po chwili. – Ta „Ragne" weszła wczoraj wieczór do portu, a na dziś wieczór prosi o odprawę celną i papiery wyjścia. Czy oni ładują u nas?

– Ładują – rzekł lekceważąco Tołłoczko – ale jakąś drobnostkę. Drobiazg, nie fracht.

– Gdzie masz konosamenty?

– Tu – rzekł Tołłoczko niechętnie.

– Ładny drobiazg – pokiwał głową Stołyp. – Marne kilkaset ton. I to oni chcą w ciągu jednego dnia? W naszych warunkach? Musi co bogaty szyper, jak on tam?... – spojrzał na papiery – ten Hauge... Nie, Tołłoczko?

– A czort go tam wie...

– Tyś od niego paru złotych nie trafił? Za wejście poza kolejką na załadunek? No, przyznaj się?

– Panie kapitanie... Towarzyszu kapitanie... Jak pan może... – oczy Tołłoczki pełne były świętego oburzenia.

– No, pomyśl, Tołłoczko – uśmiechnął się Stołyp – jak to możliwe, żeby u nas, w Darłowie, szkuner węglowy wszedł wieczorem, nazajutrz był załadowany, a następnego wieczora odpłynął, załatwiwszy wszelkie formalności? No, zastanów się... Coś takiego to cud, nie, Tołłoczko? Nie bądź taki smutny, Tołłoczko, nie mam do ciebie żadnego żalu i uważam cię nawet za wzorowego funkcjonariusza. Trochę kłopotu sprawia mi fakt, że wierzysz w cuda, a zarazem należysz do partii, ale trudno, to twoja sprawa.

– Towarzyszu kapitanie – zaczął Tołłoczko uroczyście; czuł, że teraz należy się obrazić na dobre, ale nie wiedział, jak to zrobić. – Towarzyszu kapitanie, ja myślę...

– Myślenie, Tołłoczko, zostawcie tym, którzy nie wierzą w cuda.

– Panie kapitanie – zdenerwował się Tołłoczko – ja jednak myślę, że jak prywatna firma weźmie się za robotę, to potrafi obskoczyć stateczek jak trzeba i wyekspediuje go w jeden dzień. Tak już jest, panie kapitanie. Co innego firma państwowa. U tej to trwa.

– Znakomicie, Tołłoczko – ucieszył się Stołyp. – Jak na dziejowego materialistę i członka partii, przemawiacie olśniewająco.

– Nic na to nie poradzę – uparł się Tołłoczko – ale tak już jest. Ja wcale nie mówię, że tak powinno być, ale tak jest.

– A jaka firma przyjęła ten morderczy, jednodniowy termin?

– Leter. Ja, towarzyszu kapitanie, nie wiem, dlaczego tak jest, ani nie mówię, że tak jest dobrze. Ale tak już jest. Co prywatna firma, to prywatna.

Stołyp zapatrzył się długo i przeciągle w niebo za oknem.

– Pokażcie te załączniki do instrukcji, Tołłoczko – rzekł; po czym dodał po chwili: – I połączcie mnie z bezpośredniego z WOP–em.

„Teraz – powiedziała sobie Ewa – zjem wreszcie śniadanie. Dość tego latania na czczo".

Zatrzymała się przed „Szarotką" i zawahała przez chwilę. „Dostanę tu drożdżówki i herbatę – pomyślała. – Tym razem bez owego podekscytowania, towarzyszącego zawsze pierwszym rozmowom". Pchnęła drzwi i weszła do środka.

– Dzień dobry – powiedziała do Zofii, siedzącej za bufetem z robótką w ręku.

– Dzień dobry – rzekła Zofia sztywno. – Co dla pani?

– Przypomina mnie sobie pani? – Ewa uśmiechnęła się ujmująco.

– Tak – rzekła Zofia krótko. – Czym mogę pani służyć?

– Śniadanie – powiedziała Ewa – marzę o śniadaniu. Miałam mnóstwo roboty z samego rana i wyszłam bez śniadania.

– Jajka? Pieczywo? Masło? Kawa? – pytała rzeczowo Zofia.

– Interes w okresie rozkwitu? Przedwczoraj nie było nic z tych rzeczy.

Zofia nie odpowiedziała. Uśmiechnęła się tylko lekko, lecz twarz jej traciła na uśmiechu; uśmiech odbierał chłodne piękno, nie dając w zamian wdzięku.

– A co z drożdżówkami? – spytała Ewa; język Ewy zaczął sunąć po wewnętrznej stronie policzka, powodując ruchomą wypukłość i wywołując na jej twarzy wyraz przebiegłej fluterności. Pragnęła mówić o Nowaku.

– Są świeże. Prosto z pieca.

– Co pani powie? W takim razie drożdżówki. I herbatę.

Zofia poszła do kuchni po herbatę, Ewa usiadła przy stoliku. Naprzeciw, na ścianie, wisiał przybity pluskiewkami rozkład jazdy pociągów stacji kolejowej Darłowo.

– Do diabła – rzekła Ewa do wchodzącej Zofii. – Niech to szlag trafi!

– Dlaczego pani klnie? – uśmiechnęła się Zofia. – To nieładnie.

– Mam powody – rzekła skwapliwie Ewa. – Te pociągi. Najbliższy do Warszawy jest dopiero wieczorem. A ja muszę wyjechać wcześniej.

– Nie znam się na tym – rzekła Zofia – ale zdaje się, że są jakieś wcześniejsze do Kołobrzegu, czy do Słupska. Tylko, że w Sławnie trzeba długo czekać na przesiadkę.

– Wszystkie są przez Sławno do Kołobrzegu i do Słupska i wszystkie są wieczorem. Wszystkie dwa – rzekła Ewa wyjaśniająco; i dodała z zainteresowaniem: – A pani nie podróżuje? Do Kołobrzegu, lub do Warszawy?

– Rzadko. W Warszawie nigdy nie byłam.

– „...Są dwa pociągi do Warszawy..." – zanuciła Ewa. – Zna pani tę piosenkę?

– Nie – rzekła Zofia z nieoczekiwaną surowością. – Nie znam tej piosenki.

– Jaka pani jest śliczna... Nie ciągnie panią do wielkiego miasta?

– Po co? – rzekła Zofia z nieoczekiwanym smutkiem; inicjatywa Ewy wyzwalała z niej krańcowe stany psychiczne.

– Szybkość życia, różnorodność zmian, kawiarnie, kina, interesujący mężczyźni...

– Proszę pani, u nas, w Darłowie, jest kino. Dwa razy w tygodniu.

– To prawda – oczy Ewy wypełniły się skupieniem – ale mężczyźni, mężczyźni...

Zofia zarumieniła się.

– Nie powinna pani tak mówić... To...

– Zofio – rzekła Ewa z wzniosłą serdecznością – cóż w tym złego? Czyż pierwsza osoba liczby mnogiej od słowa 'mężczyzna' nosi w sobie coś bardziej nieprzyzwoitego, niż ta sama forma gramatyczna od słów 'drewno', 'gwiazda', 'chrząszcz', lub 'pieniądz'? Przesadzasz, Zofio, podczas gdy ja mam na myśli wyłącznie intensywność oglądania i częstotliwość gestów drobnych, a miłych.

– Nie rozumiem – rzekła Zofia niechętnie. – Stygnie pani herbata.

– Nie szkodzi. Nie szkodzi, że pani nie rozumie. Przyjadę tu chyba latem, to porozmawiamy.

Język Ewy przesunął się znów pod powierzchnią lewego policzka. Znów zapragnęła bardzo rozmawiać o Nowaku, lecz uznała to za bezsens.

– Najgorsze z tymi pociągami – dodała Ewa tonem zwierzeń. – Muszę być po południu już w drodze.

„Głupie uczucie – myślał Nowak – ale ciągle wydaje mi się, że ktoś za mną idzie..."

Szedł wolno przez rynek, zatrzymując się co parę kroków. Na środku rynku siedziały okoliczne chłopaki, oferując cebulę, zeszłoroczny miód w butelkach po wódce, suszone grzyby. Nowak zatrzymywał się co chwila przed koszami z włoszczyzną. „Ktoś mnie śledzi" – myślał w przypływie mętnej intuicji. Rozglądał się dyskretnie wokoło, intensywnie i bezskutecznie. „Kto to może być? Na dobrą sprawę... wszyscy: Leter i Ewa, Stołyp i Anita. Każdy ma, na upartego, powód do śledzenia mych kroków..."

Dobił do bramy cmentarza powoli, krokiem leniwym. Wycelował dobrze – nie dochodząc do bramy natknął się na zadyszanego przedsiębiorcę transportowego, który nadbiegał od strony bocznej uliczki, prowadzącej skrótem na cmentarz.

– Wszystko gotowe – zameldował chłopak i pchnął lekceważąco, lecz zręcznie wózek przed siebie.

– Taaak – rzekł Nowak i rozejrzał się wokoło. – Słuchaj, synu, znasz tę furtę od strony drogi na Darłówek?

– Znam. Ładny kawałek stąd.

– Otóż to. Powleczesz się tam teraz z twoją platformą i tam na mnie zaczekasz.

– Dobrze – rzekł chłopak niechętnie. – Daleko.

Jak każdy przedsiębiorca wolał osiągać maksimum zysków przy minimum wysiłku.

– Trudno – rzekł Nowak – klient żąda, klient wymaga.

– Ma pan ognia?

– Mam – rzekł Nowak wręczając mu pudełko zapałek. – Zatrzymaj je sobie, mam drugie.

Wózek zaturkotał na ścieżce, wiodącej w prawo od bramy, wzdłuż cmentarnego muru. Nowak minął bramę. „Tu ktoś jest..." – pomyślał natychmiast. Ćwiczony latami instynkt zaczynał funkcjonować od razu. Zwolnił kroku, stąpał cicho, pracowała w nim owa umiejętność nienaruszania bezruchu pustych miejsc, przydatna ludziom, zajmującym się w życiu nie tylko swoimi sprawami. W ten sposób osiągnął mur kościoła. Ledwie uchwytny szmer w budynku napiął w nim znów czujność; przesunął się w załom muru, niesymetryczny podcień dawał schronienie. Nic w postawie Nowaka nie wskazywało na skradanie się czy czajenie, obserwator widziałby w nim jedynie niezdecydowanego spacerowicza. Smugi bladego słońca, rozproszonego przez gęstwę drzew, stwarzały grę cieni wokół budowli. „Ktoś jest za drzewami..." – myślał Nowak: szukał sylwetki ludzkiej w wielowarstwowym tle cmentarza. Powoli zbliżył się do otwartego szeroko wejścia kościoła. W ciemnej głębi rysował się wyraźnie jeszcze ciemniejszy punkt. Nowak postąpił krok naprzód i rozeznał postać księdza.

Ksiądz stał przy jednej ze ścian, z dużym notesem w ręku, i spisywał coś pilnie z wmurowanego w ścianie nagrobka. Wodził zbrojną w ołówek ręką ponad głową, jakby odcyfrowując z trudem zatarte litery. „Nie powinien mnie zobaczyć" – pomyślał Nowak. Wycofał się powoli w opiekuńczy kąt podcienia, po czym spokojnie obszedł kościół dookoła. Stąpał lekko i bezszelestnie, podejmując wzmożone środki ostrożności przy mijaniu okien, rozmieszczonych nieregularnie w ośmiu bokach budowli. Okna były dość wysoko i łatwo było przemknąć się pod nimi. Osiągnął zapuszczoną alejkę do pierwszej kwatery cmentarza. Przystanął na chwilę, zasłonięty wyleniałymi przez zimę krzakami tui; męczyło go pragnienie papierosa. „Tu nie ma nikogo – upewnił się. – Tu nie może być nikogo. Kto by przychodził o tej porze na stary, zapuszczony cmentarz? Kto tu ma coś do szukania? Oprócz mnie, rzecz jasna..." Uśmiechnął się do siebie, po czym pokiwał głową z melancholią. „Tak oto – pomyślał – wygląda ta chwila. Kto by przypuszczał, że gdy nadejdzie będę działał pod cieniem nieprzewidzianych sił. Jakże daleki jestem od uczuć triumfu, od nastroju końca walki... Po prostu cieszę się, że załatwiam środki na wyjazd. Dla nas..." Ruszył naprzód, rozluźniwszy mięśnie i uwagę; doznał naraz uczucia bezpieczeństwa, trapiące go obawy wydały mu się śmieszne. „Mowy być nie może, aby ksiądz mnie teraz dostrzegł – myślał – zaś droga do furty jest przez zupełne pustkowie". Szedł po znanym z wczorajszej wycieczki porannej gruncie: rudawe błoto wydawało się dziś bardziej grząskie, zmiękczone przez ciepłą pogodę. „Znów wytapiam niemożebnie buty – pomyślał z mało ważną troską. – Żeby to było moje największe zmartwienie..." Miękkie, zbutwiałe liście stały się bardziej śliskie. Nowak przyśpieszył kroku, schodząc po lekkiej pochyłości alejki, gumowe podeszwy butów dawały zabawny poślizg na wilgotnej trawie, prowokowały do małych popisów zręczności. – Uwaga!

– wykrzyknął dość głośno, lecz było już za późno. Przez ułamek sekundy zdążył jeszcze pomyśleć: „Żeby w takiej chwili, tak nieostrożnie!...", po czym chwyciło go dobrze znajome uczucie słabości wokół serca, jak przed zemdleniem, zrobiło mu się gorąco, obfity pot przykleił mu koszulę do pleców. Jeszcze nie było bólu, tylko ów wstrętny, dojmujący stan zasłabnięcia na sekundę przed bólem, tuż przed tępym, łamiącym bólem, który już nadchodził, który już za chwilę rozsadzi mu mózg. Nowak zgiął się z wyrazem męki na twarzy nad swym lewym kolanem i spojrzał poniżej: odnalazł jakże znane sobie, sztywne, nienaturalne zwieszenie lewej nogi, od kolana w dół. Cisnąc oburącz kolano usiłował postawić zwisającą brzydko stopę na ziemi i wtedy całe ciało przeszył ból wszechwładny i oślepiający. Resztką sił wstrzymał się od krzyku. Oparł się prawą ręką o nagrobek i tak stał przez parę sekund, z lewą nogą zgiętą nieco w kolanie i zwisającą tuż nad ziemią, aż wrócił do przytomności. „Wszystko na nic... – pomyślał i przez chwilę złapała go za gardło rozpacz. – To koniec. Wszystko stracone..." Sztuczna podniosłość tych słów otrzeźwiła go nieco. „Najgorsze z chłopakiem – pomyślał. – Nie dowlokę się do niego, gotów jest narobić draki, przez czyste nieporozumienie, nie ze złej woli..." Powoli wracała mu precyzja myślenia. Oderwał rękę od nagrobka aby uczynić krok w stronę kościoła: lewa stopa, dotknąwszy ziemi, wprawiła całe ciało w paroksyzm bólu. Nowak przygiął się i podskoczył na prawej nodze. Jeszcze jeden kurczowy podskok i znalazł się przy drugim nagrobku, o który oparł obie ręce. Grube krople potu wystąpiły mu na czoło. „Żeby tylko dopełznąć do kościoła z powrotem... – pomyślał gorączkowo – tam jest ksiądz..." Ksiądz wydał mu się naraz ratunkiem, pożądaną pomocą. Uświadomił sobie, że każda minuta przynosi mu nową rezygnację i znów rozpacz ścisnęła mu krtań. „Co ja temu księdzu powiem?" – myślał z goryczą. Ogarnęła go dzika wściekłość na samego siebie, zapragnął kopać kogoś w twarz i jądra, rozumiejąc jasno, że tym kimś może być tylko on sam.

Nowa próba dotknięcia lewą nogą ziemi skończyła się nowym atakiem gwałtownego bólu i pokręconym przysiadem. W kolanie była miękka, ohydna wata, nie dająca oparcia dla stopy, owijająca ładunek zrywającego ścięgna bólu przy najlżejszym dotknięciu. Całą siłę woli sprężył, aby jednym skokiem osiągnąć następny nagrobek. „Jezus Maria! – pomyślał w panice – jaki kawał drogi z powrotem do kościoła! Może jednak wołać?..." Zagryzł wargi aż do krwi i rozerwał kołnierzyk koszuli, cisnący mu nabrzmiałą z wysiłku, spoconą szyję. Czuł się lepki, unurzany w nieoczekiwanym nie-szczęściu, niszczącym wszystko co ważne, ścisnął kurczowo szczęki by powstrzymać wstrętną płaczliwość, ładującą się do gardła. „Nic! – pomyślał zawzięcie – nie!" Były to jedyne wyrazy, formujące się jasno i wyraziście w jego umyśle.

Spiął siły i skoczył do przodu, mijając aż trzy nagrobki i przypadając dopiero do czwartego. To było osiągnięcie, a wraz z nim podpłynął ku niemu bledziutki promyczek nadziei. Nadziei irracjonalnej, nie odnoszącej się do konkretnych zamierzeń, płynącej z małego sukcesiku w zapiekłych zmaga-niach z rzeczywistością. Odetchnął głęboko i znów skoczył do przodu. Tym razem spuścił lewą stopę na ziemię, co wyrwało zeń jęk, lecz pozwoliło na zdobycie więcej przestrzeni. Nienaruszalne zostało brutalnie przełamane, sycząc z bólu wsparł się ostrożnie na nienaturalnie wygiętej, lewej nodze, lecz natychmiast twarz jego pokryła się bladością i potem. Znów przeniósł cały ciężar ciała na prawą nogę i oparł się plecami o nagrobek, aby nie upaść. Był już na wzniesieniu, które stało się przyczyną klęski. Nagrobki stały tu gęściej i Nowak wykształcił nawet pewną technikę posuwania się naprzód: odbijał się prawą nogą, a jednocześnie odbijał się rękami od nagrobków, jak od gimnastycznego konia, powodując pewną ciągłość skoków. Nie spuszczał oka z wejścia do kościoła. „Co ja mu powiem?" – myślał o księdzu. – „Co z chłopakiem?..."

Pomiędzy ostatnimi nagrobkami a kościołem rozciągał się krótki placyk. Nowak był już bardzo zmęczony. „Może na czworakach?..." – zastanowił się; dławiły go w gardle bezsilność i wstyd. Zdjęła go nagła pogarda dla twardości, dla nieugiętych decyzji, dla życiowej kozakerii. Goły placyk przed kościołem, parę kroków dla zdrowego człowieka, rozciągał się przed nim jak nienawistny symbol małości i poniżenia.

Ciężko dysząc dobił do drzwi kościelnych, oparł się całym ciężarem o starą, gotycką framugę i przechylił do środka.

– Witam księdza... – rzekł, opanowując dygot głosu.

Ksiądz drgnął i postąpił parę kroków ku wejściu. Nie widział twarzy, głowa Nowaka była ciemnym punktem w plamie światła.

– Zdaje się, że pan Nowak? – rzekł ksiądz. – Dzień dobry.

– Przeszkadzam księdzu? – spytał z heroiczną uprzejmością Nowak.

– Bynajmniej. Spisuję pewne dane dla pańskiej znajomej. Dla panny Ewy. Być może, będziemy odnawiać ten kościół.

– Ślicznie – rzekł Nowak i zagryzł wargi z bólu, wywołanego nową próbą postawienia stopy na ziemi. „Co z chłopakiem?..." – pomyślał półprzytomnie. – Kto będzie odnawiał ten kościół? Ksiądz i państwo? Parafia i miejscowy komitet partyjny?

– Dlaczego nie wejdzie pan do środka? – rzekł spokojnie ksiądz. – Zagląda pan tu jak do łazienki pięknej kobiety. Czyżby przekroczenie progu tego miejsca stanowiło dla pana taki wysiłek?

– Znam ten kościół lepiej od księdza – mruknął Nowak. – Naszabrowałem tu tyle starych świątków, że można by za to sierociniec wystawić. Oczywiście, kradłem zanim jeszcze ksiądz tu przyjechał.

– Ciekawe. Zawsze myślałem sobie o panu, że jeśli nawet pan to czynił, to z jakichś interesujących pobudek. Na przykład: z pasji kolekcjonerskiej.

– Można to tak nazwać – rzekł Nowak zjadliwie. – Nazywanie rzeczy to wasza specjalność.

Ksiądz postąpił znów parę kroków ku Nowakowi. Na sutannę miał narzuconą szarą, lichą jesionkę, szyję owiniętą tanim, tandetnym szalikiem w brązową kratkę. Szalik przykuł uwagę Nowaka. „Ten szalik – pomyślał szybko – o, Boże, żeby go mieć... To by pomogło, mocno związać kolano szalikiem..."

– Nie przypuszczałem, mimo wszystko – rzekł pogodnie ksiądz – że szuka pan chwil kontemplacji na starych cmentarzach. Inaczej nie umiem sobie wytłumaczyć tu pana.

– To fakt – rzekł Nowak z drwiną. – Kiedy mam kłopoty szukam samotności.

– Kłopoty czy troski?

– Wszystko jedno.

– Nie wszystko jedno. Z troskami trzeba iść do ludzi.

– Może do spowiedzi? – rzekł Nowak szyderczo.

– Można także do spowiedzi – rzekł ksiądz spokojnie. – Czy mogę panu pomóc w kłopotach?

– Oczywiście. Niech mi ksiądz da swój szalik.

Ksiądz chciał coś rzec, lecz tylko postąpił krok naprzód i teraz dopiero dostrzegł nienaturalność postawy Nowaka. Powolnym ruchem ściągnął szalik z szyi i wyciągnął rękę ku Nowakowi. Dzieliła go jeszcze od Nowaka odległość paru kroków.

– Proszę – rzekł bez zdumienia w głosie. – Czy mogę coś jeszcze uczynić dla pana?

– Owszem. Podejść bliżej.

Ksiądz podszedł do Nowaka i zobaczył lśniącą, spoconą bladość jego twarzy, krzywy, zły uśmiech.

– Panie Nowak – rzekł ksiądz cierpko – znamy się dość długo, ale po raz pierwszy jest pan nieprzyjemny i agresywny. Dlaczego?

– Po raz pierwszy potrzebuję od księdza pomocy. Naprawdę. Proszę mi podać rękę.

Uchwycił rękę księdza i wykonał nagły, śmieszny skok w głąb kościoła, padając na najbliższą ławkę.

– O, kurwa! – rzekł, oddychając szybko – ale boli…

– Co się stało? – spytał ksiądz rzeczowo.

– A co ksiądz myśli? Proszę mi powiedzieć, błagam, jakimi ścieżynami błądzi myśl księdza?

– Pańska maniera staje się nieznośna. Nie chce mi pan powiedzieć, dobrze. Niech pan więc powie jak panu pomóc.

– Nie – upierał się bezsensownie Nowak. – Niech ksiądz powie. Będę odpowiadał według zasad gry „zimno–gorąco"… No, niech ksiądz zaczyna, niech ksiądz pyta… Czy zabiłem kogoś na tym cmentarzu? Te domysły, no nie? Jakaś nocna rozprawa, lub o wczesnym świcie…

– Nowak – rzekł ksiądz z ironią – po raz pierwszy, od kiedy pana znam, nerwy pana zawodzą.

– To fakt – Nowak przetarł dłonią twarz i zwilżył językiem spieczone wargi. – Muszę mieć lekką gorączkę.

„Co z chłopakiem? – pomyślał – Co z chłopakiem?… Z tego może być nieszczęście… Przecież ja nie rezygnuję, tylko odkładam, a ten gówniarz może przez przypadek zniszczyć wszystko… Przez przypadek…"

– Powie mi pan wreszcie, co się stało – rzekł ksiądz ze zniecierpliwieniem.

– Dobrze – rzekł Nowak. – Widzi ksiądz, ja mam w lewym kolanie porwane ścięgna. Półtora roku temu wypadek narciarski na Kasprowym. Po zdjęciu gipsu lekarze chcieli operować, ja wolałem zrezygnować z nart. Od tego czasu miałem kilka razy takie przygody. Poślizgnę się, zaczepię lewą nogą o coś i ból pojawia się na nowo. Nic strasznego, parę dni utykam, potem przechodzi. Ale dziś, tu, teraz… to jakieś szczególnie groźne.

Boli piekielnie, jak za pierwszym razem. Boję się, że będę musiał poleżeć w łóżku.

„To koniec! – pomyślał w panice. – Teraz w łóżku to koniec…" I znów poszarpało mu gardło jakieś odczucie uciekania i wyciekania tego co najważniejsze z życia.

– Więc co teraz robić? – spytał ksiądz.

– Przede wszystkim mocno związać w kolanie. Szalikiem. Widzi ksiądz, najgorsze, że nie mogę rozprostować nogi…

Nowak ujął oburącz udo i próbował powoli rozprostować nogę.

– O, kurwa… – syknął.

– Czy nie byłby pan łaskaw przestać kląć? Ostatecznie, jest pan w kościele.

– Przepraszam – rzekł Nowak. – Już nie będę. Postaram się.

Ksiądz pochylił się nad kolanem Nowaka i przewiązał je mocno szalikiem. Nowak poprawił węzeł, ściągnął go z całej mocy, silnie skrępowana noga dawała złudne poczucie odporności. Wstał, opierając się o zakurzoną poręcz ławki i ostrożnie stąpnął lewą stopą. Ból skrzywił mu twarz, lecz mimo to ustał przez sekundę na obydwu nogach.

– Grunt to technika – rzekł ze sztuczną zuchwałością. – Ksiądz pozwoli, że się na nim wesprę. Po raz pierwszy w życiu podtrzyma mnie kler.

Ksiądz uśmiechnął się i objął Nowaka wpół. Nowak przerzucił lewe ramię przez barki księdza i oparł się na nim wagą całego ciała. Ksiądz, mimo niewysokiej postaci, był krępy i silny i nie ugiął się.

– Symboliczne – rzekł ksiądz.

– To daleka i uciążliwa droga – rzekł Nowak surowo. – Aż do hotelu „Pod Zamkiem". Da ksiądz radę?

– Spróbuję.

Posuwali się powoli i w milczeniu. Za bramą cmentarza Nowak zwolnił, przystanął i długo manipulował przy kolanie. Miał nikłą nadzieję, że oczekujący daremnie przy furcie chłopak znudzi się może i powróci do głównego wejścia, albo uda się z powrotem do miasteczka. „Gdybym go złapał po drodze…" – rozumował nerwowo. Ale zewsząd wiało pustką i ksiądz pochylił się nad Nowakiem.

– Boli bardzo? – spytał ze szczerym współczuciem.

– Boli – rzekł krótko Nowak. – Idziemy.

Dochodząc do rynku byli już obydwaj bardzo zmęczeni. Blady błękit

nieba i spokojne marcowe słońce miały smak prowokacji. Poczuł płacz-
liwy żal do świata. „Taka pogoda jest zawsze – pomyślał z goryczą – gdy
człowieka kładą do łóżka. Albo do grobu".

– Ta parszywa historia z kolanem – rzekł ze zgryźliwą szczerością –
krzyżuje wszystkie moje plany. Niszczy wszystko.

– Skąd pan to może wiedzieć? – rzekł ksiądz pogodnie. – Może właśnie
naprawia wszystko? Może prostuje wszystko? Przydałoby się panu trochę
pokory, panie Nowak.

– Ostatecznie, co można wiedzieć? Nie ma mądrych. W walizce mam
bandaż elastyczny – Nowak dodał z ożywieniem. – Wożę go zawsze ze
sobą. Przyda się. Może jeszcze będę mógł dziś chodzić.

– W każdym razie – rzekł ksiądz – trochę poleżeć pan musi.

Na głównej ulicy nieliczni przechodnie zatrzymywali się, patrząc z zainteresowaniem i kłaniając się uprzejmie księdzu.

– Może już dojdę sam – zaopiniował Nowak. – Dosyć tych scen z wo-
jennego filmu.

– Nie zostawię pana samego – mruknął ksiądz.

– Nie upadnę – uparł się Nowak. – Dojdę, trzymając się ścian.

– Nie – zdenerwował się ksiądz. – Niech się pan nie wygłupia.

– Fe, jak ksiądz nieładnie mówi – uśmiechnął się Nowak; czuł przyjaźń
dla tej krępej, ciemnej postaci.

Dowlekli się do hotelu. Przed wejściem ksiądz otarł pot z czoła.

– Dobra – rzekł z chłopska, jak po ciężkiej robocie – tu pana mogę
zostawić. Niebawem przyjdzie do mnie panna Ewa. Zawiadomię ją o pana
wypadku.

– Ewę? – rzekł Nowak lekko, jakby ze zdziwieniem. – Oczywiście,
niech jej ksiądz o tym powie.

Uświadomił sobie, że przez ten cały czas zabraniał sobie najmniejszej myśli
o Ewie, odrzucał i gniótł taką myśl natychmiast, gdy tylko zaczynała się tlić.

– Chyba coś panu pomoże. Razem uradzicie, co dalej robić.

– Naturalnie – rzekł lekko i uprzejmie Nowak. – Coś się zadziała.

Uderzył go ton głosu księdza, jakby pragnący ukryć sens wypowia-
danych słów. „Ten ksiądz – pomyślał Nowak – chce mówić o Ewie. Co za
nowy numer?"

– Tak, tak – dodał skwapliwie – coś razem pomyślimy i uradzimy.
Razem zawsze łatwiej.

Ksiądz uścisnął rękę Nowaka, zawrócił i odszedł. Nowak chciał krzyknąć „Dziękuję!", ale przygryzł wargi i zaczął gramolić się do sieni.

– Kraalowa! – zawołał.

Kraalowa wyszła z kuchni, wycierając ręce w fartuch.

– Niech mi pani pomoże wejść na górę – rzekł Nowak – i pościeli łóżko. Niech się pani nie boi, nie stało się nic strasznego, zaraz pani wszystko opowiem.

W pokoju Nowak rozebrał się, umył, owiązał umiejętnie kolano bandażem elastycznym i położył się do łóżka. „Muszę mieć lekką gorączkę – pomyślał, leżąc na wznak. – To ze zdenerwowania. Odpocznę trochę i przejdzie. Przejdzie w rodzaj milutkiego podniecenia, które już daje nieco znać o sobie. Szkoda, że wczoraj nie załatwiliśmy tego z Ewą. Dzisiaj byłoby jak znalazł, takie miłe przedpołudnie w łóżeczku…"

Zrozumiał naraz, że nic nie pomogą akcenty taniego cynizmu i pseudodokozackie zagrania, zaś wszystko wskazuje na to, iż on, Nowak, kocha tę dziewczynę.

Księdza nie było jeszcze na plebanii. Ewa stała w drzwiach, naprzeciw gospodyni, i wahała się co robić.

– O której ksiądz proboszcz powiedział, że wróci? – usiłowała przeciągnąć rozmowę.

– Nic nie powiedział – odparła oschle gospodyni.

– A nie wie pani, dokąd poszedł? Gdzie teraz jest?

– Nie wiem.

– Do diabła… – powiedziała Ewa z troską. – Co ja teraz zrobię? Muszę się z nim zaraz zobaczyć.

Twarz gospodyni skurczyła się, jakby jej ktoś ubliżył. Nie wiadomo, co ją bardziej obraziło: przekleństwo, czy poufały zaimek w odniesieniu do osoby duchownej.

– Może pani przyjdzie później – uczyniła gest przymykania drzwi.

– Nie – powiedziała Ewa stanowczo. – Zaczekam. Tak będzie lepiej.

Gospodyni nic nie odpowiedziała. Rozwarła drzwi szerzej i wpuściła Ewę do środka, po czym weszła do kancelarii księdza, wyniosła krzesła i wystawiła je na lśniący czystością korytarz. Drzwi do kancelarii zamknęła starannie za sobą.

– To dla mnie? – spytała opryskliwie Ewa. – Dziękuję, postoję.

Podeszła do taniej, fabrycznej konsolki z lustrem, opartej o jedną ze ścian, i długo poprawiała włosy, po czym wyjęła szminkę z torebki i zaczęła sobie malować wargi, pieczołowicie, ze staranną drobiazgowością. Gospodyni popatrzyła na nią z odrazą, po czym odwróciła się i znikła za drzwiami w głębi korytarza.

Ewa przerzuciła kilka starych numerów czasopism, leżących na półce konsolki. Tytuły brzmiały: „Ateneum Kapłańskie", „Homo Dei", „Gość Niedzielny". „Pisma fachowe – pomyślała. – Co się dzieje z 'Rycerzem Niepokalanej'? Imponowała mi ta nazwa w dzieciństwie". Pewnym krokiem ruszyła w głąb korytarza i otworzyła drzwi, przez które wyszła gospodyni. Była za nimi obszerna kuchnia, uderzająca pedantyczną czystością, zagospodarowaniem, pełna wiktuałów, butelek, słoików i puszek amerykańskiego pochodzenia. Gospodyni uniosła wzrok zdziwiony i niechętny znad ugniatanego ciasta.

– Pani Rozalio – rzekła Ewa z promiennym uśmiechem – przyszłam do pani na małą pogawędkę.

Gospodynię zatkało z oburzenia i zakłopotania. Szczyty jej policzków pokryły się ceglastymi wypiekami. Ewa zamknęła za sobą drzwi, przysunęła niski taboret do stołu, nad którym pracowała gospodyni, i usiadła. Wyjęła z torebki paczkę papierosów i wyciągnęła rękę ku gospodyni.

– Może papierosa? – spytała uprzejmie.

– Proszę pani... – zaczęła gospodyni, lecz zaraz opanowała się całą siłą woli. – Dziękuję – rzekła z nienaturalną sztywnością – nie palę.

– Pani Rozalio – rzekła Ewa ze skwapliwym zainteresowaniem – pani chlebodawca taki młody, a już ksiądz. Jak to się dzieje? Właściwie, to trochę szkoda.

W spojrzeniu gospodyni była nienawiść.

– Już ksiądz proboszcz, chciała pani chyba powiedzieć. To rzadko się zdarza, żeby taki młody ksiądz rządził taką dużą i ważną parafią. A pani... – gospodyni zawahała się przez chwilę, po czym dokończyła z pogardą – ma jeszcze pstro w głowie...

– Ale mnie czegoś szkoda – upierała się Ewa. – Taki inteligentny, facet i ksiądz. A pani nie szkoda niczego, pani Rozalio?

– Nie upo... upoważniłam pani, żeby mi pa... pani mówiła po imieniu – zająknęła się ważnością swych słów gospodyni; wydało jej się, że teraz zaczyna się otwarta wojna.

– Nie ma o czym mówić – uśmiechnęła się czarująco Ewa. – Może mi pani też mówić po imieniu. Nazywam się Ewa. Właściwie może mnie pani tykać. Przy tej różnicy wieku...

Gospodyni odwróciła się gwałtownie od stołu, zdjął ją strach, że za chwilę napłyną jej do oczu łzy. Na korytarzu rozległy się dość spieszne kroki, drzwi od kuchni otworzyły się i stanął w nich ksiądz.

– Ewa... – rzekł trochę nazbyt głośno. – Już pani na mnie czeka? Jak to dobrze, że już pani jest.

Gospodyni odwróciła się z powrotem do stołu i zaczęła ugniatać bez słowa ciasto. Twarz miała wyrównaną, oschłą i pogodną.

– Dzień dobry – rzekła Ewa swobodnie, nie ruszając się ze stołka. – Witam miejscowego duszpasterza. Umawiam się z panem... to jest z księdzem, przychodzę punktualnie na randkę, a księdza nie ma w domu. Co się dzieje?

Ksiądz zarumienił się gwałtownie.

– Powiedziałem Rozalii, żeby pani zaczekała, że się nieco spóźnię.

– Tak też sobie pomyślałam – rzekła Ewa ze zwycięskim uśmiechem. Twarz gospodyni była nieporuszona.

– Robiłem dziś rano pewne zapiski dla pani w kościele św. Gertrudy – rzekł ksiądz. – Byłbym zdążył na czas, lecz zaszedł pewien wypadek, który spowodował moje spóźnienie. Ale dlaczego nie czeka pani w kancelarii? Co pani robi w kuchni? Kobiety między sobą, czy tak? Nagłe porozumienie, nić sympatii, kobiece pogwarki?

– Otóż to – rzekła Ewa – ale niedokładnie. Właściwie skandalizuję panią Rozalię. Prawda, pani Rozalio?

Na twarzy gospodyni pojawiło się coś, co było próbą nader niezręcznego uśmiechu, dołączanego zazwyczaj do wszelkiego rodzaju uprzejmych zaprzeczeń i wybaczeń. Ksiądz zarumienił się ponownie.

– Zachowuję się niewłaściwie – kontynuowała surowo Ewa – i odczuwam skruchę. A w ogóle, przejdźmy wreszcie do kancelarii, gdyż mam księdzu coś ważnego do powiedzenia.

Wstała ze stołka i przeszła swobodnym krokiem przez kuchnię.

– Do widzenia, pani Rozalio – powiedziała od progu. – I proszę nie mieć do mnie żalu.

Gospodyni spojrzała na nią po raz ostatni, wzrokiem człowieka wierzącego, lecz dręczonego przez szatana.

W kancelarii Ewa usiadła skromnie, na brzeżku krzesła.

– Proszę księdza… – zaczęła, od razu przejmując inicjatywę.

– Chciałem pani pokazać moją dokumentację – przerwał ksiądz. – Tylko, że jeszcze nie przepisana na maszynie.

– Nie, nie – rzekła szybko Ewa, przerzucając podany sobie notes. – Nie warto, Bardzo wyraźny charakter pisma. Nie ma co tracić czasu na przepisywanie.

– Przecież mamy czas do wieczora. Wyjeżdża pani dopiero wieczornym pociągiem, a ja oddam pani maszynopis zaraz po obiedzie.

– Wyjeżdżam i nie wyjeżdżam – rzekła enigmatycznie Ewa; jej lewy policzek wydął się naraz filuternie. – Właściwie zależy to od księdza, kiedy wyjadę…

– Ode mnie? – zdziwił się ksiądz i zaraz po tym zarumienił się lekko. – Aha – przypomniał sobie – muszę coś pani opowiedzieć. O panu Nowaku. Nic wesołego… – asekurował się taktownie i niezręcznie.

– Zaraz, zaraz – przerwała Ewa. – To potem. Najpierw o tym wyjeździe. Otóż zamierzam, proszę się nie lękać, wyjechać z księdzem.

– Ja? – ksiądz ze zdumieniem wskazał ręką na siebie. – Ze mną?

Język Ewy krążył pod policzkiem z zastanawiającą, nieco groźną powolnością.

– Gdybym tak księdza namówiła na małą wycieczkę? Na parę godzin zaledwie?…

– Panno Ewo – rzekł ksiądz spokojnie – nic z tego nie rozumiem. Najgorzej zaś, że nie pojmuję tej zmiany tonu. Wczoraj mówiliśmy o zabytkach, o życiu, o mężczyznach i kobietach w sposób interesujący. Dzisiaj mówimy o jakichś eskapadach. Dlaczego?

Po czym zarumienił się gwałtownie. Ta łatwość rumienienia się psuła mu fatalnie szyki. Wiedział o tym i usiłował z tym walczyć, co wprowadzało go z kolei w jeszcze większe zmieszanie.

– Dlatego – głos Ewy zabrzmiał skromną rzeczowością – że ja mam do księdza prośbę.

– Słucham – rzekł ksiądz dość nieufnie.

– Chcę prosić księdza o oddanie mi pewnej przysługi.

– Jakiej? – czarne oczy księdza spoglądały na Ewę z przychylnością, lecz badawczo.

– Samochodowej.

– Jeszcze nie rozumiem.

Ewa odetchnęła głęboko i zlikwidowała wypukłość na policzku.

– To proste – rzekła szczerze. – Muszę wyjechać wcześniej z Darłowa. Zaraz po południu.

Ksiądz spuścił wzrok.

– Nie powinienem – rzekł chłodno – ale mimo to spytam panią: dlaczego?

– Po to, aby być wcześniej w Warszawie, zwiedziwszy po drodze Kołobrzeg. Z Kołobrzegu jest wcześniejszy pociąg. Oczywiście, ksiądz myśli sobie w tej chwili, że jest to wybieg i to dość niezręczny.

– Tak – uśmiechnął się ksiądz. – Tak sobie myślę.

– Nie będę usilnie przekonywać księdza, że ksiądz się myli – rzekła Ewa z niedobrym uśmiechem. – Zresztą, wcale nie jestem zdania, że moje prywatne sprawy są również sprawami konfesjonału, księży i temu podobnych rzeczy.

– Uhm – rzekł ksiądz pogodnie. – Nie upierajmy się przy drobiazgach.

– Proszę, proszę... – rzekła Ewa niezręcznie; po czym dodała napastliwie: – Skąd ja znam ten ton?

– Od naszego wspólnego przyjaciela Nowaka, być może – rzekł ksiądz i dodał łagodnie: – Panno Ewo, muszę jednak wiedzieć do czego przykładam rękę. Musimy się zrozumieć. To nie jest wścibstwo funkcjonariusza konfesjonału, lecz polityka. Moje kroki są tu liczone, panno Ewo, ja mam tu silnych i możnych przeciwników. Nie mogę brać udziału w przedsięwzięciach, o których nic nie wiem.

– Więc dobrze – rzekła Ewa. – Ja muszę stąd uciekać. I to jak najszybciej.

– Uciekać? – ksiądz stłumił przykre zaskoczenie. – Przed kim? A może: przed czym?

– Przed sobą samą.

Ksiądz milczał przez chwilę. Wparł się mocno w fotel i pocierał podbródek.

– Rozumiem – rzekł po chwili.

– Nic ksiądz nie rozumie – rzekła Ewa niegrzecznie. – To nie jest ucieczka przed ciemnymi siłami, tkwiącymi w człowieku, w kobiecie, we mnie. Tak na pewno ksiądz myśli i to jest bzdura. To jest ucieczka przed decyzją.

– Sprzeczność – uśmiechnął się ksiądz. – Albo przed sobą, albo przed decyzją. A może... – zawahał się – może ja się mylę. Niech mi pani pomoże, Ewo.

Ewa wstała.

– Już dobrze – powiedziała niechętnie. – Zaoszczędźmy sobie dialektyki, w której ksiądz jest na pewno mocniejszy. Nie ma o czym mówić. Nie chce ksiądz, to nie pojedziemy.

Ksiądz wstał również.

– Oczywiście, nie wie pani – rzekł spokojnie – że pan Nowak miał dziś rano wypadek.

Ewa spojrzała na księdza z uprzejmym zainteresowaniem.

– Wypadek? – spytała równie spokojnie, bez ostentacji, obojętności czy lekceważenia. – Czy coś groźnego?

– W każdym razie coś przykrego. Odnowiła mu się dość poważna kontuzja w kolanie. Nie może chodzić. Teraz leży w łóżku.

– Rzeczywiście przykre. Czy można mu w czymś pomóc?

– Nie wiem. Czy ten stan rzeczy nie wpływa na pani zamiary? Odniosłem wrażenie, że jesteście państwo znajomi nie tylko z Darłowa, zaś pani, jak mi się wydaje, nie należy do ludzi, zostawiających bez pomocy kogoś w sytuacji pana Nowaka.

Ewa roześmiała się głośno i dźwięcznie, bardzo szczerze i bardzo dziecinnie.

– Tym pytaniem załatwia ksiądz mnóstwo rzeczy. Gdy odpowiem na nie, dowie się ksiądz przede wszystkim czy uciekam przed Nowakiem. Przed facetem, który nie może chodzić nie ma co uciekać, prawda? Pierwszorzędne pociągnięcie, moje uznanie…

Ksiądz pochylił głowę.

– To nie było tak pomyślane – rzekł. – Przykro mi, że tak to pani zrozumiała.

– A jak było pomyślane? Miało na celu zapuszczenie sondy, która raz na zawsze określi stosunek tych dwojga, no nie? Jedno mogę księdzu na pewno powiedzieć: pan Nowak jest moim znajomym wyłącznie z Darłowa. Poznałam go tu przedwczoraj, tu wyświadczył mi kilka drobnych przysług, które są całą treścią naszej znajomości.

– To nie było tak pomyślane – powtórzył ksiądz łagodnie.

– A jak?

– Miałem na myśli rzeczy prostsze. Zwykłą pomoc dla człowieka, któremu wydarzył się nieszczęśliwy wypadek. Przyniesienie mu obiadu i gazety, no, jakąś pomoc…

– Od tego są Kraalowa i Anita. Zrobią to ochoczo i doskonale. A w ogóle, może to i lepiej, że tak się stało…

– Dla kogo? – rzekł ksiądz szybko i ostro. – Dla pani?

– Nie – odparła równie szybko i ostro Ewa. – Dla Nowaka.

– Nie powinna pani tak mówić, Ewo. To gorzej niż niegodziwe. To nielojalne.

– A co mnie ten człowiek obchodzi? – uniosła głos Ewa. – Dlaczego mam być wobec niego lojalna? Nienawidzę taniej litości i bezsensownych plotek o mnie!

– Więc jedziemy? – rzekł ksiądz nagle.

– Jedziemy? – zdziwiła się Ewa; była wyraźnie zaskoczona, lecz zaraz odparła układnie, niemal potulnie: – Oczywiście, że jedziemy. Skoro się ksiądz zgadza… Jestem księdzu okropnie wdzięczna. I zobowiązana.

– O której po panią przyjechać?

Ewa zawahała się na chwilę. „Może lepiej umówić się inaczej? – pomyślała. – Nie w hotelu… Ale nie, jak on leży… Trzeba wszystko rozegrać aż do końca…”

– Około wpół do drugiej – powiedziała. – Zresztą zatelefonuję do księdza o tej porze, dobrze?

– Dobrze – rzekł ksiądz.

Poczuł nagle smutek i złość, zmieszane ze sobą beznadziejnie, jak w sercu każdego człowieka, który wie, że postępuje w zgodzie z prawem i przykazaniami, a który jednocześnie wie, że jest to postępowanie najniewłaściwsze pod słońcem.

„Śliczna pogoda – pomyślała Ewa, dochodząc do hotelu. – Nie chce się człowiekowi o niczym myśleć w taką pogodę. Szkoda iść do domu". W złotawym, spokojnym powietrzu południa unosiła się zapowiedź wiosny, a więc lepszych czasów. W taką pogodę serca olbrzymiej większości ludzi pełne są oleodrukowych nadziei, zaś serca nikłej mniejszości toną w równie upokarzającym jak tandetnym smutku.

Usiadła na chwilę na kamiennej balustradzie mostku, odchyliła głowę do tyłu i przymknęła oczy. „Jak dobrze – myślała – jakie ciepłe słońce. Już grzeje". Poza tym nie myślała o niczym i o nikim.

Weszła, ociągając się, do bramy. W otwartych drzwiach jadalni ujrzała Kraalową.

– Pani Kraal – rzekła, wchodząc – co się stało z naszym beniaminkiem?

– Złego diabli nie wezmą – uśmiechnęła się przychylnie Kraalowa; widać było, że jest w znakomitym humorze. – Poleży parę dni i mu przejdzie. Przynajmniej na parę dni przestanie obijać się po pociągach.

– Cholera – rzekła Ewa z troską – ale ja muszę jechać. I to dziś.

– To pojedzie pani. Dziury w niebie nie będzie.

– A może zostać? – wahała się Ewa. – Może jeszcze zostanę? Może tu w czymś pomogę?

– Damy sobie radę same – rzekła Kraalowa, używając dość zagadkowej liczby mnogiej. – Krzywdy mu nie zrobimy.

Ewa poszła do kuchni, kiwając głową, nieprzekonana. W kuchni Anita szorowała garnki.

– Anita – rzekła Ewa – przyjdź za jakieś piętnaście minut do mnie na górę. Dostaniesz bluzkę.

– Dobra – rzekła Anita. – Zrobione.

Ewa poszła na górę, starając się stąpać jak najciszej. „Może śpi – wmawiała w siebie przyczyny tej ostrożności. – Nie należy budzić chorego człowieka…" Instynkt jej mówił, że Nowak pilnie nasłuchuje co na schodach, że w tej chwili to jego jedyne zajęcie, że czeka na odgłos jej kroków.

W swoim pokoju rozebrała się i umyła starannie. Wyjęła z walizki świeżą zmianę bielizny – eleganckiej, pachnącej kobiecą szufladą. Otworzyła szafę i wyjęła wiszący tam kostium. „Już myślałam, że go tu nie włożę" – uśmiechnęła się do siebie z zadowoleniem. Kostium był z ciemnoszarej, cienkiej flaneli, pięknie wcięty, o krótkim żakieciku i nisko schodzącym dekolcie. Długo, ze znawstwem i satysfakcją, układała go na swej postaci, po czym narzuciła ręcznik na ramiona i pieczołowicie czesała włosy. Malowała długo i umiejętnie wargi i wyjęła z torebki malutką flaszeczkę perfum z granatowego szkła. Lekkim ruchem zwilżonych perfumą palców dotknęła karku pod włosami, szyi i kącików pod uszami. Przystanęła na chwilę bez ruchu przed lustrem i patrzyła krytycznie, lecz nie bez życzliwości, na swoje dzieło. „Jak na podróż z księdzem do Kołobrzegu – pomyślała, uśmiechając się do lustra – nie najgorzej…" W tej chwili zapukała Anita.

– Proszę – rzekła Ewa łaskawym tonem damy.

Anita weszła, spojrzała na Ewę, zatkało ją z wrażenia, ale natychmiast opanowała się całą siłą woli, by nie ujawnić swego podziwu.

– Co się pani tak wyglansowała, jak do ślubu? – spytała dość obojętnie.

– Przebrałam się do obiadu – rzekła Ewa niedbale.

Usiadła na łóżku i zakładała pończochy, wyciągając przed siebie wyprostowaną, długą i kształtną nogę. Po czym wyjęła z walizki owiniętą w gazetowy papier parę pantofli, włożyła w nie korki i wsunęła stopy. Były to czarne czółenka na wysokim obcasie. Ewa wstała, sylwetka jej nabrała wykwintu i postawności.

– Nielicho – wymknęła się Anicie powściągliwa aprobata.

Ewa zbierała porozrzucane po całym pokoju rzeczy i pakowała je bezładnie do leżącej na łóżku, otwartej walizki. Jednym pociągnięciem zmiotła przybory toaletowe i kosmetyki z półki nad umywalką, rzuciła je na niezłożoną spódnicę, bluzki, bieliznę, rozejrzała się uważnie wokoło, zamknęła walizkę i rzuciła na nią płaszcz.

– Anito – powiedziała – znieś tę walizkę i ten płaszcz na dół i postaw w jadalni.

Anita zdjęła walizkę z łóżka i ruszyła ku drzwiom.

– Zaraz, zaraz – powiedziała Ewa dobrotliwie – poczekaj chwilę, moja droga. Zapominasz o więzach przyjaźni, które nas tu połączyły i których symbolem ma być ta oto bluzka.

Wyjęła z otwartej na oścież szafy wiszącą tam jeszcze, jerseyową bluzkę i uroczystym gestem wręczyła ją Anicie.

– Dziękuję – mruknęła Anita niechętnie.

– I pamiętaj, że nie ma rzeczy ważniejszych, niż kobieca solidarność. Że musimy się wzajemnie popierać.

– Dobrze – rzekła Anita głupio, bez specjalnego zapału.

Po czym wyszła, zamykając za sobą dość głośno drzwi.

Ewa obrzuciła raz jeszcze przeszukującym spojrzeniem pokój. „Niczego nie zapomniałam? Nie – upewniła się. – A więc cześć…” Przez ułamek sekundy zrobiło jej się czegoś żal. Nie zdążyła jednak zahaczyć konkretnej myśli o to uczucie i wyszła z pokoju.

„Najgorsze – myślał Nowak – że wyniknąć mogą potworne komplikacje. Szczeniak wróci do miasteczka i powie pierwszemu lepszemu facetowi, że miał ze mną coś wywieźć z cmentarza. I koniec. Po nitce do kłębka. Przez cztery lata nie popełniłem żadnego błędu, a teraz… takie głupstwo… Już teraz, być może, cała awantura kisi się gdzieś i rozrabia; już teraz, być może, pierwsze, niejasne wątki sprawy, pod postacią głupich plotek, docierają do najniewłaściwszych miejsc. A o tym, żeby całą rzecz odłożyć, wrócić tu, do Darłowa po jakimś czasie i zaczynać na nowo, to w ogóle nie będzie mogło być mowy..."

Leżał na wznak, noga nie dolegała mu zbytnio, czuł wyraźne pulsowanie krwi wokół kolana pod bandażem elastycznym. Dokuczało mu spocone gorąco ciała, wynik lekkiej gorączki i dręczących przewidywań. Natomiast myśli o Ewie działały kojąco. „Dziesięć po jedenastej – stwierdzał skrupulatnie co parę minut godzinę. – Będzie tu za pół godziny. Co ja jej powiem? Coś w niej drgnęło i co teraz? Najlepiej będzie, jak pojedzie do domu i zostawi mnie tu. I tak się skończy rzecz ładna, która się jeszcze nie zaczęła. Chociaż ten list?... A może ona nie przyjdzie?"

Pogoda za oknem działała nań drażniąco i destrukcyjnie. „A co byłoby – przyszło mu do głowy – gdybym powiedział jej o tryptyku i dodał: 'Wiesz co? Jedziemy do Warszawy i przekazujemy tryptyk władzom. Otrzymujesz swoją fotografię w gazetach i wspaniałą szansę zawodowej kariery. Mówi się o tobie i pisze jako o świetnym, młodym naukowcu, który dokonał niezwykłego dzieła, odnalazł tryptyk króla Eryka! A ja cieszę się wraz z tobą i wieczory nasze pełne są łagodnego szczęścia. Wieczory prawych sumień i uładzonego życia...' Co za bzdura... – uśmiechnął się do siebie. – A co z narzeczonym? Jak będą wyglądały dwa sumienia z powieszonym pośrodku, głową w dół, narzeczonym imieniem Paweł... Łagodne szczęście... Szczęście jest zawsze gdzie indziej... ktoś tak ładnie powiedział, gdzieś to czytałem, a może mi się zdawało. O tym wie zresztą każdy człowiek. Kobiety kupuje się za drobną monetę kwiatów, słów lub gwałtowności. I to każdą bez wyjątku... Kto to powiedział? Stołyp. Dlaczego więc mam ją kupować za tryptyk króla Eryka, który w żadnym wypadku nie jest drobną monetą? Która godzina? Już wpół do dwunastej. Noga jakby cicho, uspokoiła się..." Usiłował zmienić pozycję, co również odbyło się bez bólu. Uśmiechnął się do siebie i ułożył wygodniej. „Są takie – myślał leniwie i luźno – z którymi człowiek nie ma nic do mówienia. Od razu się je rozbiera. A są inne, od których człowiek chce się dowiedzieć, co myślą w czasie, przed tym i po tym. To, zdaje się, jest miłość. A może nie przyjdzie? Pamiętam takiego faceta, co mówił, że wszystko go nudzi prócz pierwszego spotkania nawet z największą idiotką. Chodzi o te parę godzin przed. Po, właściwie jest zawsze jednakowo, ale te pierwsze spojrzenia przy stoliku, w kawiarni lub gdzie indziej, to psychiczne obmacywanie się jest za każdym razem inne. Jest w nim nadzieja, że tym razem będzie inaczej. Jakieś zniecierpliwienie, oczekiwanie, zdenerwowanie, które później tak szybko znika. Coś jest w..."

Posłyszał kroki na schodach. „To ona! Jednak przyszła... – serce zabiło mu gwałtownie. – Która godzina? Jeszcze nie ma dwunastej..." Słyszał, jak Ewa weszła do swego pokoju i zamknęła za sobą drzwi. Ogarnęło go naraz głupie przerażenie, że Ewa odejdzie bez widzenia się z nim, poczuł dokuczliwe gorąco na plecach i na policzkach. „Na pewno wie już, co się ze mną stało – myślał szybko. – Może po prostu wynieść rzeczy i wyjść bez słowa. Gdzie jej będę szukał i po co?..." Poczuł gwałtowną chęć przywołania Ewy krzykiem, natychmiast tu, do tego pokoju.

Przez ścianę słychać było niewyraźną krzątaninę Ewy i szum wody w umywalni. Nowak odetchnął głęboko. Fakt obecności Ewy tuż za ścianą, odgłosy codzienności wokoło, szczekanie psa z podwórza, szmery z kuchni i z ulicy – działały uspokajająco. „W gruncie rzeczy – myślał – o co ja się tak rwę? Taka sama facetka jak inne. Błyszczy jej się nos. Z zębami też coś nie w porządku. Zdaje się, że pochyla jedno ramię trochę nie tak, jak trzeba. I ta skóra na plecach, na łopatkach. Wczoraj, u niej na łóżku nie zwracałem na to uwagi, ale teraz przypominam sobie dokładnie: były tam jakieś pryszcze. I jeden pryszcz na ramieniu, pamiętam. Zresztą pryszcze mniej ważne, natomiast jest kłamliwa. Wykrzywia każde słowo w kierunku, jaki jej w danej chwili odpowiada, a po tym kłóci się zajadle o swoją nieuczciwą, a wygodną interpretację. W gruncie rzeczy jędza. Przedwczoraj, na cmentarzu, tanie moralizatorstwo, wczoraj równie tani nihilizm. I chyba raczej dziwka. Z jaką łatwością powiedziała wczoraj: 'Sama się rozbiorę...', jak jej to gładko przyszło... Szczerość i nastrój, czy zwykła rutyna? Ciekawe, ile razy mówiła to z równym spokojem i trzeźwością? Z początku było ich czterech, a potem pięciu. Ciekawym, ilu jeszcze? Tych na marginesie, tych nieważnych, tych co się nie liczą, tych co tylko raz, tych z przypadku, tych, o których nie ma co mówić, tych, co to nie ma co ich wymieniać, bo z nimi właściwie nic nie było..." Ogarniała go lepka pasja, osadzająca się w mózgu wilgotnawym okładem. „Na pewno ma sklejone śpiochami oczy rano, gdy się budzi – pomyślał z udręką – na pewno jest głupia i zła, a mimo to tak bardzo chcę, żeby już przyszła..." Usłyszał pukanie do drzwi Ewy i głos Anity. „To koniec – pomyślał zjadliwie. – Te dwie razem! Cóż za ekipa..." Poczuł się jakoś uodporniony na zło, przewrotność i brud podszewek życia, znalazł w sobie nawet jakąś gotowość do walki, chociaż niezbyt dobrze wiedział do jakiej walki, z kim i o co. Słyszał, jak Anita wyszła z pokoju i schodziła ze schodów, dość wolno, jakby coś niosła". „A może ja ją naprawdę kocham? – pomyślał. – Ją. Ewę". – I zamarł naraz wobec tej prostackiej prawdy. Zdjął go niedobry dreszcz, zdążył jeszcze pomyśleć: – „A to ci heca..." – na korytarzu rozległy się kroki, a zaraz po tym pukanie do drzwi.

– Tak – zawołał Nowak przyzwalająco, z ostentacyjną rześkością.

Drzwi uchyliły się powoli i Ewa wsunęła głowę.

– Można? – spytała bardzo grzecznie.

– Oczywiście – odparł z młodzieńczym entuzjazmem Nowak. – Świetnie, żeś przyszła. Strasznie się cieszę.

– Co się z tobą dzieje, Ronaldzie? Co za historie? Jakieś wypadki, choroby? Co to znaczy?

Zamknęła za sobą drzwi i oparła się o nie, z rękami schowanymi do tyłu. Widoczna była doskonale, w całej okazałości, w pełni światła z okna.

– Jak ty świetnie wyglądasz... – szepnął Nowak, wypadając na sekundę z roli.

– Och, taki stary kostium...

– Doskonały – rzekł Nowak już prawidłowo, z przychylną obojętnością. – No, cóż, widzisz, miałem przykre zdarzenie. Odnowiła się stara kontuzja. Pozostałość po pełnej chwały młodości wyczynowca. Niebawem przejdzie.

– Co to znaczy: stara kontuzja?

– Historia nudna i zawiła, zostawmy ją lepiej specjalistom. Dość na tym, że jak źle stąpnę, potknę się, czy zawadzę o coś lewą nogą następuje mała eksplozja w moim lewym kolanie, która utrudnia mi chodzenie przez pewien czas. Potem wszystko przechodzi i znów mogę biegać. Jak zajączek.

– Ale teraz bieda, no nie? Leżysz w łóżku, nie możesz się ruszyć i czujesz się zapewne fatalnie, co?

– Mogę cię zapewnić, że wszelkie inne me możliwości, poza zdolnością szybkiego przenoszenia się z miejsca na miejsce, pozostały w stanie nienaruszonym.

– Zajączku, ostrzegam cię, zdążasz niedwuznacznie ku karierze prosiaka.

– Być może, że jestem nieco prostolinijny, ale powoduje mną pragnienie prawdy.

– Jakiej prawdy? O czym?

– O ohydzie twego wczorajszego postępku.

– Och – rzekła Ewa niedbale – jest to wypróbowana metoda.

– Metoda?

– Metoda pozbywania się napastliwie usposobionych mężczyzn. Siła nic tu nie pomaga. Niewinne zamarkowanie odwiecznej rutyny, '…tylko nie tak gwałtownie, po co od razu drzeć i niszczyć, wszystko dziś takie drogie, pan pozwoli, że ja sama…' po czym mądry unik i wyprostowanie sytuacji. Przyznasz, Ronaldzie, że w moim położeniu niezbędne jest dysponowanie metodą, zdającą egzamin w każdych okolicznościach.

– Co znaczy: w twoim położeniu? – mruknął Nowak.

– Jak wiesz, mam tak zwane warunki. Nie jestem szpetna, ale za to z natury ciekawa. Zżera mnie pospolita ciekawość. Cholernie interesuje mnie życie. Gdybym więc poszła na żywioł, bez uzbrojenia się w metodę, musiałabym chyba wspominać mych kochanków przy pomocy elektrycznej maszyny do liczenia.

– Rozumiem – rzekł Nowak. – Chcesz papierosa?

– Chcę – rzekła Ewa i usiadła w nogach łóżka Nowaka, opierając się o żelazną poręcz. – Ładnie wyglądasz.

– Ja? – zdziwił się Nowak.

– Tak, ty. Biała koszulka gimnastyczna i smagłe ramiona. Jesteś, jak to się mówi, proporcjonalnie zbudowany.

– Słusznie. Mam także lekką gorączkę. To upiększa.

„Co mnie to wszystko obchodzi? – pomyślała Ewa. – O czym on mówi? O gorączce? Ładnie wygląda w tej koszulce gimnastycznej, tak chłopięco…"

– To nie dlatego – rzekła Ewa. Chwilę palili w milczeniu.

– Słuchaj, Ewo – rzekł Nowak poważnie – co właściwie miał znaczyć ten list?

Ewa milczała długo. Nowak czekał cierpliwie, paląc spokojnie papierosa.

– Ten list – zaczęła Ewa powoli – właściwie miał nic nie znaczyć. Był szczery, to wszystko.

– Ewo – Nowak oparł się na łokciu, pochylił ku Ewie i ujął jej rękę ruchem ciepłym, serdecznym. – Ewo, nie wolno ci teraz stchórzyć. Mów wszystko, co masz do powiedzenia.

– Kiedy ja mam niewiele do powiedzenia. Nie chciałabym, żebyś mnie źle zrozumiał. Bardzo nie chciałabym, żeby to wszystko, między nami, skończyło się jakoś głupio. Każde z nas pojedzie w inną stronę i koniec. Nie wiem, ale dziś rano wydało mi się naraz, że można coś zatrzymać, chociaż nie wiem co. W każdym razie coś nie za bardzo ważnego, a ładnego. No i usiadłam i napisałam. Tylko, że jak ja coś napiszę, to na piśmie staje się to od razu jakieś ważne, ciężkie, zasadnicze. Po prostu nie mam lekkiego pióra, ot co...

Nowak położył się z powrotem na wznak i kończył papierosa.

– Dlaczego: każde w inną stronę? – rzekł po dłuższej chwili. – Możemy przecież pojechać w jedną stronę. Bez względu na to, w którą.

– Nie. Razem możemy pojechać tylko w jedną stronę. W tę, w którą wczoraj proponowałeś, a w którą ja nie mogę.

Nowak westchnął ciężko.

– Nie – rzekł ze zmęczeniem w głosie. – Niestety. Możemy pojechać w jedną stronę i to nie razem. Do Warszawy. A dalej... zobaczy się, co będzie.

Milczeli długo.

– Powiedz – rzekła wreszcie Ewa – czy my moglibyśmy być kiedyś razem?

– Śmieszna jesteś – rzekł Nowak ze znużeniem. – Wszystkie jesteście śmieszne. Co znaczy: być razem? Razem w łóżku? Razem w rodzinie? Razem w małżeństwie?

– Razem, to znaczy tuż obok siebie. Tylko to się liczy.

– Czyli chodzi ci o formę. Wam, kobietom, chodzi zawsze tylko o formę. Wydaje mi się, że mogłabyś znajdować się w Rypinie, a ja na Florydzie, i moglibyśmy być razem.

– Bzdura. Właśnie, że to nie jest forma, tylko żywa treść. Treść, której rdzeniem, szpikiem, esencją są słowa 'tu' i 'teraz'.

– Otóż to. Wam chodzi zawsze o dziś, a nam o jutro. Nas gnębi zawsze myśl o tym, co będzie jutro, my budujemy plany. Wy, myśląc o jutrze, myślicie o tym, co będzie, gdy zaczniemy się wam nudzić. Dręczą was komplikacje, które same niebawem spowodujecie, układacie sobie role i z góry drapujecie się w gesty nieszczęśnie zawiedzionych i niezaspokojonych serc, nie mówiąc już o innych fragmentach waszych ciał. Z góry opracowujecie kampanie waszych zdrad i roztrząsacie w tak zwanych marzeniach model kochanka, za którym zaczniecie się niebawem rozglądać, albo, jak to mówicie: tęsknić. Mężczyzna, mówiąc 'kocham', myśli: 'będę cię kochał jutro, pragnę, aby jutro wyglądało tak, jak dziś...' Kobieta, mówiąc 'kocham', myśli: 'kocham cię dziś i nie chcę myśleć o jutrze...'

– Wszystko dlatego – rzekła Ewa z ironią – że mężczyznom jest brak wyobraźni. Oczywiście, w tych sprawach.

– Nieprawda. Wszystko dlatego, że wy jesteście nielojalne nawet wobec własnych uczuć.

– Słuchaj – rzekła Ewa z nieoczekiwaną powagą – od dawna nie słyszałam czegoś równie niesprawiedliwego. Przecież to, co powiedziałeś o jutrze, odwraca się idealnie. My, kobiety, właśnie myślimy o was identycznie to samo. Kropka w kropkę to samo. Wojna o trwałość uczuć i związków jest przecież odwieczną wojną kobiety. Jeżeli więc mężczyźni zarzucają nam to samo, o co my mamy do nich pradawną pretensję, stąd wniosek, że słuszność musi leżeć gdzieś pośrodku.

– Nie – rzekł Nowak zawzięcie. – Słuszność nie leży pośrodku. Słuszność jest zawsze po stronie słabego. Czyli po tej stronie, która jest dotknięta miłością. Czyli po stronie, która kocha więcej i naprawdę.

– Och, dosyć już – żachnęła się Ewa. – Dosyć tych ciągłych słów o miłości, za którymi nic nie ma. Albo, co gorzej, za którymi jest tylko codzienność.

– Masz rację – rzekł Nowak. – Słowa o miłości to błąd. Mam prośbę: zasuń trochę story. Drażni mnie ta pogoda.

Ewa wstała i przysłoniła nieco okno. Lekkie ograniczenie światła wywołało jakieś zażenowanie w pokoju; jak każda połowiczność stworzyło nastrój niezręczności.

– Czego teraz chcesz? – spytała Ewa z dwuznaczną kpiną.

Podeszła do stołu i położyła na nim torebkę, sama zaś usiadła na krześle, odległym od łóżka o przestrzeń całego pokoju.

– Chcę, abyś się rozmalowała.

– Słusznie – roześmiała się Ewa. – Niech żyje rzeczowość.

– Skoro pytasz mnie, czego chcę, odpowiadam ci prosto; zetrzyj szminkę.

– A po tym zechcesz mnie pocałować. Czy tak?

– Nie. Raczej zechcę, żebyś ty mnie pocałowała.

– Tak też można. Ale powiedz mi, czy muszę? Czy muszę, odwiedzając cię gdy leżysz złożony niemocą całować cię? No, zastanów się, czy muszę całować cię podczas przyjacielskiej wizyty?

– Nie – rzekł Nowak ze złością – nie musisz. W ogóle, niczego nie musisz, do cholery! Chciałbym, żebyś chciała...

– Wolałbyś, żebym chciała cię pocałować. Czy tak?

– Nie. Wolałbym, żebyś się rozebrała.

Ewa wstała.

– Wolałbyś żebym się rozebrała – rzekła. – Sama, prawda? I może chciałbyś, żebym weszła do tego łóżka?

– Jakbyś zgadła.

Ewa uśmiechnęła się nieszczerze. Wolnym ruchem rozpięła guziki żakietu, zsunęła go z ramion i rzuciła na krzesło. „Nie... – pomyślał szybko Nowak. – Nie może być! Nie ma pochylonego ramienia... Ma przepyszne ramiona, kształtne i krągłe... Co z chłopakiem, na litość boską, co z chłopakiem?..." Ewa rozpięła wolno, bez słowa, guzik od spódnicy i zsunęła ekler. Twarz miała wyrównaną, w ruchach nie znać było ani pośpiechu, ani zakłopotania. Wyszła z opadłej na podłogę spódnicy, po czym schyliła się po nią, podniosła, złożyła starannie i położyła na krześle. Nowakowi rozbłysły oczy, gdy stanęła obok łóżka, prosta i smukła, w krótkiej, czarnej, obcisłej koszuli, zakończonej na piersiach szerokim pasem koronki. Usiadła na łóżku, zdjęła pantofle, odpięła pasek od pończoch, zdjęła pończochy i rzuciła je wraz z paskiem na leżące na krześle spódnicę i żakiet. Odwróciła się do Nowaka i popatrzyła nań przez chwilę, prosto i jasno.

– Nie patrz tak na mnie – rzekła spokojnie. – Patrzysz na mnie, jakbym czyniła coś złego.

– Nie – mruknął Nowak. – Wcale tak na ciebie nie patrzę.

Pochyliła się ku niemu i pogładziła go lekko po policzku. W oczach miała czułość.

– Acha – powiedziała – to jeszcze...

Podbiegła boso do umywalni i szybko wytarła szminkę o ręcznik Nowaka.

– Zabrudziłam ci ręcznik – odwróciła się z uśmiechem ku Nowakowi. – Gniewasz się?

– Nie szkodzi – rzekł Nowak zachrypłym głosem. – Ale jak już tam jesteś, to bądź łaskawa przekręć klucz w zamku.

Ewa szybko zamknęła drzwi i podeszła do łóżka.

– Wstrętny jesteś, że o wszystkim pamiętasz – powiedziała bez gniewu. – Posuń się.

Zwinęła się miękko pod kołdrą i przytuliła do Nowaka, kładąc mu obie ręce na piersiach. Nowak poczuł ciepło i zapach młodego, zdrowego, dobrze utrzymanego ciała. Na sekundę przymknął oczy i przestał myśleć. Ewa pocałowała go delikatnie w policzek.

– Szczęśliwy? – szepnęła.

– To duże słowo, Ewo… – odparł, również szeptem.

– Zadowolony?

– Raczej tak. W gruncie rzeczy zadowolony, tylko, że nie potrafię ci o tym powiedzieć.

– Wiesz, jesteś wspaniałym mężczyzną, który mi się zupełnie nie podoba. Wydaje mi się, że mogłabym cię bardzo kochać. Może nawet całe życie. Boję się tylko…

– Przestań – przerwał Nowak. – Po co te słowa? Szukasz uzasadnień?

– Nie bądź świnką. Albo raczej nie bądź naiwny i daj mi skończyć. Otóż boję się, że nie wytrzymałabym z tobą miesiąca. Niemniej upieram się przy tym, że mogłabym kochać cię całe życie. Mogłabym, rozumiesz?

– Rozumiem – rzekł Nowak.

Uniósł się, odchylił jej głowę na poduszkę i pocałował ją w usta. Ewa przyjęła pocałunek zachłannie. Otoczyła ramionami kark Nowaka, zanurzyła palce w jego włosach i przytrzymywała jego głowę przy swojej.

– Ślicznie pachniesz – rzekł cicho Nowak, ledwie odrywając wargi od jej warg. – Taki zapach daje akcent doskonałości temu, co robimy w brzydkim, hotelowym pokoju – dodał, opierając się na łokciu.

– Ten zapach – uśmiechnęła się Ewa – nazywa się „Je reviens…"

– Bez sensu. Ty przychodzisz, a nie wracasz.

– Kto wie… – uśmiechnęła się Ewa do swoich myśli. – Może właśnie wracam…

Znów pochylił się nad nią i całował. Ewa zsunęła się niżej, jej usta i język były oddaniem, uległością, soczystą i rozedrganą. Nowak ujął materię koszuli i szarpnął lekko, delikatnie, nie przestając całować.

– Zdejm to – szepnął.

Ewa szybkim ruchem uniosła talię i pozbyła się dolnej bielizny, po czym usiadła i ściągnęła przez głowę koszulę. Niedbale rzucony tłumoczek czarnego jedwabiu poleciał w kierunku krzesła z resztą ubrania. Nie doleciał i upadł na podłogę.

– Twoje kolano?... – rzekła Ewa, zsuwając się niżej i przywierając wargami do piersi Nowaka. – Nie boli cię? Nie zaszkodzi ci?

– Mówiłem ci przecież, że nie mogę tylko biegać. Wyłącznie. Że inne moje możliwości...

– Nie bądź wulgarny... – uśmiechnęła się Ewa z sytym zadowoleniem, z aprobatą.

Nowak czuł nadmiar myśli, plączących się w mózgu; błądząca po piersiach Ewy ręka była chłodna i niewrażliwa. Męczące zdenerwowanie niszczyło satysfakcję. Ręka jego sunęła po szczupło sklepionym brzuchu i po gładkim wnętrzu ud. Sekundy zachłystującego szczęścia wobec tego co okazywało się świetniejsze od przeczuć, mieszały się z dziwną, gniotącą obawą. „Co się ze mną dzieje?... – myślał urywkowo. – Co z chłopakiem?... Jak to się skończy?... Jakie ma wspaniałe ciało!... Jak dać jej to po co tu przyszła? Po co tu przyszła?... Co z chłopakiem?... Co dalej, co potem?... Przecież to może być tylko raz, dziś, tu, teraz..." Ewa poddawała się pieszczocie z coraz wyraźniejszym upodobaniem. Szukała co chwila ust Nowaka i dzwoniła zębami o jego zęby. Zamknęła oczy, na jej ruchliwej, rozgrzanej twarzy przeżycia odbijały się klarownie i pięknie, w jednym rytmie z doznaniami całego ciała. Dłonie jej błądziły wzdłuż bioder Nowaka i przyciągały go powoli, nieuchronnie, ku sobie. Po chwili objęła ramionami jego plecy i barki i przytuliła się doń gwałtownie.

– Czy trzeba uważać? – spytał szybko Nowak.

– Och, tak... – szepnęła Ewa niechętnie, nie otwierając oczu. – Raczej tak...

„I to jeszcze..." – zdążył pomyśleć Nowak i zapadł w nieodwołalną, haniebnie krótkotrwałą rozkosz. W sekundę po tym wstyd rozpalił mu całe ciało. Czuł pod sobą rozkołysane odruchy życzeń Ewy, hamowane co sił, lecz wibrujące w niej wbrew jej woli, pulsowanie pragnień, których nie wypowiada się, a od których zaspokojenia zależy tak wiele. Odbierał bezbłędnie sygnały żądań, których nie mógł w tej chwili już ani obnażyć, ani spełnić. Czuł przeraźliwe przekleństwo uciekającego, niepowtarzalnego momentu, wypełnionego najobrzydliwszą z niemocy. Bał się unieść głowę z jej ramienia, czuł rozpaczliwe przerażenie przed chwilą, która nastąpi, która zbliża się nieuchronnie. Ewa przytuliła czoło do jego ust i delikatnym ruchem uwolniła się spod jego ciężaru.

– Ciężko ci? – spytał jak samobójca, który wypowiada ostatnie słowa przed skokiem w przepaść.

– Nie – odparła miękko Ewa. – Pocałuj mnie. Uniósł głowę i natknął się na szare, przejrzyste spojrzenie Ewy. Teraz dopiero poczuł się jak spoliczkowany.

– Pójdę po ręcznik – mruknął.

– Pocałuj mnie – powtórzyła Ewa. – Proszę…

Pochylił się nad nią i pocałował lekko, bez zapału. Przytrzymała oburącz jego głowę i długo błądziła językiem po jego ustach. „Po prostu jest niezaspokojona… – myślał Nowak z ponurą rozpaczą. – Nie otrzymała tego, po co tu przyszła… Chała, kolego Nowak, kompletna degrengolada! Upadek… Dno…"

– Ja wyskoczę po ręcznik – rzekła Ewa szybko, odrywając się od jego twarzy. – Ty masz leżeć spokojnie.

Odrzuciła kołdrę i bez wdzięczenia się i krygowania podbiegła do umywalni. „Właściwie powinna się ubrać – myślał Nowak. – Powinna od razu dać mi do zrozumienia, że nie ma po co wracać do takiego wraka, do takiej szmaty, jak ja…" Po chwili Ewa znalazła się z powrotem pod kołdrą.

– Zimno – powiedziała. – Pogoda śliczna, ale jeszcze zimno.

Owinęła się szczelnie kołdrą, ujęła ramię Nowaka i podłożyła je sobie pod głowę.

– Ewo – zaczął Nowak bez przekonania – a gdybyśmy jednak…

„Ale co? – pomyślał. – Dziś i tak nikt nie odpłynie na „Ragne", zaś wątpliwe, żeby Hauge mógł i chciał czekać… No i chłopak… Bóg wie, co się dzieje…"

– Daj spokój – szepnęła Ewa. – Tak jest dobrze. Teraz jest dobrze. Jest dobrze tak, jak jest.

Mościła się wygodnie pod pachą Nowaka. Wyciągnęła prawą rękę ku górze i wodziła delikatnie wskazującym palcem po jego podbródku i ustach, jakby wrysowując je w swą pamięć.

– To dlatego – rzekł Nowak z goryczą – że w życiu zawsze jest inaczej, niż się chce i niż się może.

– Mówisz otchłannie mądrze i głęboko.

– Poza tym przechwalam się – uśmiechnął się Nowak gorzko. – Na pewno miałaś mnie za coś niebywałego, a tu takie Waterloo…

– Nie wiem, o czym mówisz – uśmiechnęła się Ewa filuternie i Nowak poczuł się na chwilę rozgrzeszony, zwolniony od odpowiedzialności. Wydało mu się, że wszystko jest jeszcze do uratowania, że nic naprawdę się jeszcze nie stało.

– Jesteś równa – rzekł z uznaniem.

– Dziękuję ci, mój przyjacielu...

Ręka Ewy wędrowała po szyi Nowaka, gładząc delikatnie skórę.

– Słuchaj – rzekł Nowak po chwili – musisz mi odpowiedzieć na jedno pytanie.

– Słucham...

– Czy...

– Przestań – przerwała Ewa miękko. – Dlaczego tyle mówisz...

Ręka jej sunęła po piersiach ku biodrom Nowaka. Nowak usiłował wpiąć myśli w tę pieszczotę, rozsmakować w niej, zapomnieć o wszystkim innym, lecz były to wysiłki daremne.

– Bo chcę ci coś wytłumaczyć... – rzekł cicho i zachrypłe. – Bo chcę cię przekonać, że od razu nie wychodzi... Że trzeba czasu na to, aby te rzeczy zaczęły cudownie wychodzić...

– Wiem o tym równie dobrze, jak ty...

– To dlaczego jesteś rozczarowana? – rzekł Nowak, przełykając wstyd.

– Dlaczego uciekasz od decyzji, od rozważań o tym, co dalej?...

Ręka Ewy gładziła miękko uda Nowaka. Doszedł doń znów, ze zdwojoną siłą apel ciała Ewy, niczym nie wyrażony, hamowany przez nią z całych sił, potężnie obecny. Zamknął oczy, chłonął kobiecy zapach jej oddechu i bliskość jej skóry, usiłował rozpaczliwie skoncentrować wszystkie myśli, całą swą wolę w jednym, jedynym punkcie wszechświata. Wszystko na próżno. Jej pomocna dłoń cofała się powoli ku górze, zniechęcona klęską.

Otworzył oczy i ujrzał tuż obok oczy Ewy, jasne, trzeźwe, przytomne. Na ich dnie dostrzegł to, czego bał się najbardziej, czego nie chciał pojąć, przyjąć do wiadomości. Ciepłe, życzliwe współczucie.

– Musisz być bardzo zmęczony i podenerwowany – rzekła Ewa, siadając na łóżku i zrzucając z siebie kołdrę. – W gruncie rzeczy nie był to zbyt odpowiedni dzień. Niezależnie od tego durnego wypadku, masz zapewne, domyślam się, i inne kłopoty.

– Jestem ci wdzięczny, że o tym wiesz – rzekł Nowak. – Istotnie, nie był to zbyt odpowiedni dzień. Przyznać trzeba, że masz śliczne piersi.

Ewa pokręciła głową z kokieterią i spojrzała przeciągle na własne ciało.

– Doprawdy? – powiedziała. – Cieszę się, że tak sądzisz. Kochany...
– dodała, zwracając się ku Nowakowi i gładząc go pieszczotliwie dłonią
po policzku – muszę już wstać. Mam jeszcze pewne sprawy, muszę się
zobaczyć z księdzem. Wpadnę tu do ciebie, jak tylko wszystko załatwię.

– Dobrze – mruknął Nowak.

Nie śmiał o nic pytać. Bał się pytać o to, co będzie potem, jak przyjdzie i kiedy znów od niego wyjdzie. W ściśniętym gardle dusił słowa,
domagające się od niej stwierdzeń jasnych i ostatecznych. „A więc nic nie
wiem... – myślał z uporem. – Wyjeżdża dziś, czy zostaje? Jedzie wieczornym pociągiem, czy czeka na mnie? Nie wiem nawet, gdzie będzie jeść
obiad i z kim? Odchodzi bez sygnału, którego można by się było chwycić?
Ja o to pytać nie mogę i nie będę..." Zaciął się w sobie, w płaskim, bezsen-
sownym poszukiwaniu własnej godności, wiedział o smutnej bredni, jaka
narastała wokół niego i wiedza ta była jego jedyną pociechą.

Ewa ubierała się powoli, z precyzją człowieka, poświęcającego swe
myśli jednej czynności. Gdy stała przy lustrze umywalni, w czarnej bieliźnie,
w pończochach, na wysokim obcasie pantofli uwydatniających smukłość
jej nóg, czesząc się i odsłaniając przy tym ciemnawe wgłębienia pach,
Nowak poczuł złudny, niematerialny przypływ pożądania. „Ewo – szepnął
w myślach – wróć... teraz na pewno..." Zbyt dobrze wiedział, że jest to
mistyfikacja jego najgorętszych pragnień, by rzec choć słowo.

– Czemu milczysz ponuro? – spytała Ewa od lustra, tonem lekkim
i przyjaznym. – Boli cię noga?

– Zwariowałaś... – mruknął z beznadziejną ironią Nowak. – Wszystkie
moje możliwości poza...

– Och, przestań – rzekła Ewa. – Co cię nagle ukąsiło, że leżysz nadęty,
jakby spotkało cię największe nieszczęście, albo co najmniej straszliwa
krzywda?

– To jest mój prywatny sposób przeżywania wielkich wzruszeń, wielkiej
radości i wielkiego szczęścia – wyjaśnił Nowak. – Bardzo osobisty. A zatem
wpadniesz tu do mnie po obiedzie, prawda?

– Oczywiście – rzekła Ewa.

Dopięła spódnicę, nałożyła żakiet, podeszła do łóżka, usiadła i pochyliła
się nad Nowakiem.

– Pocałuj mnie – powiedziała. – Jeszcze raz, zanim się umaluję.

Całowała go miękko, czule, smakując przez długą chwilę każde drgnięcie jego warg. „Może ona nie kłamie i wszystko będzie dobrze…" – myślał Nowak w czasie pocałunku.

– Ewo – powiedział po chwili, przytrzymując ją za ramiona – przyjdź. Muszę z tobą pomówić. Mam ci wiele do powiedzenia. To ważne. Powiem ci dużo o tobie…

– Dobrze – rzekła Ewa ze zrozumieniem. – Masz rację. Trzeba rozmawiać. W ogóle masz często rację, mnóstwo razy ją miałeś. Przedwczoraj, wczoraj i dziś.

Wróciła do lustra, wyjęła szminkę z torebki i umalowała się starannie. Raz jeszcze podeszła do Nowaka i pocałowała go lekko, a czule, w policzek. Po czym przetarła nieznacznie palcem pocałowane miejsce, jakby chcąc zetrzeć ślad szminki, którego nie było.

– A więc tymczasem… Pa…

Wyszła z pokoju, rzucając jeszcze z drzwi szare, pogodne spojrzenie na leżącego w łóżku Nowaka. „Teraz jestem sam – pomyślał Nowak. – Może to i lepiej…"

Na dole Ewa podeszła do telefonu. Zakręciła korbką i poprosiła o połączenie z plebanią.

– To ja – rzekła przyciszonym głosem, aczkolwiek nikt jej nie podsłuchiwał – Ewa. Czekam już na księdza.

– Czyli, że mam podjechać do hotelu? – rzekł ksiądz niepewnie.

– O, tak, proszę bardzo. Mam ze sobą walizkę i trudno byłoby mi… no, ksiądz rozumie…

– Rozumiem – rzekł ksiądz z wahaniem. – A może by…

– Może zaczekam na księdza w muzeum?

– Nie. To już wolę w hotelu.

– A więc czekam…

Odłożyła słuchawkę i wzruszyła ramionami.

Atmosfera konspiracji wokół tego odjazdu wydawała się bezsensem, a mimo to nie mogła się ustrzec przed gestami i słowami, które podkreślały i pogłębiały jego bezzasadną dyskrecjonalność.

Poszła do kuchni, gdzie odziana w fartuch Kraalowa przygotowywała duże, cielęce kotlety.

– Pani Kraal – powiedziała Ewa – chciałabym uregulować rachunek i pożegnać się.

– Już pani jedzie? – spytała Kraalowa.

– Tak. Zaraz. Mam okazję. Proszę sobie wyobrazić, że akurat ksiądz wybiera się samochodem do Kołobrzegu i podrzuci mnie na wcześniejszy pociąg.

– Obiadu pani nie zje?

– Już nie. Płacę dwa dni z utrzymaniem. Bo dziś śniadania też nie jadłam.

– Acha, zauważyłam to – rzekła Kraalowa i wymieniła sumę.

Ewa wyjęła pieniądze z torebki i położyła na stole. Kraalowa przeliczyła i schowała je zaraz do kieszeni fartucha.

– A zatem – rzekła Ewa – dziękuję za wszystko i do widzenia.

– Nie ma za co, proszę bardzo – rzekła Kraalowa życzliwie. – Do widzenia. A jakby pani kiedyś wpadła do Darłowa, to proszę bardzo.

Wytarła ręce w fartuch i wyciągnęła dłoń do Ewy. Ewa ujęła przyjaźnie rękę Kraalowej i potrząsnęła nią kilka razy.

– Dziękuję – rzekła Ewa. – Nie omieszkam, przy okazji.

Zawahała się, jakby jeszcze coś chciała powiedzieć, o coś spytać.

– Do widzenia, do widzenia – powtórzyła Kraalowa pośpiesznie. – I szczęśliwej drogi.

Odprowadziła Ewę do progu kuchni, lecz nie wyszła nawet do bramy. Ewa wróciła do jadalni i stanęła trochę niezdecydowana, nie wiedząc, co robić. Parę minut czekania na księdza wydały jej się oceanem czasu, którego przebycie nastręczało gigantyczne trudności. Rozejrzała się za jakąś gazetą, lecz nie znalazła wokół nic, prócz butelek z wódką i radia. „Nie włączę radia, co to, to nie…" – pomyślała z zakłopotaniem. Pragnęła ukryć fakt swego oczekiwania na odjazd, pragnęła, by nikt o tym nie wiedział, że czeka na dole i sama, życzyła sobie gorąco tego, aby jej dotychczasowa obecność w hotelu pozostała niezauważona przez nikogo. Instynktownie czuła nasłuchiwanie Kraalowej z kuchni, Nowaka z góry, Anity nie wiadomo skąd, wyczuwała wokół siebie czujną uwagę różnych ludzi, którzy pilnie baczyli na to, co się z nią dzieje.

Za oknem rozległ się warkot motoru, Ewa znalazła się natychmiast przy oknie i odchyliła firankę, lecz nie mogła dostrzec auta. Wyszła więc szybko do bramy i przed dom. Nieco z lewej strony bramy kapitan Stołyp parkował zielonego, wojskowego jeepa.

Zgasił silnik, schował kluczyki do kieszeni i wysiadł z wozu. W tej samej chwili coś zaturkotało z hałasem po bruku i od strony głównej ulicy ukazał się mały przedsiębiorca transportowy, ciągnący wózek i palący zawzięcie papierosowego peta.

– Dzień dobry pani – rzekł kapitan z powściągliwą grzecznością.

– Dzień dobry – rzekła Ewa z uprzejmym uśmiechem, kryjącym starannie rozczarowanie.

– Jak się pani miewa? Wygląda pani znakomicie. Pobyt w Darłowie należy widocznie do udanych.

– Nie mogę się skarżyć. Tu może być uroczo.

– Może być? – zdziwił się grzecznie Stołyp.

– Zależnie od okoliczności – wyjaśniła Ewa z ujmującym uśmiechem.

– W każdym razie pojmuję, że można się przywiązać do tego miejsca.

– Dziękuję – skłonił się Stołyp. – Czy jest coś nowego od wczoraj?

– Och, nic szczególnego. Poza wypadkiem pana Nowaka nic się nie dzieje i nic się nie stało.

– Właśnie, w związku z tym wypadkiem. Czy nasz przyjaciel Nowak nie potrzebuje jakiejś pomocy.

– Zaofiarowałam mu swoją. Twierdzi, że to nic groźnego, że da sobie sam radę.

– Proszę pani… – rozległ się, nieco z boku, głos przedsiębiorcy transportowego.

– Proszę? – rzekła Ewa, obracając się ku chłopcu.

– Poczekaj – rzekł Stołyp do chłopca. – Zaraz skończę i oddam ci twoją klientkę. Należy bowiem przypuszczać – zwrócił się do Ewy – że i pani jest ofiarą tego chciwca z prywatnej inicjatywy, którego drżące z żądzy zysku łapy wyciągają się po bagaż każdego nowo przybyłego.

– Nie ofiarą – uśmiechnęła się Ewa. – Jestem turystką, korzystającą z jego kosztownych, lecz sprawnych usług.

Chłopak odszedł i usiadł na krawędzi trotuaru, przed bramą hotelu.

– A pani nie wstąpi ze mną – spytał Stołyp – do pana Nowaka?

– Dopiero co stamtąd wracam. Nie chciałabym go zanadto nużyć swą obecnością. On naprawdę się źle czuje.

– Rozumiem – rzekł kapitan z uznaniem. – Delikatność i wrażliwość. Jakie to rzadkie w naszym zbrutalizowanym świecie.

– Cieszę się, że się rozumiemy.

– Ja cieszę się, że miałem możność poznać panią – rzekł kapitan tonem wytwornym.

– Bardzo mi miło. A zatem do widzenia… Tymczasem…

– Żegnam panią.

Stołyp wszedł do bramy. Ewa cofnęła się wolno w tym samym kierunku.

– Proszę pani… – rzekł chłopak, nie ruszając się z krawężnika – czy mogę o coś spytać?

– Słucham cię – rzekła Ewa z roztargnieniem.

Zza rogu głównej ulicy wyskoczył na placyk mały, mopsowaty „Steyer" i przyhamował wprawnie przed bramą hotelu. Ewa podbiegła do uchylonych drzwiczek.

– Świetnie – zawołała. – Już taszczę rzeczy.

Szybko wbiegła do hotelu i za chwilę ukazała się z powrotem, z walizką, płaszczem i torebką w rękach.

– Proszę pani – chłopak poderwał się z krawężnika – ja chciałem się dowiedzieć co z tym panem, co z panią przyjechał?

– Jeszcze zostaje – odparła szybko Ewa, podchodząc do auta. – Zobaczysz się z nim jutro.

– A pani jedzie? Teraz?

– Jadę, synu. Już.

Wrzuciła walizkę na tylne siedzenie i pośpiesznie naciągała płaszcz.

– Bo widzi pani, my mieliśmy… – zaczął chłopak niepewnie, trąc nos jedną ręką, a błotnik wozu drugą.

– Dobrze, dobrze – rzekła Ewa, siadając obok księdza. – Opowiesz mi to, synku, następnym razem. Widzisz, że się śpieszę. Bądź zdrów.

Zatrzasnęła drzwi. Ksiądz zapuścił silnik i mały „Steyer" potoczył się szybko i uparcie w ulicę.

– Ufff – rzekła Ewa z ulgą – już dobrze. Ciekawam, co ksiądz sądzi – dodała ze skwapliwym zaangażowaniem się w nowy temat – o sytuacjach, w których wszystko, co się robi, jest nie tak jak należy? I o ludziach, uwikłanych w takie sytuacje?

– Moją rzeczą nie jest sądzić – uśmiechnął się ksiądz – lecz wskazywać drogę.

– Świetnie – rzekła Ewa z zadowoleniem. – Jest zatem ksiądz człowiekiem, jakiego najbardziej w tej chwili potrzebuję.

– Czyżby znalazła pani w sobie jakąś nieoczekiwaną skłonność ku wierze? – rzekł ksiądz bez uśmiechu. – Jakąś potrzebę chrześcijańskich wskazań moralnych?

Zarumienił się gwałtownie, wypowiadając te słowa. Po czym nacisnął ostro gaz i raptownie zwiększył szybkość, szukając czegoś, co pokryłoby jego zmieszanie.

– Co to, to nie – rzekła Ewa. – Ale czy nie sądzi ksiądz, że człowiek czyni czasem coś, po czym musi sam sobie powiedzieć: „Cholera, zupełnie nie wiem, dlaczego i po co to zrobiłam?"

– Oczywiście – rzekł ksiądz. – Każdemu to się zdarza, mnie też. Nie używam tylko słowa „cholera", zaś szukam uporczywie uzasadnień.

– Rzecz w tym – powiedziała Ewa obojętnie – że ja niczego nie szukam. Nie wiem i już.

– To straszne… – szepnął ksiądz.

Oblał się pąsem tak intensywnym, jak nigdy dotąd. Udręczonym przez wstyd wzrokiem zerknął na Ewę, chcąc sprawdzić, czy go obserwuje, lecz Ewa miała twarz zwróconą ku szybie. Pogodnie, z upodobaniem patrzyła przed siebie, na długą, prostą, wygodnie asfaltowaną drogę.

„Zabawne – uśmiechnął się Stołyp do siebie. – Ksiądz zabiera klientkę najbardziej rzutkiemu z przedsiębiorców transportowych Darłowa, lecz ten nie ustępuje bez walki. Ksiądz gra nie fair, dysponuje wszak większym środkiem lokomocji i to mechanicznym. Nic dziwnego, że mały bronił się przed nieoczekiwaną konkurencją. Dokąd oni jadą?…" Stał nieco z boku wychodzącego na ulicę okna na piętrze, niewidoczny z ulicy, i obserwował z zajęciem wchodzącą do auta Ewę. Warkot motoru kazał mu przed chwilą minąć drzwi Nowaka i podejść do końca korytarza, gdzie widniało to cenne okno.

Wrócił do drzwi Nowaka i zapukał.

– Proszę – rzekł Nowak.

– Zawsze w tym samym pokoju – rzekł Stołyp, wchodząc. – Nawet nie pytałem na dole, gdzie pan tym razem mieszka.

– Dzień dobry, kapitanie – rzekł Nowak. – Cieszę się, że mnie pan odwiedził. Co to za samochodowe odgłosy z ulicy?

– Słychać aż tu? – zdziwił się Stołyp. – Przecież pańskie okno wychodzi na podwórze.

– Istotnie. Mimo to słychać. Nie jest to zbyt częsty hałas w Darłowie. Domyślam się, że to pan przyjechał wozem.

– Tak – rzekł Stołyp. – Poza tym przejeżdżał tędy ksiądz przed paru minutami.

– Aha – rzekł Nowak pogodnie. – Zapomniałem, że ksiądz jest także zmotoryzowany. Władza państwowa i kościelna monopolizują w Darłowie mechaniczne środki komunikacji.

– Słusznie – rzekł Stołyp. – I uważam, że tak jest w porządku.

– Znam – uśmiechnął się Nowak – lepsze porządki.

– Nowak – głos Stołypa brzmiał ostentacyjną żartobliwością – nawet na łożu boleści uprawia pan niezależność ducha, co poniektórym może się wydać prowokacją. Ale nie mnie. Pytanie moje brzmi: jak można panu pomóc?

– Oto pytanie godne reprezentanta władzy ludu. Boję się jednak, że nie może mi pan pomóc. Leczę się środkami prywatnymi. Mam własny bandaż elastyczny.

– Trudno. Myślałem, że panu coś zorganizuję. A może, przynajmniej, przynieść panu coś krzepiącego serce i myśl od Krztynki?

– Niech się pan nie fatyguje. Proszę raczej otworzyć szafę i sięgnąć po stojącą tam butelkę. Powinno być w niej jeszcze sporo dobrego Armagnacu.

Stołyp otworzył szafę, wyjął flaszkę, odkorkował, powąchał i gwizdnął z podziwem.

– Przywiózł pan ze sobą? – spytał z wyrzutem. – I ukrywa pan to od dwóch dni? Przed władzami. To przestępstwo.

Nowak nie odpowiadał przez chwilę.

– Nie – rzekł po długim namyśle. – Nie przywiozłem tego.

– Kupił pan od Krztynki?

– Nie. Dostałem od Krztynki.

Stołyp uśmiechnął się nieładnie i Nowak wiedział, że tym razem wyrok zapadł.

– No, no – rzekł Stołyp łagodnie – ale chytrus z tego Krztynki. Tak skrzętnie ukrywać takie rzeczy, no, no…

– Kapitanie – uśmiechnął się Nowak – niech się pan zastanowi: co mu pan może zrobić? Krztynka jest już i tak poza zasięgiem pańskich ciosów. Aby go gnębić, musiałby mu pan umożliwić z powrotem egzystencję prywatnego restauratora. A tak może pan już tylko stosować wobec niego drobne szykany przy wyprowadzce.

– Kto mówi o gnębieniu? Wydaje mi się, że jest pan dziś dla mnie niemiły, Nowak. Przypisuję to lekkiej gorączce, błyszczącej w pana oczach, i przebaczam panu. Czy można posłużyć się tą szklanką?

– Oczywiście. Proszę nalać i wypić moje zdrowie.

Stołyp sięgnął po stojącą na półce umywalni szklankę, nalał do niej Armagnacu i wypił.

– Świetne – rzekł. – Wyborny trunek. A teraz pan.

Nalał znów i podał Nowakowi.

– Aby się panu nigdy nic nie udawało – rzekł Nowak i wypił.

– *A propos* – rzekł Stołyp z zainteresowaniem – wydaje mi się, że będę musiał pomówić z panem zupełnie otwarcie. I bardzo po przyjacielsku.

– Marzę o takiej rozmowie.

– Chcę namówić pana do wyjazdu.

– Do ucieczki chciał pan powiedzieć, prawda? Wspominał pan już o tym wczoraj. Nie, nic mnie nie przekona, że czyni pan to dla premii, kapitanie. Musi pan mieć ukryte cele wyższego rzędu.

– Robię to wyłącznie z życzliwości. Czy nie przychodzi panu do głowy, że ja mogę mieć swoje fanaberie?

– Owszem, przychodzi mi to do głowy. Szlachcic w służbie rewolucji ma z reguły fanaberie.

– Te uderzenia – uśmiechnął się Stołyp – nie sprawiają mi przykrości.

– Kochany – westchnął Nowak – doceniam szansę, kryjącą się w pańskich kaprysach, ale nic z tego. Po dniu dzisiejszym jest to wykluczone.

Stołyp podszedł bliżej do umywalni i obejrzał sobie dokładnie wiszący obok muszli ręcznik.

Oczywiście – rzekł, siadając na krześle, naprzeciw łóżka – pańska noga jest jedyną przeszkodą w realizacji tej szansy.

– Oczywiście – rzekł Nowak.

– Bo gdyby były inne przeszkody, to może byłbym w stanie je usunąć.

– Nie ma innych przeszkód – westchnął Nowak.

– A szkoda – westchnął Stołyp – bo mam dziś dla pana szkunerek, jak ulał. Na pewno go pan zresztą zna, to dość znana łajba w polskich portach. Duńczyk. Nazywa się „Ragne".

– Uhm – rzekł Nowak. – Obił mi się o uszy. Mówił pan wczoraj, że było jego awizo. Zdaje się, że chodzi po węgiel?

– Otóż to. Dziś leży w Darłowie i mam wrażenie, że szykuje się na szmuglerski skok.

– Odnosi pan takie wrażenie?

– Ściślej mówiąc: mam przeczucie. Wie pan, my, zdrajcy własnej klasy, kierujemy się często przeczuciami. Na przykład przeczuciem, że proletariat zwycięży ostatecznie w skali światowej.

– Proletariat czy partia? – zauważył Nowak.

– Bielmo niewierzącego, które nosi pan na oczach, sprawia, iż nie dostrzega pan zupełnej jedności tych pojęć.

– A więc znów jesteśmy przy sprawach wiary. Wie pan, kapitanie, w co ja ostatnio wierzę? Wierzę w ciche szczęście małego człowieka.

– Przy pomocy pieniędzy i kobiety?

– Przy pomocy małego domku, pieluch i motocykla z przyczepką.

– Nowak, boję się, że się pan rozchorował. Szczęście z kobietą?... To humorystyczne. Wie pan, kiedy ostatnio można było mówić o szczęściu z kobietą? W warunkach haremowego wielożeństwa. Tylko z kobietą, którą wolno jest, zgodnie z prawem, bić, głodzić, sprzedać lub zlikwidować, można być szczęśliwym. Równouprawnienie kobiet zniszczyło szczęście. Emancypacja obyczajowa uczyniła pojęcie szczęścia śmiesznym. To zaś, że kobieta może głosować, studiować, a co najgorsze decydować o swym życiu erotycznym, jest ruiną najczystszych, najszlachetniejszych marzeń o szczęściu.

– Nieźle – ucieszył się Nowak. – Jak na dialektyka i materialistę, rzekłbym wzorowo.

– Zwracam panu uwagę – rzekł Stołyp – że nie mówię o przekonaniach, ale o marzeniach.

– Czyli martwi pana erotyczna niepodległość kobiety?

– Od tego się wszystko zaczyna. Z chwilą gdy siedemnastoletni kłębek spoconego ciała, składający się wyłącznie z impulsów i świeżutkiej śluzówki i przypominający pozbawioną zmysłu kierunku amebę, rozstrzyga o tym kiedy i z kim, wtedy nadchodzi kres erotycznej cywilizacji.

– Nie widzę w tym nic tak strasznego – uśmiechnął się Nowak. – Faktem jest, że po wojnie nastąpiło pewne przesunięcie granicy wieku, ale, bądźmy szczerzy, robiliśmy to samo, tylko inaczej. Ja – Nowak uśmiechnął się przepraszająco – straciłem niewinność, licząc piętnaście lat. Wtedy nazywało się to życiem rynsztokowym. Dziś chłopcy w tym wieku robią to samo, tylko jawniej i seryjnej. Przed wojną młoda stenotypistka jechała na dwutygodniowy urlop do Juraty, Krynicy czy Ciechocinka i puszczała się tam na potęgę. Po czym znajdowała męża w Warszawie i pędziła życie bogobojne i drobnomieszczańskie, rozświetlone od czasu do czasu wakacyjną przygodą. Kłamała i ukrywała przeszłość skutecznie. Dziś młoda dziewczyna po prostu nie zadaje sobie tego trudu.

– Słusznie – rzekł Stołyp zgodliwie, zapalając papierosa. – W gruncie rzeczy nie ma się jeszcze o co tak bardzo awanturować. Idą gorsze czasy. Młodzież zostanie spętana jednolitym światopoglądem, wtłoczona w jedną, monopolistyczną organizację i w koedukacyjną szkołę. Po paru latach takiego stanu rzeczy popadnie w relatywizm moralny tak ogólnie, zaś w cynizm i łatwość użycia w dziedzinie uczuć i porywów. Siedemnastolatki będą zmieniać kochanków jak rękawiczki i dyskutować ich zalety podczas towarzyskich spotkań.

– Wizja godna uwagi – rzekł Nowak. – Tylko co ma wspólnego z obowiązującym pana optymizmem urzędowym, z jakim należy myśleć o przyszłości młodzieży?

– Niewiele – przyznał chętnie Stołyp. – Zresztą, mogę się mylić. Jestem specjalistą od obsługi portów i floty handlowej, a nie od młodzieży. Moi przywódcy i przełożeni dobrze o tym wiedzą i tylko w tym charakterze posługują się mną dla dobra ojczyzny.

– Wie pan, kapitanie – rzekł Nowak z namysłem – pańska wizja mnie nie przeraża. Właściwie analogiczny stan rzeczy istniał już w moim pokoleniu, tylko bez owej jawności, która jest dla wielu kamieniem obrazy. Wydaje mi się, że obecne pokolenie młodych, które tak skłonni jesteśmy krytykować i opisywać, którego problematyce poświęca się filmy i książki, trawione jest przez jakiś głód moralny, którego my nie odczuwaliśmy. Uprawialiśmy naszą erotykę w duchu modnego naówczas warietyzmu, wyznawaliśmy ideologię zmienności, z różnorodności przeżyć czyniliśmy pasję życia, kolekcjonowaliśmy kobiety jak znaczki pocztowe, chwaląc się ich ilością, barwnością, rzadkością, różnorakością i rozmaitym stopniem wartości. Dla dzisiejszych i jutrzejszych dwudziestolatków bezceremonialna mnogość przeżyć graniczy z samoudręką, jest demaskatorska i oskarżycielska. Oskarża w ich oczach życie o niemoralność i brud, wytacza mu proces w imię poszukiwania jakiejś etyki.

– Po prostu modyfikacja warunków – rzekł Stołyp. – Zmieniają się warunki, a wraz z nimi formy. Rzecz w tym, ażeby znaleźć nowe reguły gry. – Ostatnie trzydzieści lat upłynęło bez prawideł, norm i przepisów. Ubiegły świat pojęć miał swoje reguły gry i wiedział, co jest ich przekroczeniem, a co nie. Zwano je najogólniej moralnością, utrzymywano w estymie i poszanowaniu, nawet jeśli z przestrzeganiem ich zdarzało się różnie. Utrata cnoty przed ślubem, panna z nieślubnym dzieckiem, wiarołomna żona, dziewczyna z tak zwaną przeszłością, rozwódka – za to były punkty karne, to skazywało na przegraną, względnie na wykluczenie z boiska. Dziś wiemy, że reguły te są przestarzałe, częstokroć nonsensowne, że nie znajdują zastosowania w naszym aktualnym świecie pojęć, kryteriów, doświadczeń, w całej naszej wiedzy o życiu. Dawne reguły gry już nie obowiązują, ale nowych jeszcze nie ma.

Stołyp zaciągnął się głęboko i zapalił zapałkę, podając ognia Nowakowi.

– Tak – rzekł cicho Nowak, po chwili. – Właściwie nie wiemy, jak wartościować. Co jest regułą, co daje punkty karne, a co wygrywa? Czy początek w szesnastym roku życia, podczas Powstania, w piwnicy, dyskwalifikuje na całe życie, czy nie? Czy po paru facetach przed osiągnięciem lat dwudziestu, jest się już kurwą, czy jeszcze nie? Czy po dwóch wielkich miłościach z jedną skrobanką można kochać dziewczynę, jako ten trzeci, czy nie? Czy osiemnastolatka, która miała czterech, z tego dwóch przez nieostrożność i tylko po jednym razie, jest jeszcze godna miłości, czy już nie? Czy jeśli facetka daje się rozprawiczyć z własnej inicjatywy i z prostej ciekawości, po czym wyrzuca swego partnera na zbity łeb, godna jest potępienia, czy nie? Czy dziewczynie, która kocha i jest kochana, a przy tym puszcza się dwa razy pod wpływem nastroju, chwili, alkoholu i wcale tego specjalnie nie kryje, należy podbić oko, czy nie? Bo zabójstwa na tym tle, wie pan, kapitanie, należą coraz bardziej do rzadkości. Czy dziewczyna, która po kilku przygodach bez miłości spotyka wreszcie mężczyznę i mówi mu, że go kocha, zaś pytana, dlaczego nie chowała wianka na chwilę, gdy będzie pewna swych uczuć, śmieje się w nos i oświadcza: 'Mój drogi, gdyby przedtem nie było tych sześciu nigdy nie wiedziałabym, że właśnie ciebie kocham', otóż czy taka dziewczyna może być kochana, czy nie? Kogo należy kochać, oto wielkie pytanie wieku! Bo kogo chcemy kochać, o tym wie każdy z nas...

– Kogo można, kogo należy... – uśmiechnął się Stołyp. – Powiedzmy sobie szczerze, Nowak, że właściwie są to brednie. Że w tej dziedzinie nie ma reguł, prawideł, przykazań, norm i kryteriów.

– A w jakiej dziedzinie są? – uśmiechnął się ciepło Nowak. – No, niech pan powie, kapitanie.

– A zatem pełny nihilizm, co, panie Nowak? Dobrze, proszę mi więc pomóc w sprawie „Ragne". Mam podejrzenia, a reprezentuję ojczyznę. Dla pana, jako dla człowieka wyzbytego reguł i kryteriów, powinno to być dziecinnie łatwe.

– Nie – uśmiechnął się jeszcze cieplej Nowak. – Nie przekraczam przepisów i to wystarczy. Respektuję prawa tego kraju i nie wyjeżdżam nielegalnie za granicę.

– Zatem obowiązkiem pana, jako obywatela świadomego i respektującego prawa tego kraju, jest poinformować mnie w wypadku, jeśli pan wie, że ktoś zamierza te prawa naruszyć.

– Jeszcze raz nie – w głosie Nowaka była słodycz cichej perswazji. – Jako lojalny obywatel przestrzegam praw, ale i myślę. Myślę, że prawa te, nie pozwalające ludziom jechać dokąd chcą, są idiotyczne, a czasem zbrodnicze. Nie łamię ich sam, lecz nie solidaryzuję się z nimi. Nie układałem ich, ani nie dałem im mego poparcia, zresztą nikt mnie nie pytał o zdanie przy ich układaniu. Mogę się im podporządkować, ale nigdy nie będą pomagał w podporządkowywaniu im innych.

Do drzwi rozległo się pukanie i weszła Kraalowa.

– Obiad – powiedziała – gotowy. Czy przynieść panu?

– Co dziś na obiad? – spytał Nowak z gorącym zainteresowaniem.

– Kotlety cielęce i grochówka.

– Bajecznie. Proszę bardzo, pani Kraal.

– Nie będę przeszkadzał – rzekł Stołyp.

– Dziękuję za wizytę – rzekł z wdzięcznością Nowak. – Proszę mnie niebawem znów odwiedzić, kapitanie. Armagnac czeka na pełną likwidację.

– Nie omieszkam – rzekł kapitan i skłonił się wytwornie. – Żegnam panią, pani Kraal.

– Jest to jedyna likwidacja, do której przyczynię się z chęcią – dodał Nowak, unosząc się na łóżku.

Stołyp skłonił się lekko i wyszedł.

– Łobuz – rzekła Kraalowa – ale maniery ma. To się liczy.

– Pani Kraal – spytał Nowak tonem lekkim – nie wie pani przypadkiem, kiedy przyjdzie na obiad panna Kniaziołęcka?

– Panna Kniaziołęcka nie będzie tu jadła.

– Acha – rzekł Nowak, kiwając głową – przypominam sobie. Mówiła, że ma być u księdza. Chyba zje tam. Albo u dyrektora muzeum.

– Nie – rzekła twardo Kraalowa. – Ona nie będzie dziś jadła obiadu w Darłowie.

– Jak to?

– Tak to. Wyjechała. Zapłaciła za wszystko i pojechała.

– Pojechała? – zdziwił się Nowak dość obojętnie. – Co pani powie?

Koszty tej obojętności trudne były do zupełnego ukrycia i zbudziły w Kraalowej złość na wszystko i na wszystkich.

– Co jest? – spytała z brutalną ironią. – Nie pożegnała się z panem?

– Nie – rzekł Nowak z prostotą. – Wie pani, że się nie pożegnała. Och, te nieobowiązujące znajomości z pociągu, wie pani... Trudno ją nawet o coś winić.

Kraalowa wyszła i Nowak zwlókł się z łóżka. Naciągnął spodnie i przeszedł przez pokój trzymając się sprzętów. Noga była krucha i uczulona na każde zetknięcie z podłogą, niemniej oparcie się na niej nie stanowiło już zupełnej niemożliwości. Nowak przewiązał mocniej bandaż, pokuśtykał do umywalni, umył twarz, szyję i ramiona zimną wodą. Rozległo się pukanie i do pokoju weszła Anita z tacą, na której stał talerz zupy i talerz z pięknym, rumianym kotletem. Postawiła tacę na stole.

– Czy przynieść herbatę? – spytała od drzwi.

– Nie – rzekł Nowak i Anita wyszła.

Zjadł zupę ze smakiem. Wróciła mu jakąś złudną równowagę, pełen był niefrasobliwości, o której wiedział, że jest przedsionkiem piekieł. „Zawsze lubiłem grochówkę – myślał – i to człowiekowi zostaje. Kobiety przychodzą i odchodzą, zaś grochówka jest zdobyczą na całe życie, opoką, na której wznosi się gmach osobowości. Przepadam za grochówką na wędzonce. Najlepszą robią Niemcy. Ta jest trochę za rzadka. Grochówka musi być gęsta. Ten cook na 'Helli' robił grochówkę jak złoto. W ogóle, kambuz na 'Helli' miał swoje uroki. Gdzie te czasy? Właściwie powinienem jechać. Tylko dokąd? Do Kopenhagi, czy do Warszawy?"

Zabrał się z apetytem do kotleta. Na schodach, a potem na korytarzu, rozległy się szybkie kroki, drzwi otworzyły się bez pukania i stanął w nich Leter.

– Jest punktualnie za dziesięć piąta, panie Nowak – powiedział schrypłym głosem i zamknął za sobą drzwi.

– Miałem wypadek – rzekł Nowak, nie ruszając się od stołu. – Nie mogę chodzić.

– Wiem o tym. Ale są sprawy ważniejsze od pańskiej parszywej nogi. Mógł się pan ze mną jakoś porozumieć.

– Jasne. Są sprawy ważniejsze – rzekł Nowak z namysłem, zaciskając szczęki jak przed czymś nagłym i trudnym. – I dlatego, Leter, robię panu świństwo po raz ostatni.

– To znaczy? – oczy Letera zmętniały nieprzytomną pasją.

– Nie jadę.

– Tak – rzekł Leter. – Taaak – powtórzył – to jest świństwo. Cholerny numer. Z pana jest kawał skurwysyna, Nowak, który myśli tylko o sobie. Nie ma w panu ani za grosz kumpla.

Podszedł do stołu, stanął blisko nad Nowakiem, oczy skryły mu się pod kurczowo drgającymi powiekami. Nagłym ruchem chwycił Nowaka za koszulkę gimnastyczną na piersiach, poderwał go z histeryczną siłą do góry i uderzył niezręcznie, bez zamachu, pięścią w twarz. Cios nie był silny, lecz Nowak, nie znajdując pewnego oparcia w nogach, zwalił się na stół, nurzając ręce w talerzu po zupie, a łokcie w niedojedzonym kotlecie. Czepiając się stołu wycofał się z bezpośredniego zasięgu rąk Letera.

– Leter… – uśmiechnął się krzywo, ocierając krew z rozciętej wargi – mógłbym zrobić z pana marmoladę… Pan wie o tym… Ale nie pochwali się pan przed nikim, że pana zgnoiłem… Raz dlatego, że nie wychodzi się na ring z rękami, pełnymi kotletów…

– Dosyć! – krzyknął Leter. – Dosyć tych pańskich kretyńskich, chamskich dowcipów! Tego pańskiego uśmieszku zimnego oprycha!

– Nie będę pana bił – skończył Nowak – gdyż ma pan rację. Postąpiłem wobec pana jak łobuz, to fakt…

– Zniszczyłeś mnie… – Leter zniżył dramatycznie głos. – Zgodziłem się na najgłupszą imprezę w moim życiu! Przez ciebie, ty draniu, ty…

Uczynił krok w stronę Nowaka. Nowak wparł się mocno w ścianę przy umywalni. Leter przyskoczył i zamachnął się szeroko, niezgrabnie. Nowak chwycił jego rękę w locie, lecz Leter wyrwał mu ją siłą wściekłości, zmiatając przybory do golenia z półki nad umywalnią. Nowak zdołał uchwycić go za marynarkę, przyciągnął błyskawicznie ku sobie i całą mocą wprawnie wypchniętego ramienia odrzucił Letera na przeciwległą ścianę. Leter rąbnął plecami o szafę, potknął się i upadł z łomotem w kąt, uderzając głową o klamkę drzwi. Rozerwana marynarka wywinęła, się od spodu, z jej wewnętrznej kieszeni wypadł gruby plik opakowanych banderolą, dolarowych banknotów. Leter przetarł twarz z zamroczenia, schował dygocącymi dłońmi dolary, które nie chciały zmieścić się w skotłowanej kieszeni i gramolił się z podłogi.

– To jednak jedzie się? – spytał drwiąco Nowak. – Co?

– Ja jadę – rzekł z nieoczekiwanym spokojem Leter. – Jeśli mnie pan zakapuje, to zabiję pana, jak mi Bóg miły. Pan zawsze może mnie nalać, pan jest silniejszy, ja wiem o tym, ale jak mnie pan zasypie odsiedzę, wyjdę z pierdla i zabiję pana. Jak jest Bóg na niebie...

– Rozumiem – rzekł przyjaźnie Nowak. – Niech się pan uspokoi. Nie zakapuję pana. Nie rozstawajmy się w kłótni, Leter. Niech pan spokojnie jedzie, życzę panu wszystkiego najlepszego. Niech pan przygotuje grunt. Teraz nie mogę, ale za miesiąc będę może już okey i przyjadę. Ma pan u mnie zawsze swoją dolę. Za życzliwość... Jeszcze pokombinujemy razem...

Leter podszedł do lustra, wtłoczył koszulę w spodnie, poprawił marynarkę i krawat, przygładził włosy. Sztywnym, opanowanym krokiem podszedł do drzwi i otworzył je. Odwrócił się jeszcze ku Nowakowi, rzekł dobitnie:

– Ty, skurwysynu... – i zatrzasnął za sobą drzwi z hukiem.

Nowak spuścił wzrok. Powlókł się ku łóżku, usiadł, po czym powoli wyciągnął się, układając pieczołowicie obolałą nogę w dogodnej pozycji. Leżał na wznak, patrząc długo w sufit. – Najlepiej jest o niczym nie myśleć... – rzekł szeptem do siebie.

Pogoda zepsuła się, niebo pokryte było wysoką i nieruchomą zasłoną. Mglista szarość nasyciła powietrze, czuć było na twarzach leciutkie siąpienie delikatnych kropel. Na ulicach nieliczni przechodnie kryli się w kołnierze kurtek i płaszczy. Było bezwietrznie i – zimno.

Leter zszedł wewnętrznymi schodami do kantoru. Był ogolony, odświeżony, pachniał z daleka nazbyt mocną wodą kolońską. Ubrany był w rzeczy nowe i drogie, lecz z wątpliwą elegancją: ciemny, dwurzędowy garnitur, biała koszula i perłowy krawat z ciężkiego jedwabiu, w bardzo złym smaku. Spojrzał na zegarek: dochodziło wpół do siódmej. Zdjął z wieszaka skórzany, czarny płaszcz, usiany sprzączkami i zapinkami, modny w swoim czasie wśród oficerów Gestapo i ciągle uważany przez wielu za szczyt męskiego szyku. Włożył płaszcz z wyraźnym upodobaniem, owinął szyję niegustownym, bezbarwnym szalikiem i sięgnął po pilśniowy, kosmaty kapelusz brązowego koloru. Otworzył lewą stronę biurka i wyjął teczkę z jasnej, świńskiej skóry: teczka była wypchana aż do granic wytrzymałości i ściśnięta pośrodku zabezpieczającym paskiem.

Ujął teczkę za rączkę i stanął pośrodku kantoru, błądząc wzrokiem po meblach, mapach, sekstansie i barometrze. Nie czuł żadnego przywiązania do tych rzeczy; kiedy się tu zjawił, ponad cztery lata temu, miał też tylko teczkę ze sobą. Dom, sprzęty, tradycje unoszące się w tych ścianach i osiadające na przedmiotach, wszystko to było nie jego. „Cztery lata życia... – pomyślał – właściwie po co? Tyle, że zarobił człowiek parę groszy, bo inaczej?... 'Cigareets and whiskey and wa–wa women...' – zanucił – to jest życie... Zmarnowane cztery lata w tej zasranej dziurze". Wyszedł z kantorku do sieni, nie zamykając nawet za sobą drzwi, po czym znalazł się na ulicy. Na chwilę jeszcze obrócił się ku emaliowanej tabliczce, przybitej z boku bramy, na której widniało:

August Leter
Makler Okrętowy & Shipchandler
Darłowo

niebieskimi, wypukłymi literami. Uśmiechnął się. „Doszło się do czegoś w życiu..." – pomyślał i odszedł lekkim krokiem.

Boczną uliczką dotarł do kanału i czekał parę minut na prom. Zarośnięty na twarzy przewoźnik pozdrowił go grzecznie, lecz bez sympatii, jak pozdrawia się zamożnych i nielubianych współobywateli. Leter wsunął przewoźnikowi banknot do ręki, wyskoczył ochoczo na drewniany pomost po przeciwległej stronie kanału i oddalił się szybkim krokiem w kierunku węglowego nabrzeża. Było tu pusto i ciemnawo, niskie budynki magazynów i niewielka rampa kolejowa wiały fajrantem i zapadającym zmrokiem. Leter przeskakiwał pewnie szyny, widać było, że teren jest mu znany. Skręcił za węgieł rampy krokiem człowieka, który wie dokąd idzie i znalazł się na dość szerokiej kei, pokrytej spękanym betonem. Leżało tu parę berlinek, jakieś kutry; nieco dalej, pod nieczynnym dźwigiem, widniała sylwetka sporego, motorowego szkunera. Zbliżając się można było dostrzec, że na pokładzie panował ruch. Kręciło się tam właściwie tylko dwóch ludzi, zajętych uszczelnianiem luków i to w sposób ospały; w panującej dookoła martwocie szarej godziny ruch ten wydawał się gorączkowy. Szkuner leżał wysoko na wodzie, co oznaczało, że nie był w całości załadowany.

Deska, służąca za trap, oparta była o reling tuż przy rufie. Leter odczytał z satysfakcją nazwę statku i portu macierzystego, wymalowane białymi literami. – „Ragne" z Frederikshavn – nie mógł sobie odmówić przyjemności wymówienia tych słów. Wszedł na pokład i bez pukania otworzył drzwi do sterówki. W sterówce, rozparty na słomianym fotelu, drzemał facet, słabo widoczny w wątłym świetle zredukowanej do minimum lampy. Obok niego, na stole nawigacyjnym, stała butelka jasnego piwa i talerz z okruchami sera. Przy bliższym wejrzeniu facet okazał się otyłym, świńskim blondynem w czarnym, grubym swetrze, pochrapującym z lekka.

– Jak się masz, Hauge – rzekł Leter po niemiecku. – Jak ci idzie?

Blondyn uniósł powoli powieki i uśmiechnął się głupio, lecz grzecznie.

– A, pan Leter – rzekł. – Cieszę się, że pana widzę. Kiedy płyniemy?

– Jeśli o mnie chodzi – uśmiechnął się Leter – to możesz odbijać.

Na twarzy szypra ujawnił się naraz kolosalny wysiłek, widać było, że namyśla się intensywnie.

– A gdzie – rzekł po chwili – reszta załadunku? Ten drugi facet? Miała być jeszcze jakaś lala, nieprawda? Tak pan dzisiaj mówił, po południu.

– Kochany – rzekł Leter cierpko – co cię to obchodzi? Są zmiany i koniec. Tylko ja jadę.

– Świetnie – roześmiał się serdecznie Hauge. – Bardzo się cieszę.

– Dlaczego nie wziąłeś pełnego ładunku? – spytał Leter, wskazując na luki.

– Wasze polskie porządki – sposępniał Hauge. – Dałem piękny bakszysz temu zasrańcowi z kapitanatu, jak tam on, ten krostowaty…

– Tołłoczko.

– Nie na moje zęby, takie nazwisko. W każdym razie schwycił parę groszy, dwa kartony „Chesterfieldów", jeszcze jakieś tam drobiazgi i przyrzekł wszystko załatwić. No i co? Nawet trzech czwartych nie załadowali. Jak awanturowałem się z robotnikami i groziłem im tym krostowatym, to poinformowali mnie, gdzie oni go mają i poszli sobie. Ale odprawa celna i wyjście będą załatwione na dziś wieczór, to mur.

– Trudno – westchnął Leter. – Zawsze jakieś nieprzewidziane numery. Chodź, pokaż tę dziurę, którą się tak chwalisz.

Hauge wstał, sięgnął po czapkę i skłonił się Leterowi. Jego otyła, raczej niska postać gięła się w radosnych lansadach, przywodzących na myśl hipopotama, który pragnie okazać jak jest zadowolony.

– Niech pan zostawi tę teczkę – rzekł Hauge – I włoży olejarkę, albo kombinezon. O, tu wiszą. Bo tam brudno, wie pan? Może trochę piwka?

Leter zdjął skórzany płaszcz i powiesił go na wieszaku, z którego zdjął z kolei ceratową olejarkę. Wziął teczkę w rękę i wyszli na pokład, po czym zeszli na dół, żelazną schodnią, do maszynowni. Obeszli niewielki, lecz nowy, dobrze utrzymany silnik i zeszli jeszcze w dół, po żelaznej drabinie, do obudowy rezerwatów na paliwo. W wąziutkim korytarzyku, słabo oświetlonym brudną, odrutowaną żarówką, widać było stalową klapę na zaworach. Hauge otworzył z wysiłkiem zawory i odchylił skrzypiącą klapę.

– Niech pan wchodzi – rzekł.

Leter przekroczył żelazny, wysoki próg i znalazł się w wąskim, cylindrycznym bunkrze, w którym podłogę zastępowała solidna, stalowa kratownica. Hauge wszedł za nim. Było tu ciasno: trzymana przez Letera pod pachą teczka opierała się o brzuch Haugego.

– To był dawniej trimmerski bunkier – rzekł wyjaśniająco Hauge – zanim przeszliśmy na Diesla. A teraz, niech pan patrzy...

Pochylił się i uniósł połowę kratownicy, która okazała się ruchoma.

– Niech pan zeskoczy niżej – rzekł z zadowolonym uśmiechem.

Leter zeskoczył i znalazł się w niewielkiej, dość wygodnej komórce, na dnie której stała skrzynia po konserwach. Na skrzyni leżała świeca, zapałki, paczka papierosów i tania, reklamowa popielniczka z jakiejś kopenhaskiej knajpy.

– Niech pan siada – rzekł Hauge i zamknął nad nim ruchomą część kratownicy. – Komfort, co? – zawołał z triumfem i kucnął nad głową Letera. – I stuprocentowa gwarancja, albowiem na pana spuszczamy węgiel.

– Węgiel? – rzekł Leter niepewnie.

– A tak. To trwa dziesięć sekund. Otwieramy zrzutnię przy maszynie i wrzucamy kilkanaście szufel węgla, tyle tylko, aby zarzucić ten bunkier. I nie ma już do pana dojścia, bo ta klapa, od strony maszynowni, jest zablokowana. Głowa, nie? – dotknął własnej głowy ruchem pełnym szacunku.

– A powietrze? – zainteresował się Leter. – Wie pan, te trochę tlenu?

Do oddychania.

– Niech pan namaca ręką, na prawo. Ma pan wlot od pokładowego wentylatora.

Leter sięgnął ręką w bok.

– Dobra – rzekł po chwili. – Wszystko sztymuje.

„Co za dureń z tego Nowaka – pomyślał niemal ze współczuciem. – Takich warunków do skoku już w życiu nigdy nie trafi…"

Wygramolił się na kratownicę i ruszyli z powrotem.

– Jak długo robię w szmuglu – rzekł Leter konfidencjonalnie – nie widziałem takiego numeru. Ekstra klasa.

– No, to robimy klar do drogi – rzekł Hauge z błogim uśmiechem docenionego geniusza, gdy znaleźli się w sterówce. – Zaraz powiem chłopcom. Za godzinę przyjedzie ten… jak pan powiedział?

– Tołłoczko – rzekł Leter, rozpierając się wygodnie w słomianym fotelu.

– On właśnie. Z celnikiem. Raz dwa nas załatwi i w morze.

Leter sięgnął po piwo. Czuł chwilę odprężenia, ogarniające go poczucie oddalania się od dotychczas ważnych spraw.

– W porządku – rzekł leniwie. – Niech pan da jakiegoś ludzkiego papierosa, Hauge.

Na kei dał się słyszeć pisk opon hamowanego wozu. Leter i Hauge skoczyli do iluminatorów, szarpiąc na boki jasne, kretonowe fireneczki. Naprzeciw „Ragne" stał wojskowy, zielony jeep, z którego wysiadał Stołyp, jakiś cywil i trzech wopistów z automatami przewieszonymi przez piersi.

– Tędy! – rzekł szybko Hauge.

Jego ruchy stały się naraz piekielnie szybkie i efektywne. Błyskawicznym rzutem ramienia zszarpnął skórzany płaszcz Letera z wieszaka, poderwał teczkę z ziemi i wtłoczył Letera w przeciwległe drzwi. Leter znalazł się w kubryku rufowym, skąd pchany wciąż przez Haugego, przeleciał jak bolid do korytarzyka maszynowni. Hauge już mocował się z zaworami klapy.

– Niech pan natychmiast zamknie nad sobą kratownicę! – krzyknął. – Już sypiemy!

Wrzucił płaszcz i teczkę do środka i zatrzasnął klapę. Leter uniósł kratownicę, wskoczył do komórki i założył skrupulatnie żelazny sufit nad głową. Ani przez chwilę nie tracił zimnej krwi. Przez wlot wentylatora słyszał, jak Hauge wołał po duńsku do swoich ludzi. Po chwili zgrzytnęło coś nad nim, daleko w górze ukazało się szarawe koło, co oznaczało, że pokrywa bunkra została otwarta, i na kratownicę spadły z twardym hukiem pierwsze kawały węgla.

Czarne, błyszczące odpryski zalśniły w ciemnościach, duszący pył, suchy i ostry, wypełnił powietrze. Leter zakaszlał gwałtownie, oczy nabiegły mu krwawymi łzami.

Stołyp wszedł na pokład „Ragne", zatrzymał się, stanął w szerokim rozkroku i zapalał długo papierosa, chroniąc umiejętnie płomyk zapałki od wiatru.

– Szyper? – spytał opryskliwie Haugego, nie patrząc nań.

– Tak, to ja, panie kapitanie – rzekł usłużnie Hauge po niemiecku i uśmiechnął się swym najgłupszym i najcieplejszym z uśmiechów.

– Proszę przygotować się do kontroli celnej – rzekł Stołyp po angielsku i nieuprzejmie. – I przedstawić wszystkie dokumenty do odprawy statku.

– Tak jest – rzekł Hauge. – Oczywiście, proszę bardzo. Tak jest. Może pan kapitan pozwoli do messy. Spodziewałem się odprawy dopiero za godzinę, inaczej wszystko byłoby już przygotowane.

Widać było, że angielski sprawiał mu pewne trudności. Stołyp bez słowa otworzył drzwi sterówki.

– Obywatelu Pawlak – krzyknął do cywila po polsku. – Możecie się zabrać do roboty.

Pawlak ruszył ku lukom. Dwaj żołnierze przysiedli na niskim relingu, opierając dłonie o automaty. Stołyp wszedł do sterówki.

– Może piwka, panie kapitanie? – pośpieszył za nim Hauge w swych dziwacznych lansadach.

– Słuchajcie, szyper – rzekł Stołyp – co robiliście w czasie wojny?

– Jak to, co? – zdziwił się Hauge. – Nienawidziłem Niemców.

– A tak konkretniej?

– Panie kapitanie – uśmiechnął się serdecznie Hauge – panu to powiem. Rolowałem ich.

– Jak?

– Woziłem dla nich towar w Skagerraku. Niech mi pan wierzy, oni ładnie na tym stracili.

– A wy, szyper? Wyście też chyba nie dołożyli do tego interesu, co?

– Ja też nie. Wojna. Rzecz w tym, żeby niszczyć wroga.

– Doskonale. Niech pan przygotuje papiery. Charter, konosamenty, listy frachtowe. Ja robię odprawę.

– Aha – zgodził się Hauge. – Sam pan szef kapitanatu. Zaszczyt, nie można powiedzieć.

Stołyp spojrzał nań z rozbawieniem. Drzwi od sterówki uchyliły się nieco i wsunęła się przez nie głowa Pawlaka.

– Panie kapitanie – rzekł Pawlak – może pan pozwoli na chwilę.

Stołyp wyszedł bez słowa ze sterówki, a za nim Hauge, który nawet nie sięgnął po papiery.

– Niech pan tu podejdzie – rzekł Pawlak do Stołypa. – Do tego wentylatora. Może ja jestem głupi, ale tam ktoś jęczy, czy coś takiego.

Stołyp podszedł do wentylatora i nasłuchiwał przez chwilę, ale nic mu nie wpadło w ucho.

– O co chodzi? – spytał Hauge, podchodząc.

– Gdzie jest wlot tego wentylatora? – spytał Stołyp.

– W starym bunkrze węglowym – uśmiechnął się ciepło Hauge. – Używamy go do załadunku.

– Nawet jak statek jest niewyładowany w całości? – uśmiechnął się Stołyp.

– A o co chodzi? – powtórzył Hauge.

– Tam ktoś jest – rzekł Pawlak ostro, łamaną niemczyzną.

– Tam? – Hauge wskazał palcem na dół, z niedowierzaniem. – Najwyżej szczury.

– Zobaczymy – rzekł Stołyp. – Niech pan otwiera bunkier.

– O! – zawołał Hauge z przerażeniem. – To jakieś trzy godziny roboty.

– W porządku – rzekł Stołyp. – Niech pan każe się ludziom zabrać do tego.

Otworzył drzwi do sterówki, odwrócił się i rzekł do Pawlaka po polsku:

– Weźcie żołnierzy i możecie jechać. Skoro ma potrwać trzy godziny, to przesuniemy odprawę na później. Ja zostanę i porozmawiam trochę z tym szyprem.

Pawlak podszedł do żołnierzy i ruszył z nimi gęsiego na trap. Po chwili dał się słyszeć szum zapuszczanego motoru.

Stołyp wszedł do sterówki, za nim Hauge. Hauge oparł się plecami o żelazną framugę i założył krótkie, grube ramiona na piersiach. Stołyp wyciągnął się wygodnie w słomianym fotelu.

– No, więc – uśmiechnął się Stołyp. – Niech pan każe ludziom otwierać.

– Tyle roboty… – westchnął Hauge. – Czy to się opłaca? Niech mi pan wierzy, kapitanie, to się wcale nie opłaca.

– A co się opłaca? – spytał zachęcająco Stołyp.

– Trzeba żyć i dać żyć innym – uśmiechnął się serdecznie Hauge. – To się opłaca.

– No, to niech pan przyniesie piwa. Ma być zimne i duńskie. Najlepiej z Aalborg.

– Właśnie takie mam w lodówce – rozpromienił się Hauge.

Zniknął na chwilę za drzwiami, prowadzącymi do kubryku, po czym powrócił z trzema butelkami i dwiema szklankami. Odbił kapsel, nalał pienistego piwa do szklanki i podał Stołypowi.

– *Prosit* – rzekł z uczuciem.

– *Prosit* – odparł przyjaźnie Stołyp.

– Dobre, co?

– Wyborne.

Drzwi się otworzyły, stanął w nich facet z załogi w drelichowych spodniach na szelkach i powiedział coś po duńsku. Twarz Haugego ścięła się na sekundę niepokojem, lecz zaraz wyrównała gładko i jowialnie. Duński marynarz zatrzasnął za sobą drzwi trochę za głośno.

– Niech pan go stamtąd wyjmie – rzekł łagodnie Stołyp. – Potem mogą być większe przykrości. Za duże. Nie warto.

Usta Haugego zwęziły się, cała jego twarz stała się naraz podobna do mordy złego, opasłego psa.

– Kogo? – spytał krótko.

– Letera – rzekł Stołyp.

Hauge sapnął ciężko, lecz nic nie powiedział.

– I co z nim będzie? – spytał po chwili.

– Hauge – rzekł poważnie Stołyp – nie po to odsyłałem swoich ludzi, żeby mu zrobić coś złego. Niech pan się nad tym zastanowi i niech pan nie będzie dzieckiem.

– Dobrze – uciął Hauge. – Idziemy.

Wyszedł pierwszy ze sterówki i krzyknął na ludzi po duńsku. Jeden z marynarzy odemknął pokrywę bunkra, dwóch rzuciło się z szuflami do maszynowni. Stołyp i Hauge pobiegli za nimi. Po chwili stalowy korytarzyk na dole przemienił się w węglowe, zapylone piekło.

– Co to za kombinacja? – spytał Stołyp, przytulony do żelaznej ściany maszynowni.

– Sam pan zobaczy – rzekł wrogo Hauge.

Jeden z Duńczyków stał już w bunkrze i wywalał gorączkowo węgiel na korytarz. Po chwili zniknął pod uniesioną częścią kratownicy, po czym August Leter wywleczony został za ramiona z czarnego dołu. Stołyp wszedł do bunkra, wyłamując sobie kostki na węglu.

– Jasne – rzekł z uśmiechem. – Przecież ta kratownica puszcza. Jest za słabo wmontowana, widzi pan, ma wygięte od ciężaru zawiasy i za szerokie otwory. Cud, że go nie zabiło. Co za geniusz wymyślił ten numer?

– Nieważne – rzekł Hauge. – Trzeba go ocucić. To ten wasz cholerny, polski mial. To jest węgiel? Przez sitko przeleci.

Na górze, w kubryku, widać było brudne rany na głowie Letera. Twarz miał zlaną czarną krwią, zmieszaną z węglowym pyłem. Ciągle jeszcze dławił się własnym oddechem, z ust szła mu krew i uczerniona węglem piana. Hauge przyniósł watę i butelkę wody utlenionej i mył mu z odrazą głowę.

– Niech mu pan da łyk czegoś mocnego – rzekł Stołyp, przysiadając na koi, na której leżał Leter. – I mnie też – dodał.

Hauge sięgnął po butelkę taniej brandy, stojącą na półce, nad koją. Przytknął jej szyjkę do ust Letera, rozlewając mu wódkę po podbródku. Leter zakrztusił się, zarzęził, łapał ciężko powietrze, Hauge przestraszył się i oderwał szybko butelkę od jego twarzy. Po chwili Leter otworzył oczy. Spojrzenie miał mętne i odrażająco śmieszne, w czarnych obwódkach węglowego brudu.

– Gdzie jest teczka? – wyszeptał z trudem, lecz wyraźnie.

– Niech pan mu przeniesie jego parszywą teczkę – rzekł Stołyp do Haugego. – I żeby z niej nic nie zginęło.

– Pan mnie obraża, kapitanie... – uniósł się Hauge.

– Już dobrze – rzekł lekceważąco Stołyp. – Zjeżdżaj pan.

Hauge wyszedł. Leter mrugnął kilkakrotnie powiekami i niepewnym ruchem sięgnął po wódkę. Stołyp wstał, usiadł przy stole i zapalał papierosa w milczeniu.

– Panie Auguście – rzekł po chwili Stołyp tonem, jakim konwersuje się na imieninach u cioci – miał pan duże szczęście, że pan uszedł z życiem.

Leter uniósł się na łokciu. Twarz wykrzywiła mu się bólem.

– Wygrał pan... – rzekł patetycznie.

– Och, nie przesadzajmy. Kto tu mówi o zwycięstwach lub porażkach. Co panu właściwie przyszło do głowy? Czy źle było panu z nami?

– Aresztuj mnie, ty bolszewicki pachołku! – zdenerwował się Leter w tonacji ideowej. – Aresztuj! Niech zgniję w lochach bezpieki... Stołyp uśmiechnął się.

– Dlaczego pan właściwie uciekał? – spytał przyjaźnie.

– Bo z waszego więzienia, z waszej tiurmy, można tylko uciekać! Nie można wyjeżdżać, jak z każdego cywilizowanego kraju... A ja miałem dosyć! Wszedł Hauge z teczką i płaszczem i rzucił je na koję, obok Letera.

– Dość czego? – pytał życzliwie Stołyp. – Dość wystawnych kolacji w Sopocie? Dość dziwek w Szczecinie? Dość rachunków hotelowych i restauracyjnych o wysokości moich trzech pensji miesięcznych? Dość szmuglu? Dość dolarów i złotych rubli? Czego dość?

– Co pan z nim zrobi? – spytał Hauge zaczepnie.

– Nie pana zasrany interes – rzekł z zimnym uśmiechem Stołyp. – A w ogóle wynoś się pan stąd.

– Rozumiem – rozpogodził się Hauge. – Mam nadzieję, że panowie dojdą do porozumienia. Żyć i dać żyć innym, to moja dewiza.

Wyszedł, cofając się w lansadach. Leter usiadł i spuścił nogi z koi.

– Dobra – powiedział spokojnie. – Niech mnie pan zabiera. Zainkasuje pan jutro swoją premię od łebka. Też niewąska dola. Nie powie mi pan przecież, że te przesyłki kwiatów z gdyńskich kwiaciarni dla mojej żony załatwiał pan przy pomocy swojej pensji? Zwłaszcza róże w styczniu.

– Dokąd mam pana zabrać? Niech pan idzie do domu, wykąpać się. Gorąca kąpiel to jedyna rzecz, która jest panu potrzebna.

– Stołyp – rzekł Leter z nienawiścią – pan nie chce chyba przez to powiedzieć, że mnie pan puszcza wolno? Że mnie pan nie aresztuje?...

Stołyp zaciągnął się resztką papierosa, parzącą mu palce, i rzucił niedopałek na podłogę.

– Właśnie to chcę powiedzieć – rzekł.

– Nie – Leter roześmiał się brzydko. – W tym jest jakiś numer. Pan chce mnie zniszczyć. Pan musi mnie zniszczyć. Wszystko nas dzieli. Pan jest szlachcicem, oficerem i komunistą, ja jestem synem ślusarza i nienawidzę bolszewików. Wszystko nas dzieli, charakter i ideały...

– Ideały? – roześmiał się Stołyp. – Co za zabawa... Ideały, lub to, co nazywa pan ideałami, być może nas dzielą, ale łączy nas pościel. Solidarność wspólnego prześcieradła. Pan tego nie rozumie oraz nie docenia, Leter, jest pan na to zbyt sklepikarzem i nacjonalistą.

Leter spurpurowiał na twarzy.

– Ale z pana podlec... – szepnął z pasją. – Żeby ona wiedziała... Jakbym się z tego cieszył...

– Jak każdy sklepikarz i nacjonalista – zamyślił się Stołyp – szanuje pan swoją żonę. Tęskni pan za dziwkami i szanuje żonę. Kurwy są dla pana urodą życia, ale o żonę jest pan zazdrosny aż do końca. W gruncie rzeczy kocha ją pan po sklepikarsku.

– Żeby to ona słyszała... żeby to ona słyszała... – powtórzył Leter w zapamiętaniu.

– Niech pan jej nie przecenia. Ona takich rzeczy nie rozumie. Jest na to zbyt piękna.

Leter zwlókł się z koi, podszedł do stołu i oparł się na nim oburącz, na rozstawionych ramionach.

– To pan jej nie docenia – rzekł z uśmiechem złośliwej rozkoszy, jaki zdobi twarz człowieka rozgniatającego pluskwę. – Pytał pan, dlaczego uciekałem? Proszę bardzo. Właśnie dowiedziałem się o nowej instrukcji UB. Od niej. Od niej się dowiedziałem. Trzeba się było śpieszyć...

– Jaki pan naiwny – rzekł niedbale Stołyp. – Przecież ja wiem o tym, że pan wie. Inaczej bym tu dziś pana nie szukał.

Leter przetarł twarz dłonią, rozmazując na niej węglowy brud.

– Niech mnie pan aresztuje – rzekł zawzięcie.

– Niech się pan ubiera i idzie do domu.

– Niech mnie pan aresztuje! – krzyknął Leter z rozpaczą w głosie. – Masz mnie aresztować, ty łotrze, nikczemniku...

– Leter – rzekł Stołyp z łagodną perswazją – proszę zastanowić się. Rozsądnie. Aresztuję pana i robi się nieziemski skandal. Pan wędruje na długie lata do ula, badają pana oprawcy w kazamatach NKWD, a ja mam przykrości. Grube przykrości, na których panu tak bardzo zależy. Huczą plotki, że zlikwidowałem męża mej kochanki. Moja kariera rozpływa się w nicość. Musi pan zrozumieć, że moi przełożeni nie lubią takich motywów postępowania.

– Wobec tego... – zawahał się Leter – ...niech mi pan pozwoli wyjechać...

– O, co to, to nie. To jeszcze gorzej. Po pierwsze, znalazłszy się na Zachodzie, nie omieszkałby pan natychmiast przystąpić do dzieła zemsty. Zadenuncjowałby mnie pan przed mymi zwierzchnikami, opisałby pan wzruszającą scenę ułatwienia panu ucieczki przez kochanka pana żony i oficera Bezpieczeństwa. Miałoby to cenny dla pana efekt, to znaczy, że w kazamatach i lochach, zamiast pana, znalazłbym się ja.

– Nie zrobię tego... przysięgam... – szepnął Leter.

Czuł szum w skroniach, wydawało mu się, że za chwilę zemdleje. Drżącą ręką sięgnął po wódkę i pił wprost z butelki.

– Pańskie przysięgi zdają się psu na budę. Założywszy nawet, że pan tego nie zrobi i tak wynika sytuacja niemożliwa do przyjęcia. Żona pańska zostaje sama, zaś nie ma pan pojęcia jaka to niewygoda kochać kobiety samotne, skrzywdzone, opuszczone przez mężów. Nie wyobraża pan sobie, jakie to nastręcza kłopoty. Człowiek staje się wtedy ofiarą różnych złych myśli, na przykład: że nie jest kochany miłością czystą, lecz dlatego, iż jest elementem wsparcia, dawcą nędznych, materialnych dóbr, tandetnym dostarczycielem naiwnych pociech. Myśli takie przejmują mnie wstrętem. Kocham pańską żonę i dlatego musi pan tu zostać. Żona pańska musi mieć dom, obowiązki i nie zawsze czas. Bez pana miałaby zbyt dużo swobody, miłość nasza uległaby nieznośnemu spłyceniu, uwiędłaby w zaduchu prostackich ułatwień. Nie mogę dopuścić, by swoim odejściem zrabował nam pan finezję niedosytu, rozkosz perfidnego wybiegu, słodycz drobnych oszustw i radość małych niebezpieczeństw. Do tego nie mogę dopuścić w interesie naszej miłości, a pan musi to zrozumieć...

Leter poprawił spodnie i milcząc naciągnął płaszcz. Wziął do ręki teczkę i odwrócił się ku drzwiom.

– Zaraz – rzekł Stołyp, nie ruszając się od stołu. – Powie mi pan jeszcze tylko, co miał z tym wszystkim wspólnego pan Jan Ronald Nowak?

– Z czym? – spytał Leter nie odwracając się.

– Z pańską żałosną próbą ucieczki.

„Nowak... – pomyślał bezładnie – ten skurwysyn... Właściwie to wszystko przez niego... On leży spokojnie w łóżku, a ja... taka poniewierka..."

– Nowak – Leter odwrócił się ku Stołypowi – nie miał z tym nic wspólnego. To mały hochsztapler. To nie nasza klasa. To nie to, co my...

Nagłym ruchem rozerwał pasek wokół teczki, szarpnął zamki i otworzył. Teczka pełna była dolarów.

– Niech pan je dobrze schowa – rzekł Stołyp z ironią. – Przydadzą się panu, jak wyląduje pan na państwowej posadzie. Tam się zarabia niewiele. Nie ma z czego odkładać.

– Niech mnie pan zatrzyma… Czy nie należy mi się jakieś zwykłe, uczciwe śledztwo?… Skąd ja mam tę forsę? Jak ją zarobiłem?…

– Jeszcze nie. Jeszcze jest plan trzyletni i trójsektorowy model. Po tym… zobaczymy. Więc mówi pan, że Nowak nie?

Spojrzał bystro na Letera, chcąc ułowić choćby cień nieszczerości w jego oczach. „Trudno – pomyślał Leter – niczego się nie dowie. Wszystko za dobrze mu idzie. Przynajmniej tego się nie dowie. Przynajmniej tak go kopnę…"

– Nie – rzekł twardo.

Odwrócił się, otworzył drzwi kubryku i wyszedł na pokład. Stołyp wstał, podszedł do iluminatora i odgarnął kretonową firankę. W świetle lamp pokładowych widział, jak Leter minął bez słowa Haugego, wszedł na trap i zszedł na nabrzeże. Przez chwilę widać było jego pochyloną postać, z teczką w ręku, w anemicznym blasku nadbrzeżnej latarni. Po chwili roztopił się w ciemnościach.

Rozległo się grzeczne pukanie i wszedł Hauge.

– Niech pan siada – rzekł Stołyp uprzejmie. – I proszę nam nalać brandy. Sobie i mnie.

Hauge przyniósł kieliszek dla siebie i usiadł przy stole, naprzeciw Stołypa.

– Słucham, kapitanie – rzekł usłużnie.

– To ja pana słucham. Co pan proponuje?

– Zależy od tego, co kapitan od nas zażąda. Możemy otworzyć luki i sprawdzić cały ładunek.

– Bzdura. Za godzinę otrzymacie prawo wyjścia.

– Bez niczego? – zdziwił się Hauge. – Nawet bez grzywny? I bez telefonów do konsula?

– Grzywna będzie. Nałożona z miejsca i płatna zaraz.

Hauge uśmiechnął się szeroko, jak człowiek, wracający po długiej, uciążliwej wędrówce w znajome strony.

– Nie boi się pan – rzekł po chwili zadowolonego milczenia – że ogłoszę to w prasie? Natychmiast po wylądowaniu u siebie?

– Nie – uśmiechnął się Stołyp. – Rejsy po polski węgiel lepiej się panu opłacają. Nic pan nie ogłosi. Ciekawym, ile pan już wywiózł figurek pod kratownicą?

– Jak dotąd nikogo. Słowo porządnego człowieka. To był pomysł Letera, ta kratownica. Jak pan widział, nie najlepszy. No, cóż, klient żąda, dobra firma przyjmuje każde zamówienie.

Hauge uśmiechnął się serdecznie, podszedł do drzwi od sterówki, otworzył je na oścież, wszedł, wyjął małą kasę pancerną i przyniósł ją do kubryku.

– Ile? – spytał poważnie, po kupiecku.

– Och – rzekł Stołyp – czemu pan się śpieszy? Niech pan naleje jeszcze tej brandy. Jest podła, ale innej nie ma. Pogadamy, mamy czas. Jest co wspólnie wspominać, prawda? Ostatecznie byliśmy aliantami. Walczyliśmy ramię przy ramieniu…

Rozległo się ciche, ostrożne pukanie.

– Tak – zawołał Nowak. – Wejść.

Drzwi uchyliły się niepewnie i z początku trudno było rozeznać w ciemnościach, kto w nich stoi.

– To ja – powiedziała Anita. – Można?

– Oczywiście – rzekł Nowak. Anita zamknęła za sobą drzwi.

– Spał pan? – spytała.

– Nie – rzekł Nowak. – Rozsuń story.

Anita podeszła do okna i rozsunęła zasłony. Za oknem zapadał zmierzch; było szaro, smutno i źle i Anita poczuła gwałtowną chęć wycofania się z tego co zamierzała. Nie nadawała się na samarytankę, niesienie pociechy sprawiało jej trudność zasadniczą.

– Ale nuda… – rzekła tonem, mającym wyrażać smutek. – Na dworze znów parszywie.

– W domu też nie lepiej – uśmiechnął się Nowak. – Czyli, że w ogóle klops.

– Noga pana boli?

– Nie.

– Nie spał pan?

– Nie.

Wzruszyła ramionami w szarym półmroku. Coraz lepiej rozumiała, że przychodząc tu uczyniła głupstwo. Ale nie było już odwrotu.

– Co pan robił?

– Martwiłem się.

– Wyjeżdża pan dziś?

– Tak.

– Dokąd?

– Jeszcze nie wiem.

– Nie poszuka jej pan?

– Chyba nie. Po co?

– No, tak... Właściwie wypadałoby poszukać. Porozmawiać, a jak co nie tego, to przynajmniej podbić oko, żeby spokój był i u pana w sercu.

– Sądzisz, że to załatwi sprawę? – spytał Nowak poważnie.

– Sama nie wiem. To numer, ta pani. Dziwa nie z tej ziemi.

– Skąd wiesz?

– Takich rzeczy się nie robi. Od razu z łóżka i myk w drogę. To po co w takim razie do łóżka?

– Właśnie – westchnął Nowak. – Po co? Co wiesz?

– Wiem, dlaczego tak było.

– Przede wszystkim: skąd wiesz?

– To proste. Postałam trochę pod drzwiami. Wystarczy.

Nowak zarumienił się w ciemnościach.

– Więc dlaczego? – spytał.

– Bo ona jest zwykła blać.

Nowak odetchnął głęboko.

– Dlaczego tak myślisz? – spytał.

– Ja nie myślę. Ja wiem.

– Co znaczy: zwykła?

– Regularna. Powiadam panu, zwykła kurwa.

Nowak westchnął głęboko.

– Mam do ciebie dużo zaufania, Anito, zwłaszcza w tych sprawach, ale boję się, że tym razem... – rzekł sztywno.

– To niech pan popatrzy.

Anita wyciągnęła otwartą dłoń i w tej samej chwili Nowak zapalił nocną lampkę. Na oświetlonej żółtym pasem światła dłoni Anity leżała papierowa torebka z prezerwatywą firmy „Primeros".

– Nie rozumiem – rzekł Nowak z nieszczerym uśmiechem.

– Dostałam od niej bluzkę – zaczęła szybko Anita. – Pamięta pan, mówiliśmy o tym. I faktycznie, dała mi. Wsunęła mi ten łach zamiast napiwku. To ta, co mam na sobie, całkiem niczego. A to znalazłam w lewej kieszonce. Narzędzia pracy. Wozi się ze sobą. Zapomniała wyjąć. Wyciągnęła pojedynczego papierosa z kieszonki bluzki i potarła zapałkę nieco drżącą ręką.

– Zapal górne światło – rzekł Nowak.

Zwlókł się z łóżka i przeciągnął. „Że trzy godziny chyba leżałem? – pomyślał. – Jak to otępia. Nie mam już sił myśleć". Podszedł, utykając, do szafy i zaczął wyrzucać z niej rzeczy na łóżko.

– Proszę bardzo – mruknęła Anita. – To klawo, że przynajmniej otworzyłam panu oczy. Teraz już pan wie, jak to wygląda.

– Kiedy ja ci nie za to dziękuję.

– A za co? – spytała Anita jeszcze ciszej.

– Za to, że jesteś dobra. Za to, że chciałaś mnie pocieszyć. Za to, że myślałaś długo i intensywnie jak to zrobić i że wreszcie wymyśliłaś sposób, który wydał ci się doskonały.

– Co pan tam pieprzy – mruknęła Anita.

– Daj mi papierosa – uśmiechnął się Nowak. Anita wyjęła pudełko „Cameli" z kieszeni.

– To też od tego Norwega? – spytał Nowak.

– Co: też? – żachnęła się Anita.

– Te papierosy. Bo ten przedmiocik jest od niego, to nie ulega wątpliwości.

Anita milczała.

– Prawda, że od niego? – powtórzył Nowak.

– Prawda – rzekła Anita obojętnie.

Stała teraz na wprost Nowaka, patrząc nań wyzywająco.

– To ładnie z twojej strony – rzekł Nowak, podchodząc bliżej.

Ujął ją za podbródek i uniósł jej twarz do góry. Anita dmuchnęła silnie dymem papierosowym prosto w nos Nowaka. Po czym zarumieniła się gwałtownie.

– To był gest zalotny – rzekł Nowak. – Kokieteryjny i dziewczęcy.

Uświadomił sobie naraz, że do warg przylepił mu się nierówny i obłudny uśmiech, krzywiący zazwyczaj twarz wraz z pierwszym przypływem pożądania. Wpatrzył się w Anitę i ujrzał w niej nagle nowe, nigdy niedostrzeżone, uroki, rozpustne i wiążące się z wyobrażeniem o rozkoszy zrozumiałej, łatwej i aż do końca wykorzystanej. Usta jej wydały mu się kształtne i pełne ponęt, jej piersi wołały o natychmiastowe dotknięcie, o pieszczotę brutalną i wyciągającą wszystkie soki, aż do tępego wyczerpania. „Już, zaraz…" – pomyślał szybko.

Ujął ją mocno za ramię. W oczach Anity zajaśniało zrozumienie, na twarzy jej zmieszały się złośliwa satysfakcja i zakłopotanie.

– Nie – powiedziała twardo. – Niech mnie pan zostawi.

– Dlaczego? – rzekł Nowak głupio.

– Dlatego. Bo tak mi się podoba.

– Anito, podobasz mi się… – rzekł Nowak głupio.

– Co pan powie? I dlatego mam być dziś druga na rozkładzie?

– To był błąd – westchnął Nowak obłudnie. – Ogromny błąd. Każdemu to się zdarza. Poszedłem w złą stronę.

„Jakże łatwo – pomyślał z radością – zaparłem się i pozbyłem tego co przed trzema godzinami było dla mnie cenne…" – obie jego ręce zatrzymały się na piersiach Anity. Był to uchwyt niewiele mający wspólnego z pieszczotą.

– Niech mi pan da spokój – powiedziała Anita z niechęcią.

– Pocałuj mnie – rzekł Nowak.

– No, wie pan – rzekła Anita szyderczo. – Nagle się panu zachciało.

Przycisnął wargi do jej warg, rozgniatając je nieporadnie. Anita odwracała twarz, lecz nie wyrywała z uchwytu. Nowak czuł zapach kuchni i zmywania we włosach Anity. Zapach wywoływał w nim obrzydzenie i wzmagał pożądanie.

– Niech mnie pan puści… – szepnęła Anita kłopotliwie. – Potrzebne mi te kwiaty… Znalazł się, amator kwaśnych jabłek. Za wątły pan na te rzeczy… – dodała obraźliwie.

Nowak poderwał bluzkę do góry – Fildekosowa koszula pod bluzką, brudnawa i rozciągnięta, nie dawała żadnej osłony, duże i twarde piersi Anity znalazły się od razu w jego dłoniach. Pchnął ją na łóżko i rzucił się na nią całym ciężarem. Anita nie broniła się, lecz nie przyzwalała, nie szamotała się, lecz niczego nie ułatwiała. Utrudniała każdy gest nader umiejętną, choć nieznaczną blokadą. „Wysoka klasa! – pomyślał Nowak. – Bogate doświadczenie! Co za praktyka…" Poczuł się naraz wyzwolony z nieokreślonych ciężarów. Jakiś krwisty, kuszący kęs życia wypełnił mu wyobraźnię.

– Okey – powiedział, rozluźniając uścisk i łagodząc napór. – Tak do niczego nie dojdziemy.

– A do czego mamy dochodzić? – syknęła Anita. Oczy miała ponure i złe. Nagłym ruchem, jakby bojąc się, że ucieknie, objęła Nowaka za szyję i zaczęła go całować – mokro, rozwiąźle, śliniąc go i łykając jego ślinę. Nowak poczuł gorąco pod czaszką. Ręka jego utonęła w udach Anity, palce wpłynęły w soczyste gorąco. Całe ciało Anity narzucało mu swe pożądanie jego ciała. Anita zszarpnęła z siebie spódnicę i majtki, ręce Nowaka latały jak u drżącego z podniecenia osiemnastolatka, nie potrafiącego odnaleźć guzików własnych spodni. W chwilę potem rozkosz splotła się bezładnie z triumfem. „Jaka świetna! – myślał wpadając w miarowy rytm i stając się dawcą świadomym, panującym nad rozkoszą obojga. – Jak ona to robi! Jak z nią wychodzi! Jak wspaniale…" Stanęła mu przed oczyma twarz Ewy, tak wyraziście, jakby głowa jej leżała tuż obok, na poduszce. „Ewo – szepnął w myślach – oczywiście wolałbym, żebyś ty… Oczywiście, że cię kocham i już za tobą tęsknię. Rzecz jasna, że za tobą pojadę, będę cię szukał i odnajdę cię. To proste, że pragnę tylko ciebie…"

Anita oddychała szybko, z bezwstydną tkliwością.

– Nie jesteś zmęczona? – spytał Nowak głośno.

Głos miał czysty i opanowany. Czuł szczęście władania kimś i sobą, czyjąś wilgotną intymnością i własną, napiętą do bólu mocą. Czuł zwycięskie sprężenie w chwili najtrudniejszej, gdy nieopatrzna mikrocząstka ruchu, milimetr przestrzeni lub ułamek sekundy decyduje o spełnieniu.

– Nie – rzekła Anita zachrypłe. – Nie.

Znów rzucił się w rytm biegnących chwil i uderzeń, wywołujący w jej ciele nieuchwytne, a potężne drżenie, jakiś kobiecy wymiar trzęsień ziemi i spadania ciężkich skał. Twarz Anity wyrównała się, jak przemyta błogosławioną gąbką, jaśniała dosytem. Jeszcze krótki akcent bolesności w ściągniętych brwiach, jeszcze krótkie, krzykliwe westchnienie i Anita znieruchomiała.

– Dosyć – szepnęła po chwili. – Niech mnie pan już nie morduje.

– Nie – rzekł Nowak. – My, wątli, my lubimy dużo i dobrze.

Uniósł się na rękach, poczuł rozkosz ostatnią, a wraz z nią okrutne, doniosłe zadowolenie z życia.

Wstał natychmiast, bez słowa, doprowadził ubranie do porządku. Anita leżała rozwarta i zmięta, w zgniecionej spódnicy i koszuli, z bluzką zadartą pod pachy.

– Niby taki pan wątły, a… – rzekła Anita wolno i zamilkła.

Nowak wziął się z powrotem do pakowania.

– Skończ – powiedział. – Dokończ to, co chciałaś powiedzieć.

Anita milczała.

– No, skończ – uśmiechnął się Nowak.

– Wyjeżdża pan? – rzekła Anita.

– Tak.

– Nie zostanie pan z parę dni?

– Nie.

– Chociaż trzy dni…

– Nie mogę.

– Tak bym chciała, żeby pan jeszcze trochę został.

– Dlaczego mówisz mi 'pan'? Dlaczego nie mówisz mi 'ty'?

– Nie wiem. Tak wolę. Niech już tak zostanie.

– Dobrze. Powiedz więc to, czego nie dopowiedziałaś do końca.

Anita milczała przez chwilę.

– Bo, widzi pan… – zaczęła niepewnie – pan to jakoś więcej i lepiej i dużo dobrego… Więcej, niż najmocniejszy chłop…

Nowak podszedł do łóżka.

– Powtórz to – poprosił łagodnie. Anita spojrzała nań prosto.

– Było tak fajnie – rzekła pewnym, jasnym głosem – jak nigdy w życiu. Najświętsze słowo honoru.

Nowak pochylił się i pocałował Anitę w usta.

– A teraz – rzekł po chwili – zejdź na dół i powiedz Kraalowej, żeby przygotowała dla mnie rachunek.

Na dole paliło się światło i grało radio. Kraalowa siedziała przy jednym ze stolików i czytała „Dziennik Bałtycki". Nowak w płaszczu, ubrany do drogi, przysiadł się do stolika.

– Rachunek dla pana – powiedziała Kraalowa, kładąc przed nim kartkę papieru.

– Niewiele – uśmiechnął się Nowak. – Co tak tanio? Ceny jak na wyprzedaży.

– Ma pan u mnie specjalny rabat – uśmiechnęła się Kraalowa życzliwie. – Boli pana noga?

– Nie za bardzo.

Było tu czysto, ciepło i przytulnie. Zrobiło mu się smutno i nie chciał opuszczać tej restauracji.

– Tę melodię – rzekł Nowak, czyniąc ruch głową w stronę grającego radia – pamiętam jeszcze z czasów wojny. Nazywa się „Schenk mir ein Lacheln, Maria..."

– To bardzo ładna melodia – powiedziała Kraalowa.

– Nie wiem, czy zauważyła pani, w jakim stopniu muzyka mechaniczna i banalne melodie stały się elementami współczesnych tragedii.

– Trochę nie rozumiem – rzekła Kraalowa otwarcie.

Melodia w radio skończyła się. Rozległa się nowa, powolna i tęskna, grana na gitarach hawajskich.

– Nie szkodzi – rzekł Nowak. – Wie pani, jak słyszę gitary hawajskie, odczuwam zawsze tęsknotę za bezkresem oceanów. Mówiąc prościej, mam ochotę wrócić na morze. Dźwięk gitar hawajskich kojarzy mi się zawsze z polskim wybrzeżem z początków lat trzydziestych, gdy byłem chłopcem. Z karierą Gdyni, z jej kejami i basenami portowymi. Z plażą w Orłowie i z jakimś dancingiem o nazwie „Mewa"...

– Owszem – rzekła Kraalowa – to potrafię zrozumieć. Wolny boston, na gitarach hawajskich był wtedy bardzo modny.

Nowak wyjął pieniądze i zapłacił.

– A zatem – rzekł, wstając – do zobaczenia, kochana pani Kraal.

– Niech pan przyjeżdża – rzekła Kraalowa ciepło. – Póki jeszcze prowadzę interes. Anita! – krzyknęła. – Skocz po walizkę pana Nowaka.

Anita zeszła z walizką.

– Przed bramą czeka na pana ten szczeniak z wózkiem – powiedziała, nie patrząc na Nowaka. – Siedzi tam całe popołudnie.

– Doskonale – rzekł Nowak.

Podał rękę Kraalowej i wyszedł. Paliło go pragnienie zatrzymania się na progu jadalni i ogarnięcia jej jeszcze jednym spojrzeniem, lecz nie uczynił tego.

Przed hotelem świeciła się latarnia.

– W porządku – rzekła Anita, kładąc walizkę na wózku.

Nowak odwrócił się do Anity.

– Anito – rzekł, podając jej rękę – bądź zdrowa. Życzę ci wszystkiego najlepszego.

– I ja życzę ci wszystkiego najlepszego – rzekła Anita, nie patrząc na Nowaka.

W mdłym świetle latarni twarz jej wypełniła się subtelnym półcieniem. Wydała się piękna, obiecująca, ciekawa. Anita trzymała przez chwilę dłoń

Nowaka w swojej, po czym odwróciła się i weszła do hotelu, zatrzaskując za sobą bramę.

– Idziemy – rzekł Nowak do chłopaka. – Tylko nie za prędko.

Rozległ się turkot wózka po bruku. Nowak powlókł się z tyłu, utykając.

Wyszli na główną ulicę. Latarnie stały tu co kilkadziesiąt kroków, rzadko w którym oknie paliło się światło. Było ciemno i pusto. Obok spółdzielni kłóciło się dwóch pijaków, trzech innych siedziało na kamieniach, gdy dochodzili do mostu. Nowak zrównał się z chłopakiem.

– Przepraszam cię – rzekł. – Nie mogłem przyjść, bo miałem wypadek.

– Szkoda – powiedział chłopak bez urazy – bo dawno nie chodziłem na cmentarz. Niby on wyszabrowany, ale jeszcze coś nie coś można znaleźć.

„Właściwie powinienem go zabić – myślał Nowak. – Pusto i głucho. Wystarczy uderzyć, albo wrzucić do wody. Jedyna gwarancja skutecznego milczenia. Ale jak to zrobić? Kto to potrafi? To łatwe w książkach i w kinie, lecz w życiu… nie ma nic trudniejszego, niż rzeczy ostateczne. Dlatego, właściwie, nie wiem, dokąd jechać…"

– Słuchaj – rzeki, kładąc rękę na ramieniu chłopca. – Dlaczego tak uporczywie czekałeś na mnie przed hotelem?

– Chciałem właśnie panu pokazać takie miejsce.

– Co tam jest?

– Takie różne świątki. Stare.

– Z czego?

– Z drzewa. Dobrze już podjedzonego przez robaki.

Nowak odetchnął z ulgą.

– Przez korniki – poprawił, – Przyjadę za tydzień i coś pokombinujemy. Ale nie mów o tym nikomu. Dobrze?

– Jasne – rzekł chłopak. – Jak interes, to interes.

Podeszli pod dworzec.

– Pójdę kupić bilet – rzekł Nowak – a ty zawieź tę walizkę na peron.

Ciasne pomieszczenie wypełnione było zaduchem śpiących na ławkach, wiejskich bab. Było dość tłoczno, Nowak stanął w ogonku do kasy. Ciągle nie wiedział, dokąd ma kupić bilet. Sprzedaż szła szybko i Nowak musiał się niebawem pochylić nad okienkiem.

– Gdynia – rzekł szybko. – Druga klasa.

„I tak muszę jechać przez Gdynię – pomyślał, usprawiedliwiając się przed sobą samym. – A w Gdyni zobaczymy, co dalej..."

Wyszedł na peron. Chłopak zajechał tu swym wózkiem od strony otwartego parkanu, dzielącego dworzec od ulicy. Postawił walizkę na peronie i wyjął z wózka coś opakowanego w gazetę.

– Proszę pana – rzekł – ja to przyniosłem, żeby panu pokazać ten towar z cmentarza. Chciałem to dać tej pani, ale bałem się, że mnie ochrzani.

Nowak podszedł pod silną lampę, oświetlającą napis DARŁOWO, pośrodku stacyjnego budynku. Rozwinął gazetę i ujrzał główkę aniołka pomiędzy złoconymi skrzydłami. Był to fragment jakiejś większej, ołtarzowej rzeźby w drzewie, odłamany bezlitośnie od całości. Twarz aniołka, pod złoconymi strąkami włosów, była kremowa, pyzata, o wielu podbródkach. Pucołowate policzki i perkaty nos nadawały jej wyraz złośliwej, chytrej głupkowatości.

– To dla pana – dodał chłopak.

– Dajesz mi to? – zdziwił się Nowak. – Przecież to jest warte parę złotych. Typowy barok pomorski, połowa lub koniec siedemnastego wieku, zdrowo już ruszony przez korniki.

Usiłował pokryć zmieszanie przy pomocy chłodnej fachowości. Fakt, że odtąd będzie musiał obcować z tym *putto* pośród złoconych skrzydeł, budził w nim dziwne uczucie, dalekie od zachwytu, a bliskie przerażenia. Wydawało mu się, że aniołek jest z tych aniołków, które wiedzą wszystko, z którymi trzeba się poważnie liczyć, z którymi nie można sobie na wszystko pozwolić i których zdanie należy brać pod uwagę.

– Tak bardzo się na tym nie znam – rzekł chłopak z flegmą. – To na początek interesów.

– Dziękuję ci – rzekł Nowak. – A to za transport walizki.

Wręczył chłopakowi banknot i podszedł do podstawionego pociągu. Był to zwykły, podmiejski pociąg, czarny i wysłużony. Nowak otworzył drzwi ciemnego przedziału, chłopak wsunął walizkę na podłogę. Wolno unosząc sztywną nogę Nowak wspiął się na stopnie. Zatrzasnął drzwi i zsunął szybę okienną.

– No, to cześć – rzekł do chłopaka.

– Cześć – powiedział chłopak. Odszedł, ciągnąc za sobą wózek.

Nowak położył walizkę na półce i usiadł w kącie. Było ciemno i zimno. Przeszedł go dreszcz, gdy wtulił plecy w twarde oparcie z wylenialego, zbitego pluszu. Przytknął czoło do drewnianej framugi okna i poczuł dreszcz jeszcze bardziej dojmujący.

Drzwi otworzyły się i wszedł mężczyzna w mundurze milicjanta, dostrzegalnym w świetle z peronu. Nie rzekł nic i usiadł na ławce, naprzeciw Nowaka. W parę minut po tym pociąg ruszył, u sufitu zapalało się powoli mdłe, wątłe światło. Milicjant z przeciwka miał lśniącą i tłustą, wielką twarz.

„Właściwie – myślał Nowak – ostateczną prawdą, nienaruszalną, codzienną i dla każdego łatwo dostępną, jest samotność. Wszystko poza nią jest kapryśną grą złud i nastrojów, pozorów i ułomnych, kruchych okoliczności. Przeznaczeniem każdego z nas jest samotność. Przeznaczeniem, czy prawdą? Ostatecznie, cóż za różnica? Nie będziemy awanturować się o słowa, których rozdymaniem zajmują się filozofowie. Prawda, przeznaczenie… w gruncie rzeczy, o co chodzi? Znaczenie namacalne, przeraźliwe, tak oczywiste jak ból zęba czy głód, ma tylko samotność. Samotność w chwili klęski. Samotność w wiosenne przedpołudnie. Samotność w letnie poranki. Samotność w deszczowe wieczory. Czy miłość jest schronieniem przed samotnością? Co za nonsens! Nawet kochając i będąc kochanym znajdziesz się co dnia pośrodku oceanu samotności, rozbijasz się codziennie o skały pustki, o rafy podwodne odrębności i nieprzekraczalności samego siebie".

Przesunął ręką po szyi, tak wyraźnie poczuł w gardle niewypowiedziany żal za czymś, co mogło być, a nigdy już nie będzie, za czymś zaledwie wyobrażonym, a już zniweczonym. „Mam ochotę płakać…" – pomyślał, ale nie wiedział, jak się płacze. Męczył się przez chwilę, usiłując przypomnieć sobie smak płaczu z dzieciństwa i ogarnął go jeszcze większy i niewymowniejszy żal. Zamiast łez czuł narastającą w krtani ni to pigułę, ni to śliwkę, dławiącą, niemożliwą do przełknięcia. Przełykał gwałtownie, lecz daremnie ślinę, usiłując pozbyć się tego dławienia. Zapomniał o nodze i oparł ją mocno o podłogę, w kolanie coś łupnęło i Nowak jęknął z bólu.

– Co panu jest? – spytał milicjant.

Patrzył z zaciekawieniem na skurczoną twarz Nowaka.

– Nic – rzekł Nowak, próbując się uśmiechnąć. – Właściwie nic.

Pociąg biegł powoli, stukając zdezelowanymi kołami, wstrząsany potężnie na nierównych, zeszłowiecznych podkładach.

– Pan z Darłowa? – zaczął milicjant uprzejmie, zdradzając skłonność ku pogawędce.

– Nie – uśmiechnął się wreszcie Nowak. – Ale chyba niebawem tam wrócę.

„Oczywiście – pomyślał przy tym – jest to nieprawda. Wraca się jedynie do tych, których się kocha. Nie wraca się tam, gdzie jest się tylko kochanym. Wraca się wyłącznie do tych, których się kocha. Albo nie wraca się nigdzie i do nikogo. Po prostu jedzie się dalej".

– To jest – dodał wyjaśniająco – chciałem powiedzieć, że chyba wkrótce pojadę tam jeszcze raz.